NOVUM TESTAMENTUM ET ORBIS ANTIQUUS   17

Eugen Ruckstuhl / Peter Dschulnigg

Stilkritik und Verfasserfrage im Johannesevangelium

Die johanneischen Sprachmerkmale auf dem Hintergrund
des Neuen Testaments
und des zeitgenössischen hellenistischen Schrifttums

UNIVERSITÄTSVERLAG FREIBURG SCHWEIZ
VANDENHOECK & RUPRECHT GÖTTINGEN
1991

Die Deutsche Bibliothek – CIP-Einheitsaufnahme

Ruckstuhl, Eugen:
Stilkritik und Verfasserfrage im Johannesevangelium:
die johanneischen Sprachmerkmale auf dem Hintergrund des Neuen Testaments und
des zeitgenössischen hellenistischen Schrifttums / Eugen Ruckstuhl und Peter
Dschulnigg. – Freiburg (Schweiz): Univ.-Verl.; Göttingen: Vandenhoeck u. Ruprecht,
1991
  (Novum testamentum et orbis antiquus; 17)
  ISBN 3-525-53918-5 (Vandenhoeck u. Ruprecht)
  ISBN 3-7278-0740-7 (Univ.-Verl.)
NE: Dschulnigg, Peter; GT

Veröffentlicht mit Unterstützung des Hochschulrates
der Universität Freiburg Schweiz

Die Druckvorlagen der Textseiten
wurden vom Herausgeber ab Datenträger
als reprofertige Vorlage zur Verfügung gestellt

© 1991 by Universitätsverlag Freiburg Schweiz
Paulusdruckerei Freiburg Schweiz
ISBN 3-7278-0740-7 (Universitätsverlag)
ISBN 3-525-53918-5 (Vandenhoeck und Ruprecht)

NOVUM TESTAMENTUM ET ORBIS ANTIQUUS (NTOA)

Im Auftrag des Biblischen Instituts
der Universität Freiburg Schweiz
herausgegeben von Max Küchler
in Zusammenarbeit mit Gerd Theissen

Zu den Autoren:

Eugen RUCKSTUHL, geboren 1914, Studium der Theologie in Luzern und Freiburg
CH. 1946 Promotion mit dem Werk «Die literarische Einheit des Johannesevan-
geliums». 1946-1949 Studium am Päpstlichen Bibelinstitut in Rom (Lizentiat der
Bibelwissenschaften). 1950-1980 Professor für Einleitung und Exegese des Neuen
Testaments an der Theologischen Fakultät Luzern.

Veröffentlichungen:
Die literarische Einheit des Johannesevangeliums. Der gegenwärtige Stand der
einschlägigen Forschungen, Freiburg CH 1951; erw. Nachdruck mit einem Vorwort von Martin HENGEL (NTOA 5) Freiburg CH, Göttingen 1987. – Die Chrono-
logie des Letzten Mahles und des Leidens Jesu, Luzern 1963. – Die johanneische
Menschensohnforschung 1957-1969 (Theologische Berichte 1), Zürich 1972. – Der
Jakobusbrief/1.–3. Johannesbrief (NEB) 17/19) Würzburg 1985. – Jesus im Horizont der Evangelien (Stuttgarter Biblische Aufsatzbände 3) Stuttgart 1988.

Peter DSCHULNIGG, geboren 1943, nach beruflicher Tätigkeit, Studium der Phi-
losophie und Theologie in Luzern und Regensburg. 1977–1982 wissenschaftlicher
Assistent an der Theologischen Fakultät Luzern. 1984 Doktorat und 1988 Habili-
tation. Seit 1991 Professor für Exegese des Neuen Testaments in Bochum.

Veröffentlichungen:
Sprache, Redaktion und Intention des Markus-Evangeliums. Eigentümlichkeiten
der Sprache des Markus-Evangeliums und ihre Bedeutung für die Redaktionskri-
tik (SBB 11), Stuttgart ² 1986. – Rabbinische Gleichnisse und das Neue Testament.
Die Gleichnisse der PesK im Vergleich mit den Gleichnissen Jesu und dem Neuen
Testament (Judaica et Christiana 12), Bern 1988. – Aufsätze in wissenschaftlichen
Zeitschriften und Fachveröffentlichungen für einen breiteren Leserkreis.

NTOA 17

Ruckstuhl/Dschulnigg

Stilkritik und Verfasserfrage im Johannesevangelium

INHALTSVERZEICHNIS
(Das Inhaltsverzeichnis enthält nicht die gesamte Aufgliederung der Arbeit)

6

8

VORWORT

Das Erscheinen der vorliegenden Forschungsarbeit ist die Einlösung eines Versprechens, das der erstgenannte Verfasser schon vor langer Zeit gegeben hat, indem er in Aussicht stellte, Sprache und Stil des Johannesevangeliums auch im Spiegel des einschlägigen hellenistischen Schrifttums zu untersuchen. Dass dieses Versprechen endlich erfüllt werden konnte, verdanken wir zunächst dem Schweizerischen Nationalfonds zur Förderung der wissenschaftlichen Forschung, der unser Forschungsgesuch bewilligt und grosszügig unterstützt hat. Ihm sind wir zu grossem Dank verpflichet.

Meinerseits danke ich dann ganz herzlich vor allem meinem Mitarbeiter, Dr. Peter Dschulnigg-Bucher. Er war von Anfang an der zuverlässige und unermüdliche Schaffer, der unser Unternehmen tatkräftig vorantrieb und sich voll dafür einsetzte, es zu einem guten und baldigen Abschluss zu bringen. Die Zusammenarbeit mit ihm war eine Freude.

Wir danken auch den Angestellten der Zentralbibliothek Luzern für die stete Bereitschaft, die für unser Unternehmen notwendige Literatur zu beschaffen, ebenso Frau Bernadette Schacher, die das Manuskript unserer Untersuchung mit grosser Sorgfalt für den Offsetdruck bearbeitet.

Wir danken dann zuletzt, aber nicht am wenigsten dem Universitätsverlag Freiburg/Schweiz und ganz besonders dem Herausgeber der NTOA, Dr. Max Küchler, für die wohlwollende Aufnahme unserer Arbeit in diese wissenschaftliche Reihe.

Luzern, im Herbst 1990

Eugen Ruckstuhl

1. EINLEITUNG

1.1. Die Arbeit im Rahmen der Forschungsgeschichte zum Joh

1.1.1. Der Ausgangspunkt

Es sind gut 50 Jahre vergangen seit der Erstauflage von Schweizers "Ego Eimi" (1939) und 40 Jahre, seit Ruckstuhls "Die literarische Einheit des Johannesevangeliums" (1951) erstmals erschienen ist. Wenn wir nach so langer Zeit ihr stilstatistisches Verfahren zum Joh erneut aufnehmen, klären und eine weit umfangreichere Liste sprachlicher Besonderheiten des Joh erarbeiten, mag das fast als Anachronismus erscheinen. Die Forschung ist seit den Arbeiten von Schweizer/Ruckstuhl u.a. nicht stehengeblieben, sie ist vielmehr in ungeahntem Ausmass, grosser Vielfalt und Widersprüchlichkeit weitergegangen. Ausserdem ist das stilstatistische Verfahren selbst von einzelnen Kritikern in seinem Wert angezweifelt worden. Andere haben das Ergebnis eines prägenden Verfassers des gesamten Ev. durch die Annahme einer joh. Schule und das Stichwort vom "Soziolekt" zurückgewiesen. Die durch beide Arbeiten fragwürdig gewordenen Schichtenscheidungen am vierten Ev. haben bald wieder eine Renaissance und bisweilen geradezu eine Hochkonjunktur erlebt.

Ist es angesichts dieser Entwicklung sinnvoll, die Fragestellung nochmals aufzunehmen und das Verfahren durch die Auswertung auch ausserntl. Vergleichsschriften zu verbreitern und abzusichern? Wir meinen, die Frage lasse sich bejahen. Dabei ist freilich das Versprechen Ruckstuhls, seine Liste aufgrund neuer Arbeiten und anhand des zeitgenössischen hellenistischen Schrifttums zu überprüfen und erweitern, nur ein Grund. Ein weiterer Anlass liegt in der Feststellung, dass die Forschungsgeschichte seit beiden Arbeiten äusserst unterschiedlich verlaufen ist und ihre eigenen Aporien allmählich deutlicher hervortreten. Vielleicht sind viele Forscher am Ende eines langen und ermüdenden Weges, der nicht zum Ziel geführt hat, dazu bereit, alte Einsichten, die erneut bestätigt werden, nochmals ernsthaft zu bedenken.

Im folgenden kann es nicht darum gehen, die Forschungsgeschichte zum vierten Ev. in unserem Jh. nachzuzeichnen. Dies haben andere in einzelnen Abschnitten bereits geleistet.[1] Wir beschränken uns vielmehr auf den Aufweis weniger Grundlinien, die wir mit dem Verweis auf einzelne Exponenten beispielhaft

---

[1] Vgl. zur Forschungsgeschichte z.B. Howard/Barrett, Criticism (bis 1953); Kysar, Evangelist; Kysar, Gospel; Schnackenburg, Entwicklung (1955-1975); Schnackenburg, Forschung; Schnackenburg, Redaktionsgeschichte; zu besonderen Fragen der Forschungsgeschichte z.B. Beutler, Gattungen (1919-1980); Ruckstuhl, Menschensohnforschung (1957-1969).

belegen. Ausserdem begrenzen wir uns auf den Aspekt der literarischen Gestalt des Joh, weil diese für unsere Fragestellung wichtig ist.

1.1.2. Von der Jahrhundertwende zu Schweizer (1939)

Am Anfang des 20. Jh. erscheinen mehrere Arbeiten, die von der Wahrnehmung vieler Spannungen, Widersprüche, Nähte und Wiederholungen im Joh ausgehen. Sie werden nach dem Titel der vierteiligen Untersuchungen von Schwartz (1907/1908) seither zusammenfassend als "Aporien im vierten Evangelium" gekennzeichnet. Allerdings bleibt man nicht bei der blossen Wahrnehmung von Aporien stehen, es werden vielmehr verschiedene Lösungsversuche dieser Aporien vorgeschlagen. Als Lösungsmodell dient die Wiederherstellung einer Grundschrift, die nachträglich in Schichten erweitert wurde. Zu erwähnen ist hier zuerst der damals bereits berühmte Pentateuchkritiker Wellhausen, der zunächst die Untersuchung "Erweiterungen und Aenderungen im vierten Evangelium" (1907) und kurz darauf seinen Kommentar zum Joh (1908) vorlegt. Es folgen Arbeiten von Spitta (1910), Bacon (1910), Wendt (1911) und Hirsch (1936), welche alle von einem ähnlichen Lösungsmodell ausgehen, sich aber dennoch in den Ergebnissen stark unterscheiden.

Schweizer hat 1939 in seiner Untersuchung zu den Ich-bin-Worten des vierten Ev. 33 joh. Stilkriterien erarbeitet.[2] Dabei hat er auch die Schichtenhypothesen von Spitta, Wendt und Hirsch überprüft und festgestellt, dass sich ihre angenommenen Schichten sprachlich nicht vom übrigen Ev. abheben, sondern ziemlich gleichmässig von der Sprache des Evangelisten geprägt sind. Schweizer betont, dass aufgrund der Sprache des Joh die Einheit dieser Schrift nicht in einer Grundschrift vorausliegt; die Einheit sei vielmehr an ihrem Ende zu finden. Dabei bleibt es wahrscheinlich, dass der Verfasser auch schriftliche Quellen benützt hat; diese sind aber nicht mehr mit Sicherheit wiederherzustellen, da sie vom Verfasser sprachlich überarbeitet wurden.

1.1.3. Von Bultmann (1941) zu Ruckstuhl (1951)

Bultmanns epochaler Kommentar zum Joh liegt 1941 abgeschlossen vor. Er geht nicht von der Hypothese einer Grundschrift, sondern von der mehrerer Quellen aus, die der Evangelist eingearbeitet habe. Näherhin rechnet er mit drei christlichen Hauptquellen: 1. eine gnostische Offenbarungsredenquelle[3], 2. eine Semeia-Quelle mit den Wundererzählungen u.a. Material[4] sowie 3. eine von den Synoptikern unabhängige Passions- und Osterquelle. Daneben hält er noch weitere kleine Quellenstücke und Fragmente für gegeben. Endlich habe eine

---

[2] Vgl. zum Folgenden Schweizer, Ego 87-109.

[3] Die gnostische Offenbarungsredenquelle wurde von Bultmanns Schüler H. Becker näher präzisiert (1941) und von seinem Lehrer 1956 herausgegeben (vgl. Beutler, Gattungen 2525).

[4] Für die Rekonstruktion der Wunderquelle stützte sich Bultmann insbesondere auf Faure, Zitate.

"kirchliche Redaktion" das Werk des Evangelisten überarbeitet (besonders durch den Eintrag der Zukunftseschatologie und der Sakramente).

Bultmanns Annahmen werden in der Folge von vielen Fachleuten überprüft, insbesondere auch seine Quellenhypothesen. Ruckstuhls Dissertation von 1946 (veröffentlicht 1951) unterzieht sie einer eingehenden Kritik. Dabei entwickelt und verfeinert er das stilkritische Verfahren Schweizers und erweitert die Liste der sprachlichen Eigentümlichkeiten des Joh auf 50. Mit ihnen überprüft er Bultmanns Quellenannahmen und kommt zu einem negativen Ergebnis. Die stilistische Einheitlichkeit des Joh lasse kaum an schriftliche Quellen denken, mindestens sind sie stilstatistisch nicht aufweisbar; dies gilt auch für Bultmanns Annahme eines "kirchlichen Redaktors".[5]

1.1.4. Kurzer Zeitraum literarkritischer Zurückhaltung und ihre Vertreter bis in die Gegenwart

Die Arbeiten von Schweizer und Ruckstuhl mit ihrem negativen Urteil über eine Reihe von Schichtenscheidungshypothesen am Joh und dem Aufweis einer einheitlichen, vom Verfasser geprägten Sprache der Schrift tragen wesentlich zu einer gewissen Besinnungspause und literarkritischen Zurückhaltung bei. Sie haben fast zwei Jahrzehnte lang neue Schichtenscheidungshypothesen am Joh aufgehalten.[6] Sie konnten aber nicht verhindern, dass solche nachher fast wie nach einem Dammbruch das Land überfluteten.

Dennoch sind vor und nach Schweizer/Ruckstuhl und bis in die Gegenwart eine Reihe von Kommentaren und Untersuchungen erschienen, die ihre literarkritische Zurückhaltung bestätigen und von der literarischen Einheit des Joh ausgehen. Hier ist zunächst Noacks "Zur johanneischen Tradition. Beiträge zur Kritik an der literarkritischen Analyse des vierten Evangeliums" (1954) zu nennen. Er weist Bultmanns Ausgangspunkt zurück, der Verfasser habe schriftliche Quellen verwendet. Das Joh sei aus mündlicher Überlieferung aus dem Bereich der Kirche des Evangelisten geschaffen.[7] In "The Interpretation of the Fourth Gospel" (1953) weist Dodd gegen alle Umstellungshypothesen einen sinnvoll gestalteten Aufbauplan von Joh 1-20 nach.[8] Er trifft damit insbesondere auch Bultmanns fast masslose Umstellungsannahmen empfindlich.

So ist es nicht erstaunlich, dass eine ganze Reihe älterer und neuerer Kommentare zum Joh auf Umstellungshypothesen verzichten, Quellenhypothesen ablehnen und mit einem das Evangelium prägenden Verfasser rechnen, so z.B. Lagrange (1925 u.ö.)[9], Tillmann(1914 u.ö.), Durand (1927 u.ö.), Schlatter (1930

---

[5] Vgl. dazu besonders die Schlussfolgerungen bei Ruckstuhl, Einheit 218f.

[6] Vgl. dazu 2.: Das stilkritisch-statistische Verfahren, unter 2.1.2.

[7] Vgl. zu Noack: Beutler, Gattungen 2523f; Thyen, Johannesevangelium 207. Auch de Jonge verneint, dass Quellen aus dem Joh einigermassen zuverlässig rekonstruiert werden können: vgl. dazu de Jonge, Jesus VIIf; de Jonge, Signs 117f; de Jonge, Variety 197f.

[8] Vgl. dazu Dodd, Interpretation 287-443 (Part III: Argument and Structure).

[9] Lagrange stellt allerdings Kap. 5 und 6 um (vgl. Lagrange, Joh CXX.130.160).

u.ö.), Hoskyns (1940 u.ö.), Strachan (1941 u.ö.), Barrett (1955 u.ö.), Lightfoot (1956 u.ö.), Mollat ([2]1960), Morris (1971 u.ö.), Schneider (1976).[10]
Andere wiederum rechnen wenigstens mit demselben Verfasser des Joh, der die Schrift ein- oder zweimal überarbeitet habe, so z.b. Parker (1956), Wilkens (1958), Lindars (1972)[11].

1.1.5. Neuer Durchbruch von Quellenhypothesen

Trotz all dieser Stimmen, die literarkritische Vorsicht und Zurückhaltung am Joh nahelegen, hat sich seit den sechziger Jahren eine immer stärker werdende Gegenströmung gebildet. Ihre Vertreter meinen, die Aporien des vierten Evangeliums seien nur durch die Annahme von Quellen und deren Bearbeitung durch den Evangelisten oder durch eine Grundschrift und ihre Bearbeitung(en) zu lösen. Dabei ist die Zuteilung zu diesen beiden Grundmodellen (Quellen/ Grundschrift) nicht immer ganz eindeutig; es findet sich auch die Kombination beider Modelle.

Dennoch sollen im folgenden zuerst eine Reihe von Fachleuten genannt werden, die mit der Benutzung von Quellen rechnen: Schnackenburg geht in seinem grossen Joh-Kommentar (1965-1975) von einer Semeiaquelle[12] aus und hält auch einen vorjoh. Passionsbericht für wahrscheinlich[13]. Fortna rechnet mit einer vorjoh. Verbindung von Semeiaquelle und Passionsbericht zu einem "Gospel of Signs" (1970), ein Vorschlag, den er 1989[14] klarer nochmals aufnimmt.[15] Hahn (1970) und Dauer (1972) postulieren eine Passionsquelle. J.M. Robinson rechnet mit einer Zeichenquelle (1971), ebenso Nicol (1972). Reim geht ebenfalls von einer Semeiaquelle aus und nimmt zudem die Benutzung eines vierten synopt. Ev. an (1974). Teeple rechnet mit einer S- und G-Quelle mit Wunder- und Redematerial (1974). Vielhauer (1975) geht wie Bultmann von einer Wunder-, Passions- und Offenbarungsredenquelle aus.[16] Becker postuliert in seinem Kommentar eine Semeia- und Passionsquelle (1979/81)[17], Schenke/Fischer sind darüber hinaus noch für eine Redensammlung offen (1979)[18].

Hier sind nur beispielhafte Annahmen über die wichtigsten grösseren Quellen des Joh zusammengestellt, kleineres Quellenmaterial wie zum Prolog oder anderem wird nicht aufgeführt.

[10] Strachan, Barrett und Schneider beurteilen Kap. 21 allerdings als späteren Nachtrag von einer anderen Hand (vgl. Strachan, Joh 88f.333f; Barrett, Joh 479f; Schneider, Joh 23.327).
[11] Vgl. dazu auch Lindars, Gospel (1971).
[12] Vgl. dazu Schnackenburg, Joh I 51-55.59.
[13] Vgl. Schnackenburg, Joh III 247f.464.
[14] Vgl. Fortna, The Fourth Gospel and its Predecessor.
[15] Vgl. ähnlich Smith, Setting.
[16] Vgl. Vielhauer, Geschichte 423-427.
[17] Vgl. Becker, Joh I 35; ähnlich z.B. auch Köster, Einführung 616-632; Gnilka, Joh 6.
[18] Vgl. Schenke/Fischer, Einleitung II 181f.

1.1.6. Modellvorstellung Grundschrift/Bearbeitung(en)

Dennoch scheint der Stern jener, die von Quellenhypothesen ausgehen, eher im Sinken begriffen zu sein (vgl. 1.1.7.). Eine frische Brise füllt jenen die Segel, die eine Grundschrift und ihre Bearbeitung (teils in mehreren Stadien) annehmen. Eine Grundschrift wäre durch "relectures" in je neuen Situationen ergänzt, erweitert und korrigiert worden.

Hier sind zunächst die eindrücklichen Kommentare von Brown (1966/70) und Boismard/Lamouille (1977) zu nennen. An Untersuchungen in dieser Richtung ist auf Macgregor/Morton (1961)[19], Hartke (1961) und Temple (1961/62) zu verweisen, dann auf vielfältige Arbeiten von G. Richter und auf die Dissertation von Langbrandtner (1977).[20] Es ist augenfällig, dass diese Forschungsrichtung wieder Modellen nähersteht, die schon am Anfang unseres Jh. vorgeschlagen wurden. Sie sind jetzt allerdings durch die Annahme einer joh. Schule und ihrer theologischen Wandlung weiterentwickelt. Damit ist eine gewisse Kontinuität des gesamten joh. Materials gewährleistet, und es lassen sich auch Wandlungen und Umbrüche auf dem Hintergrund geschichtlicher Situationen annehmen. Dieses Denkmodell erweist sich so als äusserst anpassungsfähig. Dennoch bleibt zu fragen, ob es die sprachliche Einheit des Joh erklären kann und ob die da und dort vorausgesetzten Umbrüche in der joh. Überlieferung ihr wirklich entsprechen.[21]

1.1.7. Kritik der Quellenhypothesen

Blicken wir nochmals auf die Vertreter von Quellenhypothesen zurück. Hier hat Bultmann in seinem Kommentar ein Maximalprogramm von drei grösseren Quellen vertreten. Für die gnostische Offenbarungsredenquelle hat er praktisch nur die Unterstützung seines Schülers H. Becker gewonnen.[22] Die meisten Fachleute lehnen diese Hypothese ab. Eine Passionsquelle dagegen postulieren auch andere nach Bultmann, am ehesten wird allerdings eine Form der Semeiaquelle unterstützt. Smith überblickt 1963/64 die verschiedenen Versuche einer Quellenscheidung am Joh. "Das Ergebnis ist weitgehend negativ; nur eine 'Zeichenquelle' bleibt erwägenswert."[23] 1984 hat Heekerens die Argumente für eine Semeiaquelle erneut überprüft und sie für nicht überzeugend befunden. Nach ihm schmilzt diese sog. Semeiaquelle auf drei Wundererzählungen

---

[19] Macgregor/Morton können auch unter die Quellenhypothesenvertreter eingereiht werden, da nach ihnen das Joh aus der Vereinigung von zwei Quellen (J_1 und J_2) und redaktionellen Zusätzen besteht.

[20] Vgl. die Monographie von Richter, Fusswaschung und verschiedene weitere Arbeiten, gesammelt in Richter, Studien; Langbrandtner, Gott.

[21] Vgl. die Ausführungen zu den mehrschichtigen Modellen von Boismard/Lamouille und G. Richter bei Thyen, Johannesevangelium 209f.212f und deren Kritik.

[22] Vgl. daneben noch Vielhauer, Geschichte 425-427; Schenke/Fischer, Einleitung II 181f.

[23] So formuliert Beutler, Gattungen 2531 das Resultat von Smith.

zusammen, die er als vorjoh. verbunden annimmt.[24] Dieses schmale Ergebnis findet teilweise die Unterstützung von Thyen (1988), der die vorjoh. Verbindung von zwei Wundererzählungen für möglich hält und im übrigen die Passions- und Redenquelle zurückweist.[25] Es darf hier nochmals daran erinnert werden, dass weit früher Bauer ([3]1933)[26], Ruckstuhl (1951), Noack (1954), Cullmann (1975)[27], de Jonge (1977) u.a. die Annahme von schriftlichen Quellen ablehnten oder mindestens die Möglichkeit einer einigermassen zuverlässigen Rekonstruktion verneinten. Sie gehen deshalb vornehmlich von der Verwendung mündlicher Überlieferung aus. Ihre Annahmen scheinen sich gegen das Ende unseres Jh. eher zu bewähren als diejenige von schriftlichen Quellen.[28]

1.1.8. Setzt das Joh die Kenntnis synopt. Evv. voraus?

Die Frage, ob das Joh die Kenntnis eines oder mehrerer Synoptiker voraussetzt, scheint dagegen in entgegengesetzter Richtung in einem Umbruch zu stehen. Sie wurde in den letzten Jahrzehnten des 19. Jh. und am Anfang des 20. Jh. noch von den meisten Fachleuten bejaht. Die Arbeit von Gardner-Smith (1938) löste einen tiefgreifenden Meinungsumschwung aus. Nach ihm hat der Evangelist kein synopt. Ev. gekannt, er schöpfe in den Gemeinsamkeiten mit den Synoptikern vielmehr aus dem allen zugänglichen Schatz christlicher Überlieferung. Die Ansicht von Gardner-Smith hat zwar nicht alle überzeugt, dennoch hat sie lange Zeit und teils bis in die Gegenwart Schule gemacht.

Eine Reihe von Fachleuten hat sich der neuen Meinung widersetzt, unter ihnen z.B. Barrett (1955)[29] und Blinzler (1965)[30], die eine Kenntnis des Mk und Lk[31] im Joh voraussetzen. 1963 hat Bailey die Gemeinsamkeiten des Lk und Joh untersucht und auf eine literarische Abhängigkeit geschlossen.[32] Dauer (1972) will

---

[24] Heekerens bezeichnet sie im Unterschied zur Annahme einer Semeiaquelle, der alle Wunder des Joh zugeschrieben werden, als "Zeichen-Quelle", welche drei Wundererzählungen umfasst habe: Hochzeit zu Kana, Heilung des Sohnes des königlichen Beamten, reicher Fischfang (vgl. dazu Heekerens, Zeichen 91-94.131f [Zusammenfassung]).

[25] Vgl. Thyen, Johannesevangelium 205-208 (Thyen denkt an die ersten zwei Wunder der Quellenannahmen von Heekerens).

[26] Vgl. Bauer, Joh 250.

[27] Vgl. Cullmann, Kreis 5-9, der es vorzieht, von joh. Sondertraditionen, nicht von joh. Quellen zu sprechen.

[28] Auch beim Prolog rechnen eine beachtliche Zahl von Fachleuten mit einer literarischen Einheit, viele denken hier freilich an die Benutzung einer Quelle, die aber recht unterschiedlich rekonstruiert wird. Vgl. dazu besonders Beutler, Gattungen 2558-2560; auch den Forschungsbericht von Thyen, Literatur (1975) 53-69.222-252 und Ruckstuhl, Arbeit.

[29] Vgl. Barrett, Joh 34-37.

[30] Vgl. zu Blinzler weiter Dschulnigg, Sprache 311-316 mit unterstützenden Argumenten, dass der Verfasser des Joh das Mk gekannt habe.

[31] Die Kenntnis des Lk ist nach Blinzler nicht so sicher wie jene des Mk, aber doch noch wahrscheinlicher als die gegenteilige Annahme (vgl. Blinzler, Johannes 57f).

[32] Fast gleichzeitig zu Bailey hat Parker (1962/63) einen gegenteiligen Schluss gezogen.

für den Passionsbericht des Joh zwar keine direkte Kenntnis der Synoptiker voraussetzen, wohl aber eine indirekte, durch die Passionsquelle des Joh vermittelte.[33] H. Klein (1976) postuliert eine Passionsquelle des Lk und Joh, welche von einer gemeinsamen Grundschicht abhängen. Auch für Dauer und Klein sind also Kontakte zwischen Joh und Synoptikern gegeben, sie verlegen sie allerdings in ein vorjoh. Stadium.[34] Es scheint nun aber, dass die einfachere Annahme einer direkten Kenntnis der Synoptiker durch den Verfasser des Joh erneut namhafte Unterstützung gewinnt. Hier wären mehrere Untersuchungen von Neirynck (1977ff)[35] zu erwähnen und Sabbe (1977), de Solages (1979)[36] und Thyen (1988)[37] zu nennen. Vielleicht zeichnet sich so gegen Ende unseres Jh. ein erneuter Meinungsumschwung in dieser Frage ab, der einen besser begründeten Anschluss an die Annahmen am Beginn des 20. Jh. ermöglicht.

1.1.9. Aporien der Forschung im 20. Jh.

So werden gegen Ende des 20. Jh. andere schriftliche Quellen des Joh als die Synoptiker eher fragwürdig. Auch die leitende literarkritische Methodik zur Rekonstruktion hypothetischer Quellen oder Stadien der anwachsenden Überlieferung hat viel von ihrem ursprünglichen Glanz verloren. Es ist nämlich offensichtlich, dass ihre Ergebnisse meistens nur die jeweiligen Autoren überzeugen, während andere die Vorgeschichte wiederum anders beurteilen.

So ist aus dem Verlauf der Forschung am Joh über rund ein Jahrhundert eine tiefgreifende Krise ihrer Annahmen und Methoden festzustellen. Kein Entstehungsmodell und seine Konkretisierung hat eine breitere Zustimmung gefunden. Je mehr Stufen des Werdeprozesses bis zur Endgestalt angenommen werden, desto fragwürdiger und unsicherer sind die Ergebnisse. In dieser ausweglosen Situation ist erneut zu fragen, ob der Ausgangspunkt dieser gewaltigen geistigen Odyssee wirklich zutrifft. Sind die festgestellten Aporien des Joh gerechtfertigt oder reflektieren sie vielmehr tiefgreifende Missverständnisse über den Aufbau des Evangeliums und über einzelne Aussagen? Wären in der Forschung ebensoviel Geist und Zeit aufgewendet worden, diese Aporien aus Kompositionstechnik und Darstellungsart des Evangelisten herzuleiten, hätten sie wohl ein gutes Stück weit abgebaut werden können.

Linguistik und Literaturwissenschaft haben seit geraumer Zeit die Voraussetzungen literarkritischer Arbeit in Frage gestellt. Bevor ein Text aufgrund von Spannungen und Widersprüchen diachron in eine Entstehungsgeschichte aufgelöst werden kann, ist synchron nach seiner formalen Gestalt zu fragen und diese

---

[33] Vgl. die Zusammenfassung bei Dauer, Passionsgeschichte 334-336.

[34] Nach Klein berührt sich die joh. Passionsvorlage allerdings nicht direkt mit dem Lk und Mk, sondern vermittelt über deren Vorlagen. Vgl. dazu die Zusammenfassung und das Schema bei Klein, Passionstradition 185f.

[35] Vgl. Neirynck, John (1977); Neirynck, Jean; Neirynck, John (1984).

[36] Vgl. die Darstellung von de Solages und Neirynck bei Smith, John.

[37] Vgl. Thyen, Johannesevangelium 208.

zu erkennen. Wäre dieser erste Schritt der Untersuchung, der faktisch meist übergangen wird, mit gleicher Intensität wie der zweite vorangetrieben worden, hätte man auf viele Mühen des zweiten Schrittes verzichten können. Es wäre dann nämlich deutlicher geworden, dass die Endgestalt der Einzeltexte des Joh weitgehend durchgestaltet, einleuchtend und sinnvoll ist. Dann aber entfallen viele Beweggründe für den zweiten Schritt, oder dieser kann wenigstens nicht mehr zureichend abgesichert werden. Zudem diente man so dem Verstehen des Joh und seiner Einzelaussagen besser. Seine kanonische Endgestalt würde dann ausgelegt, und nicht irgendwelche hypothetische Vorstufen würden zum Massstab der Interpretation erhoben.

1.1.10. Ansätze zu einem ganzheitlichen Verstehen des Joh

Trotz der schwierigen Forschungslage mit ihrem Übermass an diachronen Hypothesen und einem Mangel an synchroner Betrachtungsweise gibt es wichtige Ansätze zu einem ganzheitlichen Verstehen, das den Zusammenhang des vorliegenden Joh ernst nimmt. Hier ist nochmals an Kommentare und Untersuchungen zu erinnern, welche von der literarischen Einheit des Joh ausgegangen sind und diese Annahme weiter begründet haben. Sie haben bereits bedeutende Einsichten in Struktur, Aufbau und Aussage des Joh freigelegt. Aber auch viele diachron orientierte Untersuchungen, welche die Endgestalt des Evangeliums nicht vollständig ausblendeten, haben dazu beachtenswerte Aspekte beigetragen.

Man darf auch an frühe Versuche erinnern, die erzählerische Eigenart des Joh zu erfassen. Schon Dibelius (1919) hat "novellistische Züge"[38] in den sieben vorösterlichen Zeichen Jesu erkannt. Windisch (1923) hat drei Elemente des joh. Erzählungsstils festgestellt: "1) die breit ausgeführten, dramatisch ausgestalteten Erzählungen, 2) eine Verbindung von Erzählung und Streitrede, und 3) die Folge zusammenhängender Einzelszenen."[39] Dodd findet in den zwei Hauptteilen des Joh eine Abfolge von Bericht ("narrative"), Dialog und Monolog[40], was er später als joh. Weiterbildung synoptischer "pronouncement stories" mit der Folge "action-dialogue-pronouncement" versteht.[41] Dodd hat darüber hinaus bedeutende Einsichten in den sinnvoll strukturierten Aufbau von Joh 1-20 freigelegt.[42] Neuerlich hat Culpepper in "Anatomy of the Fourth Gospel" (1983)

---

[38] Vgl. Dibelius, Formgeschichte 88-90; er führt sie allerdings in der Substanz auf vorjoh. Erzähler zurück und versteht den Evangelisten als Bearbeiter.

[39] Windisch, Erzählungsstil 175f (im Original gesperrt). Windisch stuft das Joh im Gegenüber zu den Synoptikern als "literarisches Kunstwerk sui generis" ein, der Verfasser des vierten Ev. erweise sich in Gesamtkomposition und Einzelgestaltung "als ein Meister der literarischen Kunst", die literarische Eigenart wie die theologische Leistung sei "in der geistigen Individualität des Evangelisten" verwurzelt (vgl. Windisch, Erzählungsstil 210-212).

[40] Vgl. Dodd, Interpretation; dazu Beutler, Gattungen 2522.

[41] Dodd, Tradition 427; dazu Beutler, Gattungen 2529f.

[42] So hat Dodd, Interpretation 345-354 z.B. Joh 7f als bewusst gestaltete grössere Einheit verstanden. Auf dem Hintergrund rabbinischer Gleichnisse vom Fest des Königs in PesK 28 wird diese Annahme bestärkt: vgl. dazu Dschulnigg, Gleichnisse 480-482.

die erzählerische Eigenart des Joh eingehend beschrieben, die Funktion von Personen und die Besonderheiten von Missverständnis, Ironie und Symbolsprache aufgezeichnet.[43] Seine vorzüglichen Beobachtungen sprechen für die literarische Einheit des Joh.[44] Dies gilt auch für die sorgfältige Untersuchung zu den Parenthesen des Joh von Van Belle (1985): Die häufigen Anmerkungen und "Fussnoten" erklären sich nach Sprache, Inhalt und Leserlenkung am besten als absichtsvolle Verstehenshilfe des Verfassers des Joh.[45]

Es lässt sich auch auf Untersuchungen zu Einzeltexten des Joh verweisen, welche sich methodisch an Verfahren aus Linguistik und Literaturwissenschaft orientieren und die Ganzheit der Texte in neuer Weise verständlich machen.[46] Abschliessend sind auch noch Untersuchungen zu Einzeltexten oder Abschnitten von unserer Seite zu nennen, welche der Erfassung ihrer literarischen Einheit und Einbettung in das Joh dienen.[47]

1.1.11. Ein alter Lösungsvorschlag als Ausweg

Die Forschungsgeschichte unseres Jahrhunderts am vierten Ev. ist von Aporien dieser Schrift ausgegangen und hat diese zu lösen versucht. Ihre sehr verschiedenen Lösungsversuche aber haben keine breite Zustimmung gefunden. So scheint die kritische Forschung am Joh selbst in Aporien hineingekommen zu sein, die noch grösser sind als jene beim Ausgangspunkt. Vielleicht haben in dieser ausweglosen Situation einfache Modellvorstellungen, die zugleich erneut bestätigt und breiter abgesichert sind, wieder eher eine Chance, gehört und ernsthaft überlegt zu werden. Wir meinen, dass Literarkritik und allzuviel wissende Rekonstruktion einer langen Traditions- und Redaktionsgeschichte des Joh fragwürdig geworden sind. Die synchrone Fragestellung und der Ausgangspunkt bei der Kohärenz der Einzeltexte und des gesamten Evangeliums sind neu gefragt.[48]

Hier bietet sich die in dieser Arbeit erneut bestätigte und vertieft abgesicherte Annahme eines die ganze Schrift durch seine individuelle Sprache prägenden Verfassers an. Er darf freilich nicht als eigenmächtiger Schöpfer des Ev. verstanden werden. Er hängt vielmehr von einer langen Überlieferung des joh. Kreises

---

[43] Vgl. früher z.B. Wead, Devices (1970).

[44] Vgl. zu Culpepper das ausführliche Referat bei Ruckstuhl, Antithese 154-170.

[45] Vgl. zu dieser Annahme auch Nicholson, Death 32f. Zu einer ausführlichen Darstellung von Van Belles Untersuchung vgl. Ruckstuhl, Antithese 170-178. Van Belle, Parenthèses 206-210 bietet eine eigene Zusammenfassung.

[46] Vgl. z.B. Olsson, Structure (zu Joh 2,1-11 und 4,1-42); Lona, Abraham (zu Joh 8,31-59);Ritt, Gebet (zu Joh 17); Okure, Approach (zu Joh 4,1-42). Vgl. zu Olsson und Lona z.B. Kysar, Gospel 2393f; Beutler, Gattungen 2542f.

[47] Vgl. Ruckstuhl, Aussage (zu Joh 21); Ruckstuhl, Jünger (zu den Vorzugsjüngertexten); Dschulnigg, Berufung (zu Joh 1,35-51 im Rahmen des Joh); Dschulnigg, Hirt (zu Joh 10,1-18 im Kontext von 9,1-41 und 10,19-21).

[48] Vgl. dazu und zum Folgenden auch die vorzüglichen Ausführungen bei Thyen, Johannesevangelium 210f.

ab und kennt synopt. Evv. Das von ihm verwendete Überlieferungsgut hat also eine lange Reflexion des joh. Kreises hinter sich und gibt da und dort noch den Blick frei in die Entstehungs- und Wirkungsgeschichte des Kreises. Diese ist ganz besonders geprägt von der den joh. Kreis leitenden Denkfigur, dem Zeugen Jesu, dem Vorzugsjünger. Der Verfasser des Joh ist gleichsam der Nachlassverwalter des Vorzugsjüngers und des joh. Kreises und verarbeitet wohl auch noch eine traumatische Spaltung des Kreises nach dem Tod des Schulhauptes.[49] Er prägt die ganze Schrift durch seine Sprache und kompositionelle Gestaltung, wobei die Berücksichtigung früherer mündlicher oder schriftlicher Entwürfe nicht auszuschliessen ist. Dennoch sollte man auf eine literarkritische Rekonstruktion möglicher Vorgaben besser verzichten, sie ist angesichts der sprachlich bestimmenden und einschmelzenden Kraft des Verfassers viel zu unsicher. Ausserdem ist die vorliegende Endgestalt kompositionell ein gelungenes Werk und ihre inhaltliche Raumtiefe zu gewaltig. Sie geben exegetischem wie theologischem Denken mehr als genug an Fragen und dankbar weiter zu bedenkenden Antworten auf.

Im übrigen lässt sich die Geschichte des hinter dem Joh stehenden joh. Kreises auch ohne Dekompositionshypothesen noch in einigen Zügen aus dem Joh selbst einigermassen erfassen. Ausserdem wird ein entscheidendes Stadium im 1-3 Joh deutlicher greifbar. Dabei ist aber zu beachten, dass das Verständnis der Konfliktsituation im Hintergrund der Johbr. erneut umstritten ist.[50]

1.2. Stilkritik am Joh

Wir fragen in dieser Untersuchung nach den Spracheigentümlichkeiten des Joh. Es geht darum, herauszufinden, ob und wie sich das vierte Ev. durch Wortwahl, Wortverbindungen und Vorliebe für besondere Wendungen und Konstruktionen von den Synoptikern, der Apg und dem übrigen NT sowie von einer Reihe von hellenistischen Autoren/Werken unterscheidet. Die Fragestellung ist vom Interesse geleitet, ob im Joh ein einheitlicher, von einem bestimmten Verfasser geprägter Sprachstil vorliegt oder die Annahme verschiedener sprachgestaltender Subjekte zutrifft.

Man kann unsere Untersuchung als vergleichende Stiluntersuchung oder Stilkritik am Joh bezeichnen. Da sie die sprachlichen Erscheinungen immer auch zahlenmässig erfasst und in ihrer Häufigkeit mit anderen Schriften vergleicht, kann sie auch Stilstatistik genannt werden.

Dabei gilt es zu beachten, dass wir von einem weiten und offenen Stilbegriff ausgehen, wie er etwa bei Bussmann definiert wird: "S. (Stil) beruht auf Selektion von sprachlichen Elementen aus einem grösseren Repertoire, sowie auf

---

[49] Zum joh. Kreis als Schule vgl. besonders Culpepper, School und dessen Darstellung und Auswertung bei Ruckstuhl, Antithese 141-154.

[50] Vgl. dazu besonders Thyen, Johannesbriefe.

Wiederholung solcher ausgewählter Elemente, wobei Auswahl und Wiederholung durch die kommunikative Funktion des Textes bestimmt sind."[51]
Dieses Stilverständnis erweist sich für das Joh als relativ günstig und brauchbar. Es wird sich in unserer statistischen Untersuchung in den Grundzügen bestätigen. Die sprachlich-stilistischen Besonderheiten des Joh können als bewusste oder unbewusste Selektion von sprachlichen Elementen und deren Wiederholung verstanden werden.

Es muss nur betont werden, dass wir zwar von einem weiten Stilverständnis ausgehen, die ganze Breite stilistischer Besonderheiten des Joh aber keinesfalls erfassen. Wir haben nur eine sehr begrenzte und möglichst gut zahlenmässig erfassbare Seite des Sprachstils des vierten Evangeliums erhoben. Es verbleiben noch eine Fülle von Möglichkeiten für weitere Untersuchungen, die unser begrenztes Untersuchungsfeld erweitern und die Ergebnisse bestätigen, genauer erfassen oder berichtigen können.

1.3. Zu Anlage und Aufbau der Untersuchung

1.3.1. Nachdem wir in der Forschungsgeschichte unseres Jh. zum Joh und ihrer Wende zu einem ganzheitlichen Verstehen des Ev. eine Ermutigung gefunden haben, auch die Frage nach einer diese ganze Schrift einheitlich gestaltenden und prägenden Sprache neu aufzunehmen, möchten wir in Kürze einen Überblick über die vor uns liegende Aufgabe und den Aufbau unserer Arbeit geben.

1.3.2. Im Anschluss an die Untersuchungen von Schweizer und Ruckstuhl zum Joh und seiner literarischen Einheit wollen wir in Kapitel 2 zunächst das von ihnen ausgearbeitete stilkritisch-statistische Verfahren durch die Überprüfung ihrer Kriterien zur Erhebung der sprachlichen Eigentümlichkeiten des Joh und anderer vergleichbarer Untersuchungen zu Sprache und Stil des NT und einzelner seiner Bücher in verschiedener Hinsicht ergänzen und absichern. Da dieses Verfahren mit dem Vergleich von sprachlichen Bildungen und ihrem zahlenmässigen Vorkommen im Joh und in den verschiedenen Büchern des übrigen NT sowie in vergleichbaren Erzeugnissen des zeitgenössischen hellenistischen Schrifttums arbeitet, müssen die Voraussetzungen ihrer Vergleichbarkeit festgelegt werden. Wenn es überdies darum geht aufzuzeigen, dass die zu erarbeitenden Stilmerkmale die sprachliche Einheitlichkeit des Joh erhärten, kann die zahlenmässige Überlegenheit solcher Merkmale über ihr Vorkommen in anderen Schriften allein nicht genügen, um sie auf dieses Ziel hin einzusetzen. Sie müssen vielmehr so geartet sein, dass sie auf die Verwendung durch einen einzigen Verfasser hindeuten, also nicht sozusagen ohne weiteres für andere verwendbar bereitlagen.
Nachdem unser Kapitel diese Fragen erörtert hat, ermöglicht es anschliessend auch einen Ausblick auf die weitere Arbeit mit den einmal erarbeiteten Stilkenn-

---

[51] Bussmann, Lexikon 505. Vgl. zu ähnlichen Definitionen von Stil z.B. Todorov/Ducrot, Wörterbuch 341; Kändler/Nalewski, in: Träger, Wörterbuch 493. Zur Problematik der Stildefinition vgl. Liwerski, Stil.

zeichen des Joh, indem es eine Verteilübersicht über ihr Vorkommen im ganzen Ev. fordert und andeutet, dass durch ihre Verbindung und Vernetzung untereinander ihre Herkunft von einem einzigen Verfasser gesichert werden kann. Endlich wird hier auch auf die Grenzen des stilkritisch-statistischen Verfahrens und auf die möglichen Annahmen zum Ursprung und zur Entstehung des Ev. hingewiesen.

1.3.3. Im Zug unseres Vergleichs zwischen Joh und dem übrigen NT zeigte es sich häufig, dass sprachliche Bildungen des Joh auch in den Johbr. vorkamen, nicht selten sogar in grösserer Dichte als im Ev. Wenn wir über die Brauchbarkeit und Güte der im Ev. gefundenen Stilmerkmale entscheiden sollten, war es unumgänglich, auch das Verhältnis zwischen den joh. Schriften zu klären. Deswegen widmeten wir dieser Aufgabe in Kapitel 3 einen eigenen Arbeitsgang. Im Licht der Einsichten, die sich im Lauf unserer gesamten Untersuchung einstellten und vertieften, überarbeiteten wir dieses Kapitel über die Verfasserschaft von Joh und 1-3 Joh auch nochmals.

1.3.4. Auf der Suche nach den Stilmerkmalen des Joh konnten wir uns mit der Liste Schweizer/Ruckstuhl allein nicht zufriedengeben. Wir waren überzeugt, dass diese Liste nicht nur überholt, sondern auch erheblich erweitert werden konnte und sollte und die vorläufige Fassung einer neuen Liste schon vorhanden sein musste, ehe wir die vorhandenen Parallelen zu den joh. Sprachmerkmalen im zeitgenössischen Schrifttum ausserhalb des NT unserem statistischen Verfahren unterziehen konnten. Der Weg zu einer vorläufigen Liste und von ihr zu unserer endgültigen Liste ist der Gegenstand unseres kurzen Kapitels 4.

1.3.5. Das umfangreichste Kapitel unserer Untersuchung, nämlich Kapitel 5, enthält vor allem die ausführliche Darstellung und Beschreibung der von uns gesammelten, in unserem stilstatistischen und inhaltlich wertenden Verfahren geprüften und schliesslich entsprechend Güte und Gewicht in 3 Gruppen eingeteilten und absteigend angeordneten Stilmerkmale des Joh. Hier wird jedes dieser Merkmale gemäss seiner Gestalt und Eigenart beschrieben und nach seinem Vorkommen im Joh und den Vergleichsschriften des NT und der zeitgenössischen hellenistischen Literatur stellenmässig aufgelistet. Dann wird es näher erklärt, wenn nötig von ähnlichen Bildungen abgegrenzt, mit Gegenbeispielen und sprachlichen Tauschmöglichkeiten verglichen und wenn nützlich auch in vorhandenen konkreten Anwendungsformen innerhalb des Joh vorgestellt.
Kapitel 5 enthält u.a. auch eine Übersichtsliste zu der von uns herangezogenen hellenistischen Literatur, Übersichtslisten aller von uns erarbeiteten Stilmerkmale und am Schluss eine Liste "negativer Besonderheiten" des Joh.

1.3.6. In Kapitel 6 erfolgt nun die Auswertung der von uns statistisch und inhaltlich erfassten und endgültig ausgewählten Stilmerkmale des Joh. Hier werden zunächst in der früher angekündigten Verteilübersicht alle im Ev. vorkommenden Stilmerkmale nach Kapitel und Versen unter Angabe ihrer Listennummer und Gruppenzugehörigkeit aufgezählt. Zugleich wird angemerkt, wenn verschiedene

Merkmale an der gleichen Stelle mit anderen Merkmalen zusammentreffen, aber von einem oder mehr als einem der Literarkritiker Boismard/Lamouille, Becker und Fortna verschiedenen der von ihnen aus dem Joh ausgesonderten Schichten zugeteilt werden. So wird die Grundlage gelegt für das im Anschluss an diese Verteilübersicht erfolgende Verbindungs- und Vernetzungsverfahren, das mit Rücksicht auf diese literarkritischen Trennungslinien vorgenommen wird. Diese Verbindung und Vernetzung unserer Merkmale wird in einem Schaubild für die Vernetzung der Merkmale A und in einem zweiten Schaubild für die Vernetzung der Merkmale B zeichnerisch festgehalten. Anschliessend werden daraus die sich aufdrängenden Schlüsse gezogen. Ein worthafter Überblick über die Vernetzung der Stilmerkmale A mit den Stilmerkmalen B, die zeichnerisch nicht mehr darstellbar war, ergänzt die Ergebnisse aus beiden Schaubildern und erhärtet die Schlüsse, die dort gezogen wurden. Als Gegenkontrolle zu diesen Ergebnissen und den gezogenen Schlüssen werden dann die Schichtenscheidungen der oben genannten Literarkritiker überprüft, und zwar aufgrund der Verteilungsverhältnisse unserer Stilmerkmale in den von ihnen angenommenen Schichten des Joh.

Abschliessend werden in diesem Kapitel die flächenhafte Verteilung aller in unserer Verteilübersicht aufgezeichneten Merkmale ohne Rücksicht auf literarkritische Trennungslinien untersucht, ihre Verteilungsdichte im ganzen Ev. und in allen seinen Texteinheiten ermittelt und daraus Folgerungen für die literarische Einheit und Einheitlichkeit des Joh gezogen. Konkret werden schliesslich noch die Dichtezahlen der beiden von Becker ausgeschiedenen Quellen des Ev. festgestellt, nämlich der Semeiaquelle und des Passionsberichts, und zwar im Vergleich mit den Dichtezahlen je ihres literarischen Umfelds und des ganzen Ev.

1.3.7. Im Schlusskapitel 7 wird ein Rückblick auf die ganze vorausliegende Untersuchung und eine Zusammenfassung ihrer Ergebnisse angeboten, um manchen Lesern und Leserinnen einen ersten Eindruck von unserer Forschungsarbeit zu geben.

2. DAS STILKRITISCH-STATISTISCHE VERFAHREN

2.1. Das Verfahren Schweizer-Ruckstuhl

2.1.1. Die Dissertationen von Schweizer und Ruckstuhl

Eduard Schweizer hat in seiner 1939 erstmals erschienenen Dissertation ein stilkritisch-statistisches Verfahren zum Joh entwickelt.[1] Dieses wurde dann von anderen aufgenommen (Jeremias[2], Menoud[3]) und von Eugen Ruckstuhl in seiner 1951 erstmals erschienenen Dissertation überprüft, bestätigt und ausgebaut[4]. So mag es im folgenden erlaubt sein, von einem Verfahren Schweizer/Ruckstuhl zu sprechen. Schon Schweizer konnte an stilkritische Untersuchungen und Beobachtungen von Vorgängern anschliessen.[5] Er hat diese aber planmässig ausgewertet und in einem statistischen Vergleichsverfahren derart genutzt, dass sie gegen verschiedene Quellenhypothesen zum Aufweis der sprachlich-literarischen Einheit des Joh dienten.

Schweizer und im Anschluss an ihn Ruckstuhl u.a. gehen von folgenden Beobachtungen und Voraussetzungen aus: Im Joh finden sich gewisse Konstruktionen, Wendungen und Wörter, die im übrigen NT nicht oder im Vergleich zum Joh auffallend selten vorkommen. Dies lässt darauf schliessen, dass eine derart ausgezeichnete sprachliche Besonderheit wahrscheinlich auf *einen* Urheber zurückgeht. Verteilen sich alle erhobenen sprachlichen Besonderheiten im Joh regelmässig über die ganze Schrift und lassen sich keine Partien des Ev. mit einer ausschliesslichen Gruppe von Sprachmerkmalen aussondern, dann spricht alles dafür, dass das Joh in seiner Endgestalt von einem einzigen Verfasser geprägt ist. Dennoch ist nicht auszuschliessen, dass er auch Traditionsgut in seine Schrift eingearbeitet hat; dieses ist aber von ihm stark seiner eigenen Sprache angeglichen worden und deswegen nicht mehr mit angemessener Sicherheit auszuscheiden. Wir müssen unter diesen Voraussetzungen also davon ausgehen, dass die Einheit des Joh nicht in einer Grundschrift oder Quellen verarbeitenden Redaktion begründet ist, sondern in einem Verfasser, der seinen Stoff durchgehend

---

[1] Vgl. Schweizer, Ego 82-112. Zur Wertung und Einordnung des Verfahrens von Schweizer vgl. man auch Schulz, Untersuchungen 51-59. Er bezeichnet Schweizers Ausführungen als "Kulminationspunkt" der Stilstatistik und spricht von einem "weithin rollenden Donner(s)" mit grossem Widerhall (ders., ebd. 52f).

[2] Vgl. Jeremias, Literarkritik passim.

[3] Vgl. Menoud, Evangile 14-16.

[4] Vgl. Ruckstuhl, Einheit 180-219.

[5] Schweizer verweist mehrfach auf Abbot, Blass, Brooke, Howard, Mayser, Radermacher u.a. (vgl. dazu in Schweizer, Ego das Literaturverzeichnis unter den Nr. 1.2.16.22.65.97.115).

sprachlich verarbeitet und durch seine Sprache und seinen Geist so geprägt hat, dass von einer literarischen Einheit der gesamten Schrift in ihrer Endgestalt gesprochen werden kann.

Diese grundsätzliche Möglichkeit einer einheitlichen, persönlich geprägten Sprache des Joh haben nun Schweizer/Ruckstuhl folgendermassen im einzelnen aufgewiesen. *Schweizer* hat 33 sprachliche Eigentümlichkeiten des Joh aufgezeigt, die im übrigen NT oder bei den Synoptikern nicht oder im Vergleich zum Joh selten vorkommen.[6] Er hat das Zusammentreffen derartiger Sprachmerkmale des Joh in demselben Vers in einer Tabelle festgehalten und die entsprechenden Merkmale in einem Verknüpfungsschema aufgezeichnet.[7] Dieses Schema zeigt, dass es nicht möglich ist, zwei oder mehrere unabhängige Gruppen solcher Merkmale auszuscheiden. Damit ergibt sich aber, dass eine Aufteilung des Joh in verschiedene Quellen oder Schichten stilistisch nicht aufweisbar ist. Das zeigt Schweizer alsbald an drei Beispielen einer Schichtenscheidung des Joh auf. Er überprüft die diesbezüglichen Annahmen von Spitta, Wendt und Hirsch und weist nach, dass die Verteilung der von ihm erhobenen Stilmerkmale des Joh auf ihre hypothetischen Schichten des Ev. diese widerlegt.[8]

Ruckstuhl hat seinerseits die von Schweizer erhobenen Stilmerkmale des Joh erneut überprüft und nur wenige als nicht überzeugend ausgeschieden.[9] Zudem hat er weitere Vorschläge von Jeremias und Menoud gesichtet und teilweise aufgenommen[10] sowie selber 18 Stilmerkmale des Joh erhoben[11]. Als Endergebnis legt er eine in drei Gruppen gegliederte Liste von 50 sprachlichen Eigentümlichkeiten des Joh vor.[12] Auch er verbindet die guten Treffnisse von je zwei oder mehr Sprachmerkmalen in demselben Vers und weist sie in einem Verknüpfungsschema auf. Wiederum ergibt sich, dass die Merkmale so miteinander verbunden sind, dass sie nicht in 2 oder mehr Gruppen auseinanderfallen. Sie weisen alle auf denselben Urheber zurück.[13]

Abschliessend prüft Ruckstuhl die ihm nach Schweizers Arbeit neu vorliegende Schichtenscheidung des Joh durch Bultmann nach. Auch sie lässt sich stilistisch nicht begründen; die Verteilung der Stilmerkmale des Joh auf die verschiedenen Schichten Bultmanns widersprechen vielmehr dessen literarkritischen Annahmen.[14]

---

[6] Vgl. Schweizer, Ego 88-97.

[7] Vgl. Schweizer, Ego 100-102.

[8] Vgl. Schweizer, Ego 103-105.

[9] Ruckstuhl scheidet die Nr. 5.18.19.30.31 von Schweizer aus (vgl. Ruckstuhl, Einheit 194f.203-205).

[10] Vgl. Ruckstuhl, Einheit 197f.

[11] Vgl. Ruckstuhl, Einheit 198-201.

[12] Vgl. Ruckstuhl, Einheit 203-205.

[13] Vgl. Ruckstuhl, Einheit 205-212.

[14] Vgl. Ruckstuhl, Einheit 212-216.

2.1.2. Die Forschungssituation nach Schweizer und Ruckstuhl

Man darf zusammenfassend feststellen, dass um die Mitte dieses Jahrhunderts verschiedene Versuche der Schichtenscheidung am Joh aus sprachlich-stilistischen Gründen von Schweizer und Ruckstuhl zurückgewiesen wurden. Sie haben darüber hinaus aufgezeigt, dass eine lange Reihe sprachlicher Besonderheiten des Joh darauf hinweist, dass dieses Evangelium von seinem Verfasser sprachlich durchgehend geprägt ist und eine grundlegend einheitliche Schrift darstellt. Ihr Urteil ging nur in der Frage der in das Evangelium verarbeiteten Tradition auseinander. Schweizer vermutet die Verwendung schriftlicher Tradition durch den Evangelisten[15], Ruckstuhl denkt an die Verarbeitung mündlicher Überlieferung[16].

Doch ist dieses unterschiedliche Urteil eher nebensächlich angesichts der schwerwiegenden Übereinstimmung in der Grundauffassung von Schweizer und Ruckstuhl, die neben und nach ihnen auch von anderen Fachleuten geteilt wurde.[17] Sie haben denn auch fast zwei Jahrzehnte lang neue Schichtenscheidungshypothesen am Joh wirksam verhindert.[18] Neuere Versuche dieser Art melden sich aber seit den siebziger Jahren wieder vermehrt. Doch auch sie gehen teils von den Ergebnissen von Schweizer/Ruckstuhl aus und suchen ihre Hypothesen aufgrund von verbliebenen Freiräumen dieser Untersuchungen zu begründen.[19]

---

[15] Vgl. Schweizer, Ego VI.100.107f.

[16] Vgl. Ruckstuhl, Einheit 216-219.308f (spätere Stellungnahme).

[17] Schulz, Untersuchungen 54 spricht davon, dass die "literarkritischen Hypothesen durch einen solchen konzentrischen Angriff 'in Misskredit geraten' waren" und wertet Schweizers Arbeit als "eigentliche(n) Dammbruch" (ebd. 54 Anm. 1). Wikenhauser/Schmid, Einleitung 323 urteilen: "eine alles umfassende Quellenscheidungstheorie muss abgelehnt werden. Das haben namentlich E. Schweizer und E. Ruckstuhl zu beweisen unternommen...". Ähnlich beurteilt Kümmel, Einleitung 177-180 die Forschungssituation.

[18] Vgl. dazu Nicol, Semeia 11, der bemerkt, dass Wilkens, Entstehungsgeschichte im Jahr 1958 als erster das literarkritische Schweigen brach, dabei aber Ruckstuhls Folgerungen mit verschiedenen literarischen Schichten zu versöhnen suchte: Der Evangelist selber habe sein Werk zweimal breit überarbeitet. Wilkens rechnet mit einem Grundevangelium als Zeichenevangelium, das der Evangelist später durch Redepartien erweitert und in einer zweiten Überarbeitung zum Passionsevangelium umgestaltet habe (vgl. Wilkens, Entstehungsgeschichte 30f.171f).

[19] Vgl. dazu früher schon Wilkens, Entstehungsgeschichte (dazu Anm. 18), in den siebziger Jahren z.B. Fortna, Gospel (1970) 13f.17-19.203-218 (Fortna weist sein Zeichen-Evangelium negativ durch das Fehlen vieler Sprachmerkmale von Ruckstuhl aus und positiv durch sprachliche Bildungen, die nur oder vorwiegend in ihm zu finden sind; zur Kritik vgl. Kümmel, Einleitung 179f; Schnackenburg, Joh IV 15; Ruckstuhl, Einheit 310-328); Nicol, Semeia 9-14.16-27 (Nicol weist für fünf kurze Wundererzählungen im Joh eine auffallend kleinere Dichte des Vorkommens der Sprachmerkmale von Ruckstuhl nach. Er erweitert die Ruckstuhl-Liste um 32 weitere Merkmale, wodurch der Unterschied der fünf Erzählstücke zu anderen Erzählpassagen des Joh noch auffallender wird; zur Auseinandersetzung vgl. Ruckstuhl, Einheit 328-331).
Wesentlich weiter geht demgegenüber Teeple. Origin, der wichtige Voraussetzungen bei Schweizer/Ruckstuhl sowie ihre Ergebnisse ablehnt und vier Schichten des Joh auch mit sprachlichen Kriterien begründen will (vgl. anders noch Teeple, Methodology 280f). Teeple misst dem weitgehenden Fehlen der Sprachmerkmale des Joh in anderen Schriften des NT keine

Daneben muss freilich vermerkt werden, dass einzelne Fachleute die Ergebnisse von Schweizer/Ruckstuhl schon bald in Frage stellten. Sie verwiesen auf die begrenzte Breite des Sprachvergleichs und behaupteten, dass einzelne sprachliche Besonderheiten des Joh nur im Rahmen des NT herausragten, nicht aber im Vergleich zum übrigen hellenistischen Schrifttum des anvisierten Sprach- und Zeitraums.[20] In neuerer Zeit wird gegen die Ergebnisse zudem vermehrt eingewendet, dass die sprachlichen Besonderheiten dann nicht aussagekräftig sind, wenn eine Überarbeitung aus dem Schülerkreis des Evangelisten vorauszusetzen sei. Für die joh. Schule wird bei diesem Widerspruch ein gemeinsamer Soziolekt vorausgesetzt, den Überarbeiter mit dem ursprünglichen Verfasser geteilt hätten.[21] Allerdings ist auch dieser Einspruch nicht so neu, wurde er doch schon von Hirsch gegen die Einwände von Schweizer seiner Schichtenhypothese gegenüber erhoben. Nur hat Hirsch nicht von Schule und Soziolekt gesprochen, sondern geltend gemacht, dass er den das ursprüngliche Ev. überarbeitenden Redaktor als bewussten Nachahmer seiner Vorgaben verstehe.[22]

Es ist also festzuhalten, dass Schweizer und Ruckstuhl viel Zustimmung fanden, aber von Anfang an auch auf Widerspruch gestossen sind. Besonders der von Schweizers Annahmen betroffene Hirsch hat in seinem ZNW-Aufsatz von 1950/51[23] zwei gewichtige grundsätzliche Einwände erhoben, die bis heute noch nicht eindeutig entkräftet sind: Halten die Stilmerkmale von Schweizer/Ruckstuhl einem über das NT hinausgehenden Vergleich stand und sind sie auch dann beweiskräftig, wenn ein späterer Überarbeiter bewusst Sprache und Stil seiner

---

Bedeutung zu. Ihre Häufigkeit im Joh führt er auf verschiedene Schreiber zurück, während andere, die seltener vorkommen, gerade einem bestimmten Schreiber zuzuordnen sind (Teeple, Origin 19-22). Diese Annahmen, die den Wert des statistischen Vergleichsverfahrens ablehnen, können nicht überzeugen. Teeple verwendet dieses Verfahren nachher selber zum Aufweis verschiedener Schichten im Joh auch bei grosszahligen Besonderheiten (vgl. Teeple, Origin 253-260)! Wenn es "a fatal error in method" ist (Teeple, Origin 21), sollte man es besser selber nicht verwenden.

[20] Vgl. Hirsch, Stilkritik 135.138; Haenchen, Literatur (1955) 308: "Es zeigt sich hier, dass sich der johanneische Stil weithin von der nichtliterarischen Koine aus verstehen lässt." Diese Argumentation wird wiederaufgenommen und ausgebaut bei Haenchen, Joh 66-69.73f. Dabei beruft sich Haenchen hier mehrfach auf Colwell, ohne zu beachten, dass dessen statistisches Material teils nicht den Eingrenzungen bei Schweizer/Ruckstuhl entspricht (vgl. Colwell, Greek 10-13.56.89) und deshalb nur bedingt vergleichbar ist.

[21] Vgl. dazu z.B. Thyen, Literatur 214f; Schenke/Fischer, Einleitung II 198 sprechen vom "Phänomen der Sondersprache einer Gruppe" und verweisen dazu auf Becker, Aufbau 71, der den Diskussionsstand auch im Blick auf seine Gewährsleute (vgl. Anm. 60) etwas eigenwillig folgendermassen zusammenfasst: "Die Diskussion nach Ruckstuhl ist dabei zu der Annahme gelangt, dass der johanneische Stil sei nicht der Stil einer Einzelperson, sondern weitgehend der Stil einer ganzen Gemeindetradition." Im Kommentar spricht Becker dann von der "Sprachgemeinsamkeit einer relativ geschlossenen Gemeinschaft", welche die relative Einheitlichkeit des Stils viel besser soziologisch erkläre als durch die Annahme nur eines Autors (Becker, Joh I 34). Zur Kritik dieser Annahme vgl. Ruckstuhl, Antithese passim, bes. 141.149-154.178-181.

[22] Vgl. Hirsch, Stilkritik 129-131.135; zustimmend Haenchen, Literatur (1955) 308.

[23] Der Aufsatz Hirschs wurde übrigens bereits 1942 abgeschlossen (vgl. Hirsch, Stilkritik 143).

Vorlage nachahmt? Bevor diese Fragen wiederaufgenommen werden, werfen wir aber einen Blick auf die Kriterien im statistischen Vergleichsverfahren.

2.2 Kriterien des statistischen Vergleichsverfahrens

2.2.1. Voraussetzungen bei Schweizer/Ruckstuhl

Schweizer und Ruckstuhl haben die minimalen Kriterien für die Aufnahme einer sprachlichen Bildung unter die joh. Stilmerkmale nirgends eindeutig festgelegt. Sie fordern allgemein, dass eine solche Bildung nur im Joh vorkommt oder im übrigen NT wenigstens nur selten bis relativ selten auftritt. Sie haben sich auch an diese allgemeine Voraussetzung gehalten, die Stilmerkmale des Joh geschickt ausgewählt und in ihrer Beweiskraft einigermassen absteigend angeordnet. Sie waren sich auch bewusst, dass stilistische Kleinigkeiten ohne inhaltliche Bedeutung besonders beweiskräftig sind, während Bildungen von theologisch-inhaltlichem Gewicht weniger aussagekräftig sind, da sie eher aufgenommen und nachgeahmt werden können.

Ruckstuhl hat seine Liste von 50 Sprachmerkmalen ausserdem in 3 Gruppen mit fallender Beweiskraft eingeteilt und die letzte Gruppe nur zu den "Zügen" des Joh gerechnet, die das Joh im Vergleich mit anderen Schriften zwar noch auszeichnen, es aber nicht mehr unverwechselbar unterscheiden. Ruckstuhl und Schweizer haben den statistischen Vergleich einer stilistischen Bildung des Joh je mit dem übrigen NT vorgenommen, in einzelnen Fällen aber nur die Häufigkeit in den Synoptikern verglichen. Ausserdem haben sie als Vergleichsgrösse je das Vorkommen einer solchen Bildung im Rest des NT oder der Synoptiker gesamthaft genommen und dabei im Urteil natürlich auf die Länge der verglichenen Grössen geachtet. Bei Schweizer kommt ein Sprachmerkmal wenigstens 3mal im Joh vor[24], Ruckstuhl fügt seiner Liste einige Beispiele mit 2maligem Vorkommen im Ev. hinzu[25].

2.2.2. Kriterien vergleichbarer Untersuchungen

2.2.2.1. *J.C. Hawkins: Horae Synopticae*
John Caesar Hawkins hat kurz vor der Wende zum 20. Jh. in einem statistischen Vergleichsverfahren sprachliche Besonderheiten der einzelnen Synoptiker erarbeitet. Dabei hat er für solche Eigentümlichkeiten im Mk gefordert, dass sie wenigstens 3mal vorkommen und entweder a) im Mt oder Lk nicht auftreten oder

---

[24] Vgl. Nr. 8 bei Schweizer, Ego 91.
[25] Vgl. Nr. 14.27.28.29.35.36.37 bei Ruckstuhl, Einheit 204.

b) im Mk öfter als im Mt und Lk zusammen.[26] Hawkins begründet diese Kriterien nicht.

Zu beachten ist die Minimalforderung von 3 Vorkommen einer sprachlichen Bildung im Mk, die recht hohe Anforderung im Blick auf die beiden anderen Synoptiker und das Fehlen der Vergleichsbasis des übrigen NT. Die Minimalanforderung von 3 Vorkommen ist wohl angebracht, um eher zufällig gleichlautende Bildungen auszuschliessen. Die hohe Anforderung im Blick auf die Seitenreferenten ist ebenso sachgemäss; nur sollte sie analog auch auf die gattungsmässig vergleichbaren Schriften Joh und Apg ausgedehnt werden. Das Fehlen des übrigen NT als Vergleichsbasis ist ein grosser Mangel bei Hawkins, was zu einer Reihe von Fehleinschätzungen geführt hat, die bei einer erweiterten Vergleichsbasis leicht ausgeschlossen werden können.[27]

2.2.2.2. R. Morgenthaler: Statistik des ntl. Wortschatzes

Robert Morgenthaler hat seine "Statistik des neutestamentlichen Wortschatzes" erstmals 1958 veröffentlicht. Darin hat er auch Listen von Vorzugswörtern einzelner Schriften oder Schriftgruppen zusammengestellt. Er nennt zwei Bedingungen zur Aufnahme eines Wortes unter die Vorzugswörter: 1. Ein solches Wort muss mehr als 10mal in der entsprechenden Schrift oder Schriftengruppe auftreten. 2. Ein solches Wort muss beim entsprechenden Schreiber im Verhältnis zum Umfang der Schriften anderer Schreiber des NT besonders oft vorkommen.[28]

Bedingung 1 ist sehr hoch angesetzt. Morgenthaler geht dabei davon aus, dass bei Wörtern, die 10mal oder weniger häufig auftreten, "keinerlei Zahlenverhältnisse bestehen, die an sich für den Stil eines einzelnen Schriftstellers ... sehr aufschlussreich sein könnten"[29]. Er dürfte sich darin von der Regel leiten lassen, dass statistische Aussagen erst von einer gewissen Häufigkeit an aufschlussreich werden. Es ist nur fraglich, ob eine solche Regel auch auf die Sprachstatistik und Stilstatistik übertragen werden muss. Hier können wohl auch kleinerzahlige sprachliche Eigentümlichkeiten, die in einer Schrift auftreten und in anderen kaum vorkommen, auf denselben Verfasser als Urheber verweisen.

Bedingung 2 greift nun richtig auf das ganze NT als Vergleichsgrösse aus und verlangt eine grössere relative Häufigkeit eines Vorzugswortes in der entsprechenden Schrift als in anderen Schriften oder Schriftgruppen. Hier wäre es allerdings sachgemäss, wenn man jede Schrift des NT einzeln mit jeder anderen Schrift ebenda vergleichen und nicht die vielschichtige Zusammenfassung der paulinischen Briefe und der katholischen Briefe zu je einer Gesamtzahl zusammenziehen würde.

---

[26] Vgl. Hawkins, Horae 10; zu den Anforderungen an sprachliche Besonderheiten des Mt und Lk vgl. Hawkins, Horae 3.15.

[27] Vgl. dazu näherhin Dschulnigg, Sprache 12-16.

[28] Vgl. Morgenthaler, Statistik 50.

[29] Morgenthaler, Statistik 49.

Unter seinen Voraussetzungen listet Morgenthaler 75 Vorzugswörter des Joh auf[30], von denen auffallenderweise keines derart in der Liste von Schweizer oder von Ruckstuhl auftritt. Dies ist auch nicht erstaunlich, da die Auswahlkriterien bei Schweizer/Ruckstuhl im Blick auf das Vorkommen in anderen Schriften viel strenger waren und sie zudem auf sprachliche Kleinigkeiten und Ungewöhnlichkeiten geachtet und im Rahmen des Joh theologisch aufgeladene Wörter ausgeschlossen haben. All das ist bei den Vorzugswörtern von Morgenthaler nicht berücksichtigt. Aber auch wenn diese nicht theologische Vorzugsbegriffe des Ev. darstellen, können sie allenfalls nur unter die Züge des Joh gezählt werden.

2.2.2.3. J. Schreiber: Kreuzigungsbericht des Mk

Erst neulich ist die Dissertation von Johannes Schreiber aus dem Jahr 1959 veröffentlicht worden. Er hat darin eine vokabelstatistische Analyse des Kreuzigungsberichts des Mk vorgenommen, die sich von folgenden Kriterien leiten liess: Ein Wort des Mk ist dann dem Redaktor zuzuschreiben, wenn es häufiger als im Mt und Lk vorkommt und auch sonst in redaktionellen Passagen des Mk verwendet wird.[31] Auch Schreiber beschränkt seinen statistischen Vergleich wie Hawkins auf die Seitenreferenten des Mk, setzt aber die einschlägigen Anforderungen weit tiefer, im Blick auf die gattungsmässig vorrangig zu vergleichenden Schriften wohl zu tief an. Ausserdem vermisst man den Vergleich mit dem gesamten übrigen NT, was die Ergebnisse vorweg fragwürdig macht.

Allerdings bringt Schreiber als zusätzliches Kriterium noch ein, dass ein so erhobenes Wort auch in anderen redaktionellen Versen des Mk vorkommen müsse. Damit verlässt er die Voraussetzungen des statistischen Vergleichsverfahrens und verbindet es mit literar-, traditions- und redaktionskritischen Verfahren, die sich doch gerade auf dem Hintergrund rein sprachlicher Kriterien zu bewähren hätten.[32] Diese Verbindung führt nicht zu einer sachgemässen Erweiterung

---

[30] Vgl. Morgenthaler, Statistik 182. Bei mehreren Vorzugswörtern des Joh scheint allerdings die Bedingung 2 nicht voll beachtet worden zu sein. Eine kurze Durchsicht ergibt, dass 9mal in der Offb oder in den paulinischen Briefen eine vergleichsweise höhere Dichte des Vorkommens zu verzeichnen ist, je einmal im Mt und in der Apg.

[31] Vgl. Schreiber, Kreuzigungsbericht 97f.

[32] Noch weiter in dieser Richtung gehen Dormeyer und Pryke, die ihre Vokabelstatistik ganz auf der innermarkinischen Schichtzuweisung eines Wortes im Mk aufbauen. Dabei ist Dormeyer etwas vorsichtiger, da er um die Unsicherheiten der Schichtenbestimmung weiss. "Um diese Unsicherheit auszuschalten, wird nur dann eine Vokabel als Vorzugswort einer Schicht bezeichnet, wenn ihr Vorkommen in der einen Schicht gegenüber dem in der anderen das Verhältnis 3:1 beträgt." (Dormeyer, Passion 26; vgl. ebd. 28f).
Pryke rechnet mit einer redaktionellen Vorzugsvokabel des Mk, wenn ein Wort mindestens 5mal in diesem Ev. vorkommt und davon nicht weniger als 50 Prozent in redaktionellen Passagen (vgl. Pryke, Style 136).
Zur Kritik am Verfahren Dormeyers vgl. z.B. Schreiber, Kreuzigungsbericht 311f; zu jener an Pryke Dschulnigg, Sprache 68f. Bei Pryke wird der Vergleich selbst noch mit den beiden anderen Synoptikern ausgeschaltet und jedes beliebige Wort, das sonst im NT teils weit häufiger vorkommt, kann zur Vorzugsvokabel des Redaktors werden, wenn es nur genügend oft in der auf andere Weise hypothetisch bestimmten Redaktionsschicht vorkommt.

und zusätzlichen Absicherung der Ergebnisse, sondern belastet das Verfahren mit einem Kreisschluss, der auf fragwürdigen Voraussetzungen fusst.[33]

2.2.2.4. P. Dschulnigg: Sprache, Redaktion und Intention des Mk

Peter Dschulnigg hat in seiner 1984 erstmals erschienenen Dissertation den individuellen Sprachstil des Mk durch ein statistisches Vergleichsverfahren erhoben. Er betrachtet jene Wörter, Wendungen und Verbindungen, "die im Vergleich zu den übrigen Schriften des Neuen Testaments im Mk auffallend häufig auftreten, ... als Merkmale einer individuell mitbestimmten Tradition respektive Redaktion"[34]. Um derartige sprachliche Eigentümlichkeiten des Mk zu gewinnen, hat er in kritischer Auseinandersetzung mit Schweizer/Ruckstuhl und Hawkins die folgende statistische Minimalforderung gestellt: Eine sprachliche Besonderheit des Mk "darf im Mt, Lk, Joh oder in der Apg maximal ebenso oft (in absoluten Zahlen) vorkommen wie im Mk und muss in jeder anderen Schrift des Neuen Testaments mindestens weniger häufig (in relativen Zahlen) auftreten als im Mk"[35].

Diese Minimalanforderung verlangt im statistischen Vergleich mit den übrigen Evv. und der Apg mehr, da diese Schriften umfangreicher sind als das Mk. Die höhere Anforderung ist gerechtfertigt, weil diese Schriften gattungsmässig mit dem Mk verwandt sind und sprachliche Möglichkeiten teils auch gattungsbedingt sind. Für die übrigen Schriften des NT wird demgegenüber nur gefordert, dass eine sprachliche Eigentümlichkeit dort nicht ebenso dicht belegt ist wie im Mk. Damit soll die Vergleichsbasis über die wichtigsten Vergleichsschriften (Mt, Lk, Joh, Apg) hinaus verbreitert werden, damit nur zufällig dort weniger oft auftretende sprachliche Bildungen ausgeschlossen werden.

Die Stilmerkmale, die sich durch diese Minimalanforderung gewinnen lassen, weisen natürlich grosse Güteunterschiede auf. Diese lassen sich bestimmen nach

---

[33] Vgl. dazu auch Schreiber, Kreuzigungsbericht 98 Anm. 1, der die Unsicherheit der Einzelannahmen über die Scheidung von Tradition und Redaktion eingesteht, dennoch aber "die prinzipielle Sauberkeit der Methode" und ihre Gesamtergebnisse nicht in Frage stellt. — Noch selbstkritischer wird Schreiber im Rückblick auf die Forschung seit 1959 (ders., ebd. 310; Schreibers Vokabelstatistik wurde z.B. von Linnemann, Studien 141-146 heftig kritisiert). Er sieht jetzt in den Ausführungen von M. Friedrich im Exkurs V ein geeignetes Hilfsmittel (vgl. Schreiber, Kreuzigungsbericht 313, Exkurs V: 395-433). Friedrich stellt dabei neue Kriterien auf. Er unterlässt die fragwürdige Kombination mit redaktionskritischen Annahmen zu Recht und bezeichnet jene Wörter als typisch markinisch, die "von Mt und Lk bei ihrer Bearbeitung des markinischen Stoffes überwiegend ersetzt oder gemieden worden sind" (Friedrich in Schreiber, Kreuzigungsbericht 395). Dabei fällt nicht nur das ganze übrige NT ausser Betracht, sondern sogar alle vom Mk unabhängigen Verwendungen des Wortes im Mt und Lk. Dieses Kriterium und das mit ihm gewonnene markinische Vorzugsvokabular ist weithin nicht aussagekräftig, häufig auch dort, wo durch den Verweis auf Dschulnigg, Sprache eine Übereinstimmung nahegelegt wird (bei Dschulnigg, Sprache ist das entsprechende Sprachmerkmal häufig näher definiert).

[34] Dschulnigg, Sprache 74.

[35] Dschulnigg, Sprache 75. Daneben formulierte er noch eine zweite Minimalanforderung, die aber schon für seine Untersuchung wenig bedeutend war (vgl. Dschulnigg, Sprache 75f) und hier nicht weiter referiert werden muss.

dem statistischen Verhältnis des Vorkommens im Mk gegenüber den anderen Schriften des NT, nach ihrer sachlichen und sprachlichen Ungewohntheit, ihrer inhaltlichen Bedeutungslosigkeit sowie nach ihrem Vorkommen ausserhalb des NT. Dschulnigg hat unter solchen Gesichtspunkten die 270 Sprachmerkmale des Mk in 3 Gruppen von absteigender Beweiskraft eingeteilt.[36]

2.2.3. Kriterien der vorliegenden Untersuchung

2.2.3.1. Erarbeitung zuverlässiger Kriterien

Auf dem Hintergrund der kurzen und ausgewählten Forschungsgeschichte zu Kriterien bei einem statistischen Vergleichsverfahren zur Erhebung sprachlicher Eigentümlichkeiten einer Schrift des NT sind nun die leitenden Kriterien der vorliegenden Untersuchung zu erarbeiten.

Mit Hawkins und Schweizer ist ein mindestens 3maliges Auftreten einer sprachlichen Bildung zu fordern, damit sie in den Rahmen der Stilmerkmale des Joh aufgenommen werden kann.[37] Mit dieser Minimalzahl können Zufälle eher ausgeschaltet werden; es wird eine statistische Grenze gezogen, von der an bestimmte sprachliche Bildungen bei einem entsprechenden Heraustreten im Vergleich zu anderen Schriften und bei weiteren Voraussetzungen mindestens erste Hinweise liefern und im Idealfall beweiskräftig werden.

Mit Dschulnigg ist in Ausweitung der Kriterien bei Hawkins für den statistischen Vergleich mit den gattungsmässig verwandten Schriften (Mt, Mk, Lk, Apg) des Joh eine höhere Anforderung zu stellen. Eine sprachliche Bildung muss im Joh erheblich häufiger auftreten als in diesen wichtigsten Vergleichsschriften einzeln genommen, damit sie als Stileigentümlichkeit des Joh gelten kann. Damit wird der Einsicht Rechnung getragen, dass sprachliche Möglichkeiten teils auch gattungsbedingt sind.

Mit Schweizer/Ruckstuhl, Morgenthaler und Dschulnigg muss dann der statistische Vergleich über die vorrangig vergleichbaren Schriften hinaus auf das ganze NT ausgedehnt werden. Diese Ausweitung der Vergleichsgrundlage dient vor allem dazu, sprachliche Bildungen auszuschliessen, die nur zufällig in den wichtigsten Vergleichsschriften nicht oder auffallend weniger häufig auftreten. Hier ist zu fordern, dass eine sprachlich-stilistische Eigentümlichkeit des Joh in den genannten übrigen Schriften des NT wenigstens nicht ebenso dicht gestreut vorkommt.

Auch dieser statistische Vergleich ist mit Dschulnigg mit den erwähnten Schriften je einzeln durchzuführen. In keiner dieser Schriften darf im Verhältnis zu ihrem Umfang eine grössere Häufigkeit als im Joh vorliegen. Damit wird ausgeschlossen, dass durch den Zusammenzug in Schriftengruppen (Morgenthaler) oder in den ganzen Rest des NT (Schweizer/Ruckstuhl) eine allfällig grössere Dichte in einer bestimmten Schrift durch weit geringere Häufigkeiten in anderen

---

[36] Vgl. dazu Dschulnigg, Sprache 76f; zur Ausarbeitung der Sprachmerkmale ebd. 84-226.

[37] Eine Minimalanforderung von 3 Vorkommen fehlt bei Ruckstuhl, Einheit und Dschulnigg, Sprache, die auch Bildungen, die nur 2mal vorkommen, bei entsprechenden anderen Voraussetzungen in ihre Listen aufgenommen haben.

eingeebnet wird. Diese genauere Fassung der Anforderung verschärft die Bedingungen des Vergleichs, ist aber der Vielfalt und Verschiedenheit der übrigen
ntl. Schriften angemessen. Die Ergebnisse werden dadurch zuverlässiger.

Mit Kritikern einzelner Ergebnisse von Schweizer/Ruckstuhl und in Weiterfüh-
rung erster kleiner Schritte von Dschulnigg ist die Vergleichsgrundlage unseres
Verfahrens über das NT hinaus auf das in etwa zeitgenössische hellenistische
Schrifttum auszudehnen. Auch hier sind vorerst gattungsmässig ähnliche Schriften zu vergleichen und darüber hinaus so weit als brauchbar und möglich auch
andere Werke heranzuziehen. Da die Fülle des Vergleichsstoffes sehr gross ist,
können in manchen Fällen dem Umfang nach nur angemessene Teile hellenistischer Werke verglichen werden. Auch hier darf keine sprachliche Bildung des
Joh irgendwo häufiger gestreut sein als im Joh.

Je nach ihrer Güte und ihrem Gewicht haben wir die Stilmerkmale des Joh in 3
Gruppen eingeteilt (A-C). Dem Vergleich mit den hellenistischen Schriften haben
wir aus arbeitsökonomischen Gründen und wegen der geringeren Bedeutung der
in die Gruppe C eingeordneten Merkmale nur diejenigen aus den Gruppen A und
B unterworfen. Ein aufgrund des ntl. Vergleichs mögliches Stilmerkmal des Joh
aus den Gruppen A und B wird in die weniger bedeutende Gruppe C zurückgestuft, wenn es in einer der untersuchten hellenistischen Schriften im Verhältnis
zu ihrem Umfang ebenso oft oder öfter vorkommt als im Joh. Ist dies in 2 oder
mehr dieser Vergleichsschriften der Fall, wird das Merkmal ganz ausgeschlossen.

Auf diese Weise wird die Vergleichsgrundlage für unsere Untersuchung erheblich erweitert und eine im Joh nur zufällig öfter auftretende sprachliche Bildung,
die aber ausserhalb des NT dennoch verbreitet ist, so gut wie ausgeschlossen.

2.2.3.2. Formulierung unserer Kriterien und Erläuterungen

Unsere Kriterien lassen sich jetzt folgendermassen festsetzen: Damit eine
sprachliche Bildung des Joh überhaupt in den weiten Rahmen der stilistischen
Eigentümlichkeiten und Züge dieses Ev. kommen kann, muss sie folgende statistische Minimalanforderungen erfüllen:

1. Sie muss im Joh wenigstens 3mal vorkommen.
2. Sie darf im Mt, Mk, Lk und in der Apg je höchstens halb so oft
   auftreten wie im Joh (in absoluten Zahlen)
3. Sie muss in jeder anderen Schrift des NT mindestens weniger häufig
   gestreut sein als im Joh (in relativen Zahlen).
4. Sie muss in allen zum Vergleich herangezogenen hellenistischen
   Schriften ebenfalls mindestens weniger häufig vorkommen als im Joh
   (in relativen Zahlen). Dieser vierten Minimalanforderung wurden nur
   die Stilmerkmale der Gruppen A und B unterzogen.

Nach den Ausführungen unter 2.2.3.1. sind diesen Minimalanforderungen nur
noch die folgenden Anmerkungen und Erläuterungen anzufügen:

Minimalanforderung 1 ist ausnahmsweise auch dann erfüllt, wenn eine
sprachliche Bildung nur 1- oder 2mal im Joh auftritt, aber mit andern analogen

Bildungen sprachlich-stilistisch zusammengehört und mit ihnen zusammen ein Stilmerkmal bildet, das mindestens 3mal im Joh vorkommt.[38] Die Anforderung wurde ausserdem in einem Einzelfall relativiert. Für C 31 liegen nämlich nur 2 Stellen im Joh vor, aber der 1 Joh weist ausserdem 1(2) Beleg(e) auf.

Minimalanforderung 2 setzt die Tatsache voraus, dass die gattungsmässig vergleichbaren Schriften Mt, Lk und Apg umfangreicher sind als das Joh. Eine stilistische Eigentümlichkeit des Joh liegt deswegen nur dann vor, wenn sie in diesen Schriften mehr als 2mal weniger dicht gestreut vorkommt. Der Einfachheit halber wird die gleiche Anforderung auch an das Mk gestellt, das kürzer ist als das Joh. Damit wird aber für Mk immer noch eine rund 1 1/2mal geringere Häufigkeit eines Stilmerkmals des Joh verlangt. Minimalanforderung 2 verlangt also für alle 4 gattungsmässig verwandten Schriften, die mit Joh zu vergleichen sind, deutlich höhere Bedingungen als die Minimalanforderung 3 für die übrigen Schriften des NT.

Minimalanforderung 3 verlangt für diese eben genannten Schriften, dass ein Stilmerkmal des Joh in keiner von ihnen ebenso dicht gestreut ist wie im Joh. Von dieser Forderung sind aber die Joh-Briefe ausgenommen. In ihnen darf ein solches Merkmal auch häufiger auftreten als im Joh. Das Vorkommen solcher Merkmale in den Joh-Briefen verlangt eine eingehende Untersuchung, die im Anschluss an Kapitel 2 vorgenommen wird. Sie soll auch erklären, warum manche Stilmerkmale des Joh in den Joh-Briefen fehlen und weitere sprachliche Unterschiede wie auch Übereinstimmungen zwischen Ev. und Briefen erörtern. Vgl. 3. Verfasserschaft von Joh und 1-3 Joh.

Minimalanforderung 4 verlangt dieselben Bedingungen für das untersuchte hellenistische Schrifttum wie für die übrigen Schriften des NT ausserhalb von Mt, Mk, Lk und Apg. Vgl. Minimalanforderung 3.

2.3. Wertung und Ordnung der statistisch gewonnenen Stilmerkmale

2.3.1. Leistungsfähigkeit und Ergänzungsnotwendigkeit unseres Verfahrens

Unser statistisches Vergleichsverfahren ermöglicht als solches nur die Aussonderung einer Anzahl von sprachlichen Bildungen des Joh, die sich als stilistische Eigentümlichkeiten des 4. Ev. vom übrigen NT und vom zeitgenössischen hellenistischen Schrifttum abheben. Um diese Eigentümlichkeiten gezielt einsetzen und zur Erhärtung oder Verwerfung von literarkritischen Annahmen zum Ursprung und Werdegang des Joh und zur Herkunft seiner möglichen Schichten auswerten zu können, braucht es eine feinere Erfassung seiner einzelnen statistisch gewonnenen Stilmerkmale. Dafür genügt die Erfüllung der genannten statistischen Minimalforderungen noch nicht.

In diesem Zusammenhang muss auch darauf hingewiesen werden, dass wir, wie in 2.2.1. und 2.2.2.2. deutlich wurde, das statistische Vergleichsverfahren immer unter Ausklammerung jener sprachlichen Bildungen durchführten, die sti-

---

[38] So in der Liste von Ruckstuhl Nr. 5b.c.29 (gehört zu 41).41c.d. (vgl. Ruckstuhl, Einheit 292-303).

listisch oder inhaltlich so auffallend und gewichtig waren, dass sie einen allfälligen Nachahmer der joh. Sprache zur Nachahmung verlockten und herausforderten. So wurden aus unserem Verfahren u.a. alle wichtigen Sinnträger joh. Theologie vorweg ausgeschlossen.

2.3.2. Gesichtspunkte zur wertenden Unterscheidung unserer Stilmerkmale

2.3.2.1. Ein Stilmerkmal, das den statistischen Vergleich nur knapp bestanden hat, ist von geringer Bedeutung. Ein Stilmerkmal, das im statistischen Vergleich auffallend herausragt und in den Vergleichsschriften nicht oder nur selten zu finden ist, ist von hoher Bedeutung.

2.3.2.2. Ein Stilmerkmal, das sprachlich eine Besonderheit ist, aber als solche dennoch unauffällig und zudem ohne inhaltliches Gewicht, ist von hoher Bedeutung. Ein Stilmerkmal, das einem bewussten Nachahmer joh. Sprache auffallen konnte, aber nicht musste, ist von geringer Bedeutung.

2.3.2.3. Ein Stilmerkmal, zu dem sprachliche Tauschmöglichkeiten vorliegen, mögen sie im Joh oder allenfalls sonst im NT belegt sein, hat ein erheblich grösseres Gewicht als eine stilistische Bildung ohne eine derartige Breite anderer Ausdrucksmöglichkeiten.

2.3.3. Einteilung der Stilmerkmale des Joh

Im Licht der genannten Gesichtspunkte lassen sich die Stilmerkmale des Joh in drei Gruppen einteilen und innerhalb dieser Gruppen nach Bedeutung und Gewicht anordnen.[39]

Gruppe A umfasst jene Merkmale, die statistisch und sachlich herausragen und das Joh gegenüber den Vergleichsschriften kraftvoll unterscheiden und kennzeichnen. Ihnen verdankt der Sprachstil des Joh vor allem seine unverwechselbare Eigenart.

Gruppe B enthält jene sprachlichen Eigentümlichkeiten, die das Joh im Vergleich mit den herangezogenen Schriften nach Zahl und Bedeutung noch auszeichnen, aber deutlich weniger hervorstechend als die Sprachmerkmale der Gruppe A. Ihre grössere Dichte im statistischen Vergleich weist aber darauf hin, dass wir auch hier meistens mit einer persönlichen Vorliebe ihres Urhebers als Ursache der Bildung rechnen dürfen.

Gruppe C umfasst die restlichen Sprachmerkmale, deren Vergleichswerte deutlich weniger günstig sind, da sie auch in anderen Schriften öfter vorkommen, wenn auch immer noch weniger häufig als im Joh. Diese Merkmale des Joh haben nicht mehr volle Unterscheidungskraft; sie können nicht mehr als vollwertige

---

[39] Zur Einteilung der Sprachmerkmale in drei Gruppen vgl. Ruckstuhl, Einheit 203; Dschulnigg, Sprache 76f.

Eigentümlichkeiten dieses Ev. gelten. Dennoch zeichnen sie das Joh abgeschwächt in der Art sprachlicher Züge[40] aus, die noch begrenzt auf denselben
Urheber verweisen, ihn aber nicht mehr sicher kennzeichnen können.

2.4. Folgerungen aus den Ergebnissen des Vergleichsverfahrens

2.4.1. Verteilübersicht und Verknüpfungsverfahren (Vernetzung der Merkmale)

Alle so gewonnenen und geordneten Stilmerkmale sind dann in der Folge —
nach Gruppen aufgeteilt — Vers um Vers auf das Joh zu verteilen.[41] Diese Verteilübersicht bietet einen guten Überblick über die Art und Dichte der
sprachlichen Eigentümlichkeiten des Ev. und über Abschnitte, die allenfalls keine
oder deutlich weniger Sprachmerkmale aufweisen. Damit erlaubt sie eine Reihe
von ersten Schlüssen literarkritischer Art über die mögliche Schichtung des Ev.

Sie ermöglicht aber vor allem, das Zusammentreffen verschiedener Stilmerkmale im gleichen Vers festzustellen und sie für die Gruppe A und B in einem
Verknüpfungsschema aufzuzeichnen.[42] Scheidet man hier zuvor, wie uns das
notwendig erschien, alle Treffnisse von zwei (oder mehr) Stilmerkmalen aus, wo
gewisse Literarkritiker im Versinnern eine Schichtenscheidung zwischen den
Merkmalen vorgenommen haben, dann sind die verbleibenden Treffpunkte von
Stilmerkmalen ein wahrscheinlicher Hinweis, dass diese Merkmale auf
denselben Verfasser zurückgehen.

Lassen sich nun auf diese Weise die meisten oder alle Stilmerkmale der Gruppe
A ein- oder mehrfach miteinander verbinden und so *vernetzen,* dann sind sie mit
einer erheblichen Wahrscheinlichkeit auf denselben Verfasser zurückzuführen.
Die verbleibenden Stilmerkmale der Gruppe A, die nicht oder nur teilweise un-
tereinander verbunden sind, sind dann auf ihre Verbindung mit jenen der Gruppe
B zu überprüfen und bei günstigem Ausgang dieser Prüfung demselben Verfas-
ser zuzuschreiben oder bei einem ungünstigen Ergebnis allenfalls einer eigenen
Sprachschicht zuzuordnen. Dasselbe Verfahren ist auch auf die Merkmale der
Gruppe B anzuwenden.

Sollten sich derart zwei oder mehr miteinander nicht verbundene Gruppierungen von Merkmalen ergeben, sind diese auch auf ihre Verbindung mit den Joh-
Briefen zu untersuchen. Läge eine volle Deckung einer Gruppierung der Sprach-

---

[40] Zur Unterscheidung von sprachlicher "Eigentümlichkeit" und "Zug" vgl. Ruckstuhl, Einheit
185 (bes. Anm. 2).

[41] Vgl. zur Verteilübersicht der Sprachmerkmale des Mk Dschulnigg, Sprache 241-257.

[42] Zum Verküpfungsverfahren vgl. Schweizer, Ego 100-102; Ruckstuhl, Einheit 183-185.205-
207. — Der Ausdruck "Verknüpfungsverfahren" wird in unserer Arbeit im folgenden durch den
Ausdruck "Vernetzungsverfahren" und der Ausdruck "verknüpfen" durch "vernetzen" (gelegentlich
auch "verbinden") ersetzt. Netz und Vernetzung sind als Bilder für das Ergebnis der Verbindung
unserer Merkmale untereinander anschaulicher und stärker als das Bild vom Verknüpfen. Schon
hier sei darauf hingewiesen, dass die Vernetzung der Merkmale ausgezeichnet ihre häufige
Mehrfachverbindung zu verschiedenen anderen Merkmalen — geradlinig oder nicht geradlinig —
und das Ganze ihrer netzförmigen Verflochtenheit untereinander ausdrückt.

merkmale im Joh mit ihrem Vorkommen in den Briefen vor, dann wäre eine Redaktionsschicht des Joh aufgewiesen, die auf denselben Verfasser wie bei den Joh-Briefen zurückwiese. Ist dies nicht der Fall, dann ist eine solche Annahme auszuschliessen.

Umgekehrt erlaubt eine vollumfängliche Zuordnung aller Sprachmerkmale der Gruppe A im Joh zu demselben Verfasser und ihre auffallende Häufung in den Joh-Briefen den wahrscheinlichen Schluss auf den gleichen Verfasser von Ev. und Briefen. Das Fehlen gewisser Sprachmerkmale der Gruppe A in den Briefen müsste dann sachlich verständlich gemacht werden. Auch das Vorkommen und Fehlen der Stilmerkmale aus der Gruppe B müsste geklärt sein und in dieselbe Richtung weisen.

2.4.2. Gegenprobe[43]

Das Vernetzungsverfahren könnte unter zwei denkbaren Voraussetzungen zu Ergebnissen führen, die unsachgemäss sind.
1. Wenn ein Endredaktor seine Vorgaben aus Traditionen und Quellen sprachlich-stilistisch zwar weitgehend, aber nicht vollständig überarbeitet, ist es möglich, dass Sprachmerkmale solcher Vorgaben unmittelbar neben solche der Redaktion treten.
2. Auch wenn ein Endredaktor oder Überarbeiter eine Grundschrift oder seine Traditionen oder seine Quellen sprachlich-stilistisch nachahmt, kann ein Merkmal seines eigenen Stils neben Merkmale seiner Vorgaben treten.[44]

Unter beiden denkbaren Voraussetzungen würden im Vernetzungsverfahren solche Merkmale unsachgemäss für den Verfasser des Ev. vereinnahmt werden.

Um beide Fälle nach Möglichkeit auszuschliessen, ist das Vernetzungsverfahren vor allem auf dem mehrmaligen und auf dem geradlinigen wie auch nichtgeradlinigen Zusammentreffen der Stilmerkmale aufzubauen.[45] Zugleich aber muss eigens überprüft werden, ob ein Stilmerkmal allenfalls nur in einer Schicht des Ev. auftritt. Sollte das der Fall sein, so kann es nicht mehr zuverlässig als Merkmal des ganzen Ev. gelten. Es müsste dann aus dem Vernetzungsverfahren ausgeschlossen werden. Sollten aber mehrere Stilmerkmale nur in einer einzigen Schicht des Ev. vorkommen, so wäre das ein Hinweis darauf, dass diese Schicht eine Vorgabe des Evangelisten oder eines Überarbeiters war.

Diese Überprüfung lässt sich als Gegenprobe zum Vernetzungsverfahren verstehen. Mit Vorteil wird sie anhand von vorliegenden literarkritischen Schichtenscheidungen unternommen. Es muss aber darauf geachtet werden, dass natürliche Merkmale einer allfälligen Schicht — wie etwa gängige Merkmale einer Redeschicht oder einer Erzählschicht — kein ausreichender Ausweis für eine Vorgabe des Evangelisten oder eines Überarbeiters sind.

---

[43] Vgl. zu diesem Punkt Ruckstuhl, Einheit 183-188, der darin Anregungen Schweizers weitergeführt hat.

[44] Diese zweite Möglichkeit ist weit weniger wahrscheinlich als die erste, weil der Überarbeiter /Redaktor seine sprachlichen Vorgaben auch in Kleinigkeiten nachahmen müsste.

[45] S. Anm. 42.

2.4.3. Mögliche Ergebnisse

Vorweg soll wenigstens auf drei mögliche Ergebnisse aus den erwähnten Arbeitsgängen hingewiesen werden:

1. Eine gelungene vollumfängliche Vernetzung der Stilmerkmale verweist auf einen Verfasser des Joh, der es durchgehend durch seine eigene, ihn kennzeichnende Sprache geprägt hat.

2. Ein Auseinanderfallen der Stilmerkmale in zwei Gruppierungen, die miteinander nicht verbunden sind, verweist auf eine doppelt geprägte Sprache des Joh und damit auf zwei Verfasser, die das Joh sprachlich bestimmt haben. Je nach Art und Ausmass der Schichten wäre dabei allenfalls an eine Grundschrift und deren spätere Überarbeitung und Ergänzung zu denken (Grundschrifthypothese).

3. Ein Auseinanderfallen der Sprachmerkmale in drei oder mehr Gruppierungen, die untereinander nicht verbunden sind, verweist auf eine durch mehrere Texturheber geprägte Sprache des Joh. Je nach Art und Umfang der Schichten könnte dies wieder mit einem Grundschriftenmodell erklärt werden (Grundschrift + mehrere Überarbeitungen) oder durch die Annahme von Quellen und ihre Verarbeitung durch einen Redaktor (Quellenhypothese).

2.4.4. Grenzen des Verfahrens

Abschliessend ist auf gewisse Grenzen des Vernetzungsverfahrens und auf den möglichen Mangel an Eindeutigkeit der Ergebnisse hinzuweisen:

2.4.4.1. Auch wenn sich die Sprache des ganzen Joh als einheitlich geprägt erweisen sollte, wäre die Verwendung von Traditionen und Quellen unter der Voraussetzung möglich, dass sie der Verfasser durchgehend durch seine Sprache überformt und an diese angeglichen hätte. Immerhin wäre auch dann zu erwarten, dass deren Merkmale in solchen Traditionsstücken weniger häufig aufträten und zugleich wenigstens einzelne sprachliche Bildungen aufgewiesen werden könnten, die nur diesen Schichten eigentümlich wären.[46] Gelänge ein derartiger doppelter Gegenaufweis, dann wäre die Vermutung der Verwendung von Traditionen, allenfalls auch die Annahme der Verarbeitung einer grösseren Traditionsschicht oder Quelle gerechtfertigt, die der Verfasser, der die Sprache des Ev. prägte, eingearbeitet hätte.

2.4.4.2. Das Ergebnis einer einheitlichen Sprache des Joh wäre auch dann nicht eindeutig auf *einen* Verfasser zurückzuführen, wenn der Überarbeiter eines vorgegebenen Ev. dessen Sprache mit vollendeter Meisterschaft nachgeahmt hätte.

---

[46] Die besonderen sprachlichen Bildungen dieser Traditionsschicht müssten bei der Gegenkontrolle (vgl. 2.4.2.) hervortreten oder könnten allenfalls in einem neuen Arbeitsgang nachgewiesen werden, wobei auch statistisch weniger günstige Merkmale noch aussagefähig wären, wenn sie im übrigen Joh fehlen würden.

Dieser an sich mögliche Fall setzt aber eine derartige Erkenntnis und Übernahme von sprachlichen Feinheiten einer Vorlage voraus, dass er eher als unwahrscheinlich gelten dürfte. Und müsste nicht auch eine so entstandene Nachahmerschicht doch noch einige, wenn auch geringfügige Gegenbildungen zur Grundschicht aufweisen, die den Nachahmer verraten würden?

2.4.4.3. Möglich wäre auch, dass der Verfasser des Ev. sich Stil und Sprache der von ihm verwendeten Traditionen oder Quellen angeeignet und seine Grundschicht entsprechend überformt hätte. Dieser Fall ist allerdings noch unwahrscheinlicher als die unter 2.4.4.2. gemachte Annahme, vor allem, wenn es sich um die Verwendung verschiedener Traditionen oder Quellen handelte. Wie sollte dann noch eine einheitlich geprägte Sprache des ganzen Ev. entstehen können? Das scheint so gut wie ausgeschlossen.

2.4.4.4. In den unter 2.4.4.2. und 2.4.4.3. angenommenen Fällen ist auch zu erwägen, dass ein bewusster Nachahmer von Vorlagen, der sich ihnen geistig verpflichtet wüsste, vor allem ihre Botschaft und inhaltlichen Auskünfte übernehmen und weiterführen würde. Ihre auffälligen sprachlichen und stilistischen Eigenheiten würden sich ihm vermutlich im Rahmen dieser Aussagen ebenfalls aufdrängen; unauffällige Stilmerkmale würde er aber eher übersehen und nicht übernehmen.

2.5. Mögliche Annahmen zum Ursprung und zur Entstehung des Joh

Die gegenwärtige Forschung am Joh blickt auf etwa 1 Jahrhundert kritischer Arbeit an diesem Ev. zurück. Dennoch ist sie weit davon entfernt, Lösungen über grundlegende Fragen des Ursprungs und der Entstehung des Joh anzubieten, die von einer Mehrheit von Fachleuten geteilt würden. Überblickt man aber den widersprüchlichen Gang der Forschung und die tatsächlich vorhandenen Sachfragen, die uns das 4. Ev. aufgibt, so scheinen sich 3 mögliche Ursprungshypothesen vor allem aufzudrängen.
1. Einheitshypothese: Die von vielen Forschern festgestellte sprachliche und inhaltliche Einheit und Geschlossenheit des Joh geht auf *einen* Verfasser dieses Ev. zurück, der am Ende einer langen Vorgeschichte steht und die gesamte Schrift durch seine Sprache und seinen Geist nachhaltig und entscheidend geformt und geprägt hat. Er hat jedenfalls Überlieferungen aus dem joh. Kreis und wahrscheinlich auch anderer Herkunft verwendet, diese aber derart stark überformt, dass sie nur noch schwer nachzuweisen und nicht mehr mit angemessener Sicherheit auszugrenzen sind.
2. Grundschrifthypothese:[47] Eine andere Entstehungshypothese wertet auffallende literarische Phänomene des Joh als Brüche und Aporien (vgl. vor allem Joh

---

[47] Zur Bezeichnung "Grundschrifthypothese", ihrer Alternative als "Quellenhypothese" und zur Forschungssituation am Ende der siebziger Jahre vgl. Schenke/Fischer, Einleitung II 199f; weiter auch Becker, Joh I 32-36, dessen Quellenmodell (Semeiaquelle, Passionsbericht, Evangelist) zu einer Art Grundschrift wird, die von einer Redaktionsschicht in Nachträgen ergänzt wurde. Becker verbindet somit beide Hypothesenmodelle und trifft sich darin im Ansatz mit Schnackenburg, Joh III 463f (Rückblick auf die Entstehungsgeschichte, anders noch ders.,

15-17; 21)[48] und erklärt sie durch die Annahme einer Grundschrift des Ev. und mindestens einer Überarbeitung von seiner Endgestalt. Die auch bei dieser Annahme nicht zu leugnende sprachliche Einheit des Ev. wird durch bewusste Nachahmung oder die Teilhabe des/der Überarbeiter/s an einem gemeinsamen Soziolekt erklärt. Ausserdem werden auch sprachliche/stilistische Unterschiede innerhalb eines einheitlichen Rahmens geltend gemacht.

3. Evangelistenhypothese in zeitlicher Staffelung: Wertet man die sprachliche Einheit des Ev. als unumstösslich (Annahme 1) und kann man die festzustellenden literarischen Phänomene nicht anders denn als Brüche verstehen (Annahme 2), dann bleibt die Möglichkeit der Entstehung des Ev. durch denselben Verfasser in einer längeren Zeit und Entwicklung. Der Evangelist hätte dann seine Schrift ein- oder mehrmals ergänzt und überarbeitet und dabei frühere Eckpfeiler stehen lassen (vgl. vor allem 14,31fin; 20,30f).

Eines bleibt freilich zu unterstreichen: Diese aus unserer Sicht am ehesten möglichen Entstehungshypothesen haben den bis dahin skizzierten und nachher auszuführenden Sprachtest erst noch zu bestehen. Das mögliche Ergebnis einer durchgehend einheitlichen Sprache des Joh, die auf *einen* Verfasser schliessen lässt, wird Annahme 1 oder 3 empfehlen. Das mögliche Ergebnis einer doppelt oder mehrfach geprägten Sprache des Joh wird Annahme 2 nahelegen. Diese müsste je nach Art der vorliegenden Phänomene vielleicht in eine Quellenhypothese umgewandelt werden. Im ersten Fall ist die Entscheidung zwischen Hypothese 1 und 3 nicht mehr mit sprachlichen Gründen zu fällen, sondern allein mit literar- und kompositionskritischen Überlegungen.

2.6. Anhang: Der Kommentar von Boismard/Lamouille zum Joh

2.6.1. Der Kommentar und seine Gesamtsicht

Am Schluss dieses Kap. ist es sinnvoll, auf den grossen Kommentar "L'évangile de Jean" einzugehen, den M.-E. Boismard und A. Lamouille unter Mitarbeit von G. Rochais geschrieben haben. Er ist 1977 erschienen und spiegelt in seiner Art in beispielhafter Weise alle Probleme, die wir besprochen haben. Es bleibt nur die Frage, ob er diese Probleme auch überzeugend löst.

Die Kommentatoren beurteilen die Entstehung des vierten Ev. im Licht eines hochentwickelten literarkritischen Modells.[49] Das Joh ist nach ihnen in vier Stufen entstanden, die sich noch aus seiner Endgestalt erschliessen lassen. Am Anfang steht das sog. Dokument C, das ungefähr um 50 entstanden sein soll. Es enthält in vier Teilen kurze Szenen des Wirkens Jesu in Samaria, Galiläa, Jerusa-

---

Joh I 36-40 in der Einleitung; zum spätern Urteil über die Redaktionsgeschichte des Joh vgl. ders., Joh IV 90-102). — Anders dagegen Thyen, der in einer Übersicht alle bisher vorgelegten Quellenhypothesen (Offenbarungsreden-, Semeia- und Passionsquelle) (vgl. Thyen, TRE XVII 205-208) und auch eine sich von einer ursprünglicheren Gestalt des Ev. abhebende Redaktionsschicht und damit Redaktionsgeschichte (vgl. Thyen, TRE XVII 208-213) verwirft.

[48] Zu diesen und weiteren wirklichen oder vermeintlichen "Aporien im vierten Evangelium" vgl. die Zusammenstellung bei Thyen, TRE XVII 203-205.

[49] Zu den folgenden Ausführungen vgl. man Boismard/Lamouille, Joh 16-48.67-70.

lem und Betanien und schliesst im fünften Teil mit knappen Erzählungen von Jesu Leiden, Tod und Auferstehung.

Dieses Dokument C wurde vom eigentlichen Evangelisten um 60-65 aufgenommen und in einer ersten Überarbeitung erweitert (Jean II-A). Sie hält sich im wesentlichen im Aufbau an das Dokument C und ergänzt es besonders durch Reden.

In einem späteren Stadium (um 95-100) greift derselbe Evangelist sein Werk nochmals auf, erweitert es erneut und nimmt grosse Umstellungen in der Anordnung der Schrift vor (Prolog; acht Wochen, meist bestimmten Festen zugeordnet; Epilog). Er wird als Jean II-B bezeichnet.

Kurz nach der Jahrhundertwende hat ein Endredaktor, der aus der joh. Schule stammte, alle bisherigen Vorgaben nochmals aufgenommen, Ergänzungen und letzte Umstellungen vorgenommen und das Joh endgültig in der uns vorliegenden Endgestalt herausgegeben. Er wird als Jean III gekennzeichnet.

2.6.2. Die sprachliche Eigenart des Joh

Die Autoren des Kommentars haben nicht nur literarkritisch feinste Einzelarbeit geleistet, sie haben auch die sprachliche Eigenart des Joh in bisher noch nie erreichter Ausführlichkeit erfasst. Sie bieten zur Sprache eine sehr umfangreiche Liste von stilistischen Eigentümlichkeiten, die insgesamt 415 Positionen umfasst, die sie in sechs Kategorien (A-F) einteilen.[50] Auch wenn sie dabei die meisten Vorgaben früherer Untersuchungen zur Sprache des Joh stillschweigend verwertet haben[51], bleibt ihre eigene Arbeit dennoch ausserordentlich gross.

Die Autoren sind sich darüber klar, dass sich die Sprache des vierten Ev. deutlich von den Synoptikern, der Apg und dem übrigen NT abhebt. Sie erheben denn auch die Besonderheiten der Sprache dieses Ev. (+ Joh-Briefe) im statistischen Vergleich mit dem übrigen NT (Kategorien A-C)[52] oder den Synoptikern und der Apg (Kategorien D-F).

Derart kommen sie auf 176 A-Merkmale und 6 D-Merkmale, die im Vergleich mit den entsprechenden Grössen zu 100 % im Joh belegt sind. 103 B- und 16 E-Merkmale finden sich im Vergleich zu 75-99,9 % im Joh; 85 C- und 38 F-Merkmale sind im Vergleich immerhin noch zu 50-74,9 % im Joh vertreten.[53]

---

[50] Zu den Mängeln der Listengestaltung bei Boismard/Lamouille, Joh 491-514 vgl. Neirynck, Jean 41-44, wo alsbald die Charakteristika in alphabetischer Reihenfolge geboten werden (ebd. 45-66), versehen mit Bezugsangaben und Anmerkungen. Die derart überarbeitete Liste ist als Arbeitsinstrument wesentlich brauchbarer und hilfreicher.

[51] Vgl. aber immerhin den kurzen Hinweis auf Schweizer, Ruckstuhl und Nicol bei Boismard/Lamouille, Joh 15. Zu den von Boismard/Lamouille nicht übernommenen Merkmalen dieser Listen vgl. Neirynck, Jean 44 Anm. 93.

[52] Ausgeklammert werden allerdings die Offb; Mk 16,9-20; Joh 8,1-11 (dazu gehörte wohl auch Joh 7,53) (vgl. Boismard/Lamouille, Joh 491).

[53] Bei diesen Angaben zählen in den Kategorien A-C gegebenenfalls auch die Vorkommen in den Joh-Briefen zum Joh.

Der vom übrigen NT oder den Synoptikern und der Apg unterscheidende Wert der sprachlichen Besonderheiten sinkt also von A bis C bzw. D bis F und innerhalb der jeweiligen Kategorien gemäss ihrer Rangordnung, die mit nachgestellten Zahlen angegeben wird.

Die statistischen Vergleichskriterien verstehen sich wohl auf dem Hintergrund der Forschung; sie sind aber dennoch nicht unanfechtbar. So ist für die Kategorien A-C zu bemerken, dass die sprachlichen Besonderheiten im Vergleich mit dem gesamten übrigen NT gewonnen wurden, nicht aber im Vergleich mit jeder Schrift des NT einzeln. Auch lässt sich die Ausklammerung der Offb schwerlich rechtfertigen. Würde der Vergleich einzeln durchgeführt (unter Einschluss der Offb), so kämen eine lange Reihe von A-C Merkmalen aus statistischen Gründen nicht mehr in Frage. Für die D-F Merkmale ist die Vergleichsbasis Synoptiker und Apg wohl zu schmal.

Weitete man sie auf die übrigen Schriften des NT einzeln aus, müssten die meisten Merkmale aus statistischen Gründen entfallen. Eine ganze Reihe von Merkmalen finden sich nur 2mal im Joh oder gar nur 1mal, wenn sie in Joh-Briefen auch vertreten sind. Derart wird natürlich das Problem der Joh-Briefe und ihrer Verfasserschaft schon vorentschieden. Auf diese Merkmale ist deshalb aus statistischen u.a. Gründen zu verzichten.

Daneben sind aber noch andere Mängel anzumelden. Die Merkmale sind allein aufgrund von statistischen Daten ausgewählt und eingeordnet, ihre sprachliche oder sachliche Ungewohntheit oder Gewöhnlichkeit wird nicht bedacht. Derart kann z.B. das fragwürdige φῶς (von Christus ausgesagt) als A5 unmittelbar nach dem weit besseren μαρτυρέω περί (A4) folgen, obwohl auch es sachlich gesehen schwerlich in die 1. Kategorie gehört.[54] Beides zeigt ausserdem beispielhaft, dass die Verbindung sprachlicher Besonderheiten mit leitenden theologischen Aussagen des Joh in keiner Weise gewertet wird. Würde man durchgehend darauf achten, müssten viele Beispiele der Liste entfallen, da sie sprachlicher Ausdruck der besonderen Theologie des Joh sind.

Trotz aller Einschränkungen ist die Leistung der Kommentatoren gross. Sie haben in bisher noch nie erreichter Breite sprachliche Besonderheiten und Bildungen des Joh statistisch erfasst und aufgelistet. Damit haben sie wichtiges und unentbehrliches Material für jede weitere Arbeit am Joh bereitgestellt, auf das gewiss viele dankbar zurückgreifen. Auch wir selbst haben alle Merkmale von Boismard/Lamouille auf dem Hintergrund unserer Kriterien überprüft und rund 100 neue Sprachmerkmale gewonnen, welche die Listen von Schweizer und Ruckstuhl noch nicht enthielten. Die grosse Zahl von etwa 250 sprachlichen Bildungen, die wir nicht aufgenommen haben, sind dennoch nicht bedeutungslos. Sie haben nur unseren strengeren statistischen Anforderungen nicht genügt oder sind als theologisch wichtige Sinnträger des Joh ausgeschieden worden. Sie können aber dennoch in ihrer Weise begrenzt die sprachliche Art und Eigenart des vierten Ev. beleuchten.

---

[54] Ruckstuhl, Einheit 204 ordnet es als M 30 am Schluss seiner 2. Gruppe ein.

2.6.3. Die stilistischen Eigentümlichkeiten und die Schichtung des Joh

Wir gehen zunächst uneingeschränkt von den Annahmen der Kommentatoren über die Entstehung des Joh und den von ihnen erhobenen stilistischen Eigentümlichkeiten dieser Schrift aus. Aufgrund sprachlicher und theologischer Besonderheiten ordnen sie den grössten Teil des Joh Jean II-A und II-B zu, worunter sie denselben Verfasser verstehen, der in zwei Stufen das Joh nachhaltig geprägt hat. Dieser Verfasser hat allerdings zuerst als Jean II-A auf einer Art Grundschrift aufgebaut (Dokument C), die von einem anderen geschrieben wurde. Und ausserdem wurde die Schrift Jean II-B nochmals durch einen anderen Autor z.T. umgearbeitet und ergänzt (Jean III).

Geht man von diesen Voraussetzungen der Kommentatoren aus, dann wäre eigentlich zu erwarten, dass das Dokument C und Jean III sich nicht nur literarkritisch ermitteln liessen, sondern auch sprachlich durch eigene Besonderheiten bestätigt würden. Doch in dieser Beziehung wird der kritische Leser fast ganz enttäuscht. Dies trifft auf Jean III vollständig zu, das Dokument C weist wenige sprachliche Eigentümlichkeiten auf, die aber schwerlich überzeugen können.

Beginnen wir mit dem *Dokument C*. Die Kommentatoren listen insgesamt 101 sprachliche Bildungen auf, die im Dokument C vorkommen. Davon kommen aber 96 auch in anderen Schichten des Joh vor und nur gerade 5 finden sich allein im Dokument C.[55] Dies ist schon an sich ein sehr bescheidenes Ergebnis, um damit das Dokument C auch sprachlich zu stützen. Es wird noch fragwürdiger, wenn man die einzelnen Beispiele näher betrachtet. Sie finden sich — ausser einem (3mal)[56] — alle nur 2mal in der angenommenen Schicht, sind teils inhaltlich bedingt[57] oder sprachlich anderen Bildungen der Hauptschicht (II-A, II-B) nahestehend[58]. Es gibt also aufgrund der sprachlichen Bildungen, welche die Kommentatoren erhoben haben, sozusagen keine Unterstützung ihres literarkritisch erhobenen Dokuments C.[59] Dieses lässt sich sprachlich nicht ausweisen, es wird auch literarkritisch nicht wirklich zu belegen sein.

Für die Schicht *Jean III* sieht es aufgrund der sprachlichen Merkmale noch aussichtsloser aus. Insgesamt 90 sprachliche Bildungen der Liste finden sich in dieser Schicht, aber 89 davon weisen auch Stellen in anderen Schichten auf. Nur C66 tritt allein in Jean III auf (γινώσκω τὸν θεόν), aber nur an einer Stelle

---

[55] Es sind A130, 134, 147, 155, C23.

[56] A130: ὑδρία (2,6.7; 4,28), man beachte die Nähe von 2,6 und 7 und das sachlich naheliegende Wort.

[57] So A130 (ὑδρία), wohl auch ἀνθρακιά (A134: 18,18; 21,9).

[58] So ἡ οἰκία / ὁ οἶκος τοῦ πατρός μου (A147: 2,16; 14,2) (zur Ergänzung τοῦ πατρός μου vgl. eine Konkordanz); φανερόω ἐμαυτόν (A155: 7,4; 21,1) (vgl. dazu φανερόω: E2); πρὸς ἐμαυτόν (C23: 12,32; 14,3) (vgl. dazu die Schätzung von πρός mit Akkusativ und ἐμαυτοῦ im Joh).

[59] Auch Gegenbildungen zu sonst verbreiteten Formulierung im Joh können das Dokument C nicht stilistisch absichern (vgl. den Versuch bei Boismard/Lamouille, Joh 64). Die Freiheit zu Abwechslung und Variation ist jedem Verfasser zuzugestehen. Derartiges findet sich auch sonst im Joh. Es besteht deshalb kein Grund, einen anderen Verfasser zu postulieren (vgl. auch Neirynck, Jean 70).

(17,3)[60]. Ausserdem ist es eine vollkommene Parallelformulierung zu γινώσκω τὸν πατέρα (A55), das ganz der Schicht II-A/II-B zugeordnet wird.[61] Die Schicht Jean III lässt sich demnach sprachlich nach den Stilmerkmalen von Boismard/Lamouille noch weniger begründen. Sie trifft sich vielmehr sprachlich wie jene des hypothetischen Dokuments C mit dem Hauptstrom des Joh (nach den Kommentatoren II-A/II-B); beide sind wohl von demselben Verfasser sprachlich geprägt und in die uns vorliegende Endgestalt des Joh gefasst worden.

Die Kommentatoren ziehen freilich nirgends eine derart negative Bilanz aufgrund ihrer Stilcharakteristika. Sie schweigen sich darüber aus; der kritische Leser muss sie selbst herausarbeiten. Nur indirekt wird von ihnen eingangs betont, dass unter Voraussetzung des Wachsens des Joh in demselben Kreis (joh. Schule) sich viele sprachliche Gemeinsamkeiten in den drei Schichten mit unterschiedlichen Autoren von selbst verstehen. Ausserdem habe sich der Urheber der je späteren Schicht teils sprachlich an der (den) früheren orientiert und sie zugleich überarbeitet.[62] Geht man auch hier einmal von ihren Voraussetzungen aus, so kann man dies tendenziell zugestehen. Aber dennoch bleibt das Ergebnis höchst unglaubwürdig, weil sich die erste und letzte Schicht sprachlich nicht ausweisen lassen. Selbst unter ihren Voraussetzungen müssten eine ganze Reihe sprachlicher Besonderheiten für diese zwei Schichten vorliegen, da ein Nachahmer/Überarbeiter nie alle sprachlichen Züge seiner Vorlage voll aufnehmen kann oder durch seine Sprache überdecken wird. Solange aber schichtprägende sprachliche Bildungen nicht aufweisbar sind, wird man besser an *einen* Verfasser des ganzen Joh denken. Die literarkritische Analyse von Boismard/Lamouille wird also von ihren eigenen sprachlichen Argumenten her nicht unterstützt, sondern entkräftet. Es ist möglich, dass es anderen literarkritischen Schichtenhypothesen des vierten Ev., misst man sie an sprachlichen Kriterien, ähnlich ergehen wird.

---

[60] Die anderen Vorkommen finden sich in 1 Joh 4,6.7.8 (vgl. die Angaben bei Boismard/Lamouille, Joh 510 [C66]).

[61] Vgl. die Angaben bei Boismard/Lamouille, Joh 495 (A55).

[62] Vgl. dazu Boismard/Lamouille, Joh 15f.

3. DIE VERFASSERSCHAFT VON JOH UND 1-3 JOH

3.1. Ausgangslage

Bei der Erarbeitung der sprachlichen Eigentümlichkeiten des Joh hat es sich oft ergeben, dass eine sprachliche Bildung im Vergleich zum übrigen NT nicht nur im Joh, sondern auch im 1-3 Joh weit häufiger belegt ist. Wie ist diese auffallende Erscheinung zu bewerten? Spricht sie für denselben Verfasser von Ev. und Briefen? Oder ist mit einer bewussten Nachahmung oder blosser gemeinsamer Schultradition zu rechnen?

Um diese schwierige Frage einer Antwort entgegenzuführen, müssen wir bei aller Eingrenzung etwas weiter ausholen und einige wichtige Probleme der Forschung wenigstens streifen. Dabei werden wir besonders die sprachlichen Argumente bedenken. Die inhaltlichen Gründe können wir eher vernachlässigen, da sie bei unserer Fragestellung nicht im Vordergrund stehen und wohl auch keine Antwort zwingend nahelegen. Es wird zwar in neuerer Zeit immer häufiger betont, dass sich eine verschiedene Verfasserschaft von Joh und 1-3 Joh nicht aufgrund sprachlicher, sondern inhaltlicher Unterschiede aufdränge. Dabei wird aber viel zu wenig bedacht, dass bei der Herausarbeitung und Abwägung inhaltlicher Unterschiede alles auf die leitende Sehweise und Gesamtwertung der Erscheinungen ankommt. Was so oft als unvereinbarer Gegensatz ausgegeben wird, ist bei anderer Gesamteinschätzung und Wertung der Entwicklung oft eine blosse Akzentverschiebung, die auch demselben Verfasser durchaus zuzutrauen ist.

Wir gehen bei Darstellung und Abwägung der Diskussionslage von den weniger bestrittenen Tatbeständen aus. Schritt für Schritt gelangen wir dann zu den schwierigeren und umstritteneren Problemen. Am Schluss beleuchten wir die Gesamtdiskussion von unseren Ergebnissen her und bewerten sie neu.

3.2. Verfasser des 2 und 3 Joh

Hier ist die Sachlage verhältnismässig einfach, da je ein im Umfang fast gleich kurzer Brief vorliegt, der im Briefformular und dessen konkreter Füllung auffallende Gemeinsamkeiten aufweist. Derselbe Absender (ὁ πρεσβύτερος) wendet sich an Adressaten, die er in Wahrheit liebt (οὓς/ὃν ἐγὼ ἀγαπῶ ἐν ἀληθείᾳ) (2 Joh 1; 3 Joh 1). Er beginnt dann den von der Problemlage her stark abweichenden Brief mit demselben Ausdruck der Freude (ἐχάρην [γὰρ] λίαν) (2 Joh 4; 3 Joh 3) und beschliesst ihn inhaltlich und sprachlich fast gleichlautend: Obwohl er noch viel zu schreiben hätte, will er es jetzt nicht schriftlich tun, da er die Adressaten bald mündlich zu unterrichten hofft. Diese Aussage ist 2 Joh 12 und 3 Joh 13f bei wichtigen sprachlichen Gemeinsamkeiten doch auch unauffällig verschieden formuliert. Sie unterscheidet sich ausgeprägt von allen anderen Briefschlüssen im NT. Nachher folgen nur noch Grüsse (ἀσπάζομαι) (2 Joh 13; 3 Joh 15).

Im übrigen erweisen sich Vorstellungen, Inhalt, Sprache und Stil beider Briefe als typisch joh. So ist an der Herkunft aus dem Johanneskreis nicht zu zweifeln. An demselben Verfasser, der sich selbst als "der Älteste" bezeichnet, wird auch kaum mehr ernsthaft gezweifelt. Die Annahme einer Fälschung des 2 Joh durch formale Orientierung am 3 Joh und inhaltliche Füllung aus dem 1 Joh, die Bultmann und Heise vertreten haben[1], wird kaum mehr geteilt. So darf man mit den meisten Fachleuten zuversichtlich denselben Verfasser des 2 und 3 Joh postulieren. Die Meinungen gehen dann bei der Näherbestimmung des Verfassers auseinander, aber dieses Problem braucht uns hier nicht zu beschäftigen.

3.3. Verfasser des 1 und 2-3 Joh

Die Annahme desselben Verfassers aller drei Johannesbriefe wird zwar von vielen Fachleuten geteilt[2], sie wurde aber in neuerer Zeit auch häufig bestritten[3]. Da beim 1 Joh kein wirklicher Brief vorliegt, braucht das Fehlen von Präskript und Briefschluss nicht weiter zu verwundern. Dieser auffallende Unterschied ist gattungsmässig bedingt. Wichtiger sind inhaltliche Unterschiede, die gegen denselben Verfasser sprechen sollen: "Wahrheit" werde im 2/3 Joh im Sinne der rechten Lehre verstanden[4], das Liebesgebot nicht als neu vorgestellt (2 Joh 5) und die Gegner im Unterschied zum 1 Joh nicht argumentativ bekämpft[5]. Doch sprechen diese wie andere wirkliche oder vermeintliche inhaltliche Unterschiede des 1 zum 2/3 Joh nicht gegen denselben Verfasser, wie andere zutreffend erkannt haben.[6]

Im 2/3 Joh tauchen überdies einige Begriffe oder Wendungen auf, die so im übrigen joh. Schrifttum nicht vorliegen (vgl. ἔλεος, μισθός, ἐν ἀληθείᾳ καὶ ἀγάπη u.a.). Doch ist dies alles weder erstaunlich noch ausserordentlich.[7] Auch die unterschiedliche Formulierung des Bekenntnisses (ʼΙησοῦν χριστόν ἐν σαρκὶ ἐληλυθότα 1 Joh 4,2 / ʼΙησοῦν χριστὸν ἐρχόμενον ἐν σαρκί 2 Joh 7) weist auf keinen sachlichen Unterschied; 2 Joh 7 betont wohl nur "die überzeit-

---

[1] Vgl. Bultmann, 1-3 Joh 103f; Heise, Bleiben 164-170; neulich auch Schunack, 1-3 Joh 108f.

[2] Vgl. z.B. Wikenhauser/Schmid, Einleitung 630; Kümmel, Einleitung 396f; Schenke/Fischer, Einleitung II 215f; Schnackenburg, 1-3 Joh 297f; Brown, 1-3 Joh 16-19; Ruckstuhl, 1-3 Joh 35. — Beutler, Johannesbriefe 3783 urteilt: "Die Mehrheit der jüngsten Kommentatoren setzt einen einheitlichen Verfasser für alle drei Briefe voraus."

[3] Vgl. z.B. Vielhauer, Geschichte 481; Balz, 1-3 Joh 153; Wengst, 1-3 Joh 230f; Wengst, Probleme 3755f; Strecker, 1-3 Joh 26.50f.

[4] Vgl. dazu Bergmeier, Verfasserproblem 96 und passim

[5] Vgl. dazu Wengst, 1-3 Joh 230f.

[6] Vgl. gegen Bergmeier z.B. Schnackenburg, Begriff; Brown, 1-3 Joh 18f; Schenke/Fischer, Einleitung II 215; gegen Wengst z.B. Thyen, TRE XVII 187f.

[7] Vgl. dazu z.B. Kümmel, Einleitung 396; Brown, 1-3 Joh 17f.

liche Bedeutung der Inkarnation"[8]. Vielleicht bemerkenswerter ist, dass im 1 Joh wie im Joh mehrfach ἐάν τις steht (1 Joh 2,1.15; 4,20; 5,14.16), 2 Joh 10 demgegenüber das im übrigen joh. Schrifttum nicht vorkommende εἴ τις auftritt. Doch findet sich konditionales εἰ neben ἐάν auch sonst im Joh und 1 Joh, so dass die einmalige Verbindung von εἴ τις 2 Joh 10 auch zufällig sein kann, wenn damit nicht die als wirklich gedachte Bedingung im Unterschied zu dem unter Umständen zu Erwartenden ausgedrückt werden soll.[9]

So darf man als Ergebnis buchen, dass es sprachlich wie auch inhaltlich keine zwingenden Gründe für die Annahme verschiedener Verfasser des 1 und 2/3 Joh gibt. Vielmehr sprechen die grösseren Übereinstimmungen inhaltlicher, vorstellungsmässiger, sprachlicher und stilistischer Art deutlich für ein und denselben Verfasser des 1-3 Joh. Er tritt als Absender der Briefe im 2/3 Joh freilich klarer hervor, während er sich im Traktat[10] des 1 Joh zunächst in einem Kreis von Zeugen äussert und erst ab Kap. 2 deutlicher als Ich aus dem Wir-Kreis heraustritt.

3.4. Verfasser des Joh und 1-3 Joh

3.4.1. Zur Forschungslage

Damit sind wir bei der schwierigsten und umstrittensten Fragestellung unseres Abschnitts. Hier lassen sich lange Listen mit klingenden Namen aufführen, die für denselben Verfasser des Joh und 1-3 Joh oder für verschiedene Verfasser eintreten.[11] Es scheint auch, dass in neuester Zeit die Annahme verschiedener Verfasser immer häufiger vertreten wird. Die Verfechter der Annahme desselben Verfassers des Joh und 1-3 Joh haben immer mehr die Beweislast zu tragen. Dabei wäre es umgekehrt sachlich weit angemessener. Denn Sprache und Stil, Vorstellungswelt und Inhalt von Ev. und Briefen haben so viele auffallende Gemeinsamkeiten, dass der Schluss auf *einen* Verfasser sachlich am naheliegendsten und einfachsten ist. Joh und 1-3 Joh stehen diesbezüglich einander näher als

---

[8] Schnackenburg, 1-3 Joh 313; vgl. auch Wengst, 1-3 Joh 240; weiter bei Brown, 1-3 Joh 669f. Vielleicht kann die Aussage mit Thyen, TRE XVII 193 so präzisiert werden, dass 2 Joh 7 im Partizip Präsens futurischer Präsensgebrauch vorliegt (vgl. Joh 11,27 und Blass/Debrunner/Rehkopf, Grammatik § 323.3: "Jesus ist der *verheissene* Christus, er ist der, der im Fleisch kommen soll und nun erschienen ist.")

[9] Vgl. zu diesem Unterschied des konditionalen εἰ und ἐάν Bauer/Aland, Wb. 425.441; Brown, 1-3 Joh 676 scheint die Formulierung unter Verweis auf 2 Kor 11,4 so zu verstehen.

[10] Dies ist eine mögliche Charakterisierung des 1 Joh im Anschluss an Dibelius, Geschichte 136 ("Traktat mit bestimmter Abzweckung"). Zu weiteren Vorschlägen vgl. Brown, 1-3 Joh 86-92. Ruckstuhl, 1-3 Joh 40 spricht von einer "Kampfschrift".

[11] Vgl. dazu Brown, 1-3 Joh 20, der je über 40 Fachleute für die eine oder andere Meinung anführt.

das Lk und die Apg und die unbestritten echten Paulusbriefe. Dennoch wird die gemeinsame Verfasserschaft des Joh und 1-3 Joh immer häufiger abgelehnt.

3.4.2. Inhaltliche Unterschiede

Bezeichnenderweise werden für die Annahme verschiedener Verfasser in letzter Zeit weniger sprachliche, sondern vor allem inhaltliche Gründe geltend gemacht. Folgende Unterschiede werden hervorgehoben[12]:
Das Ev. steht in einer harten Auseinandersetzung mit den Juden, die als Gegner in den Briefen nie genannt werden, vielmehr treten diese hier aus den eigenen Reihen auf (1 Joh 2,19). In den Briefen wird kein atl. Zitat angeführt, nur einmal wird auf Kain verwiesen (1 Joh 3,12), im Joh wird die Auseinandersetzung mit den Juden auch im Rückgriff auf die Schrift geführt.
Im Ev. erlässt Jesus sein neues Liebesgebot, in den Briefen stammt es von Gott und wird es auch als altes Gebot gekennzeichnet.
Im Joh ist Jesus das Licht und wird von seinen Geboten gesprochen, während im 1 Joh beides von Gott ausgesagt wird. Der Tod Jesu wird in seiner heilschaffenden und sühnewirkenden Bedeutung im 1 Joh deutlicher herausgestellt als im Joh. Die Aussagen über den Heiligen Geist sind demgegenüber im Joh weit ausdrücklicher. Er wird hier als Paraklet vorgestellt, während 1 Joh 2,1 Jesus Christus Paraklet genannt wird. Im Joh liegt ein deutlicher Akzent auf der Gegenwart des Heiles im Glauben an Jesus Christus, während die Enderwartung zurücktritt. Im 1 Joh spielt die Heilsgegenwart auch eine wichtige Rolle, die Enderwartung ist aber weit deutlicher als im Ev. entwickelt.
Es ist hier nicht der Ort, diese inhaltlichen Unterschiede näher darzustellen und zu belegen.[13] Freilich liegt daran sehr viel; denn an der näheren Konkretisierung, Wertung und Einordnung in die Geschichte des joh. Denkens entscheidet sich, ob die Unterschiede von solchem Gewicht sind, dass sie nicht auf denselben Verfasser zurückgehen können.
Nach unserer Meinung handelt es sich bei diesen Unterschieden um Akzentverschiebungen, die auch bei der Annahme desselben Verfassers möglich sind. Ja sie sind sogar zu erwarten, wenn ein grösserer Zeitraum zwischen Briefen und Ev. angesetzt werden muss, wenn die Gattungsunterschiede beachtet werden und wenn die je andere Situation bei der Schriftwerdung bedacht wird. Unter diesen Voraussetzungen liegen in den inhaltlichen Unterschieden keine unvereinbaren Gegensätze, sondern Akzentverschiebungen vor, die einer anderen Zeit, Situation und Gattung angemessen sind. Ein Verfasser, der zu

---

[12] Vgl. zu diesen u.a. Unterschieden z.B. Wikenhauser/Schmid, Einleitung 622f; Kümmel, Einleitung 391f; Vielhauer, Geschichte 466-470; Schenke/Fischer, Einleitung II 211-215; Lohse, Entstehung 119; Schnackenburg, 1-3 Joh 35-38;Balz, 1-3 Joh 153f; Wengst, 1-3 Joh 24f; Brown, 1-3 Joh 25-28; Ruckstuhl, 1-3 Joh 35f. Nach Wikenhauser/Schmid, Kümmel, Schnackenburg (anders Schnackenburg, 1-3 Joh [5]1975, S. 335), Brown, Ruckstuhl u.a. sind die inhaltlichen Unterschiede auch bei der Annahme desselben Verfassers möglich; nach Vielhauer, Schenke/Fischer, Lohse, Balz, Wengst u.a. erfordern sie die Annahme verschiedener Verfasser.
[13] Vgl. dazu wenigstens die Anm. 12 genannten Fachleute.

jeder Zeit und in jeder Lage immer und nur dasselbe zu schreiben hätte, wäre eher eine Mumie als ein lebendiger Mensch.

3.4.3. Sprachliche Unterschiede

Für unsere Untersuchung sind nun die sprachlichen Unterschiede zwischen Joh und 1-3 Joh zu beachten. Dabei können wir von Beobachtungen Dodds ausgehen, die nach ihm die Annahme desselben Verfassers von Joh und 1 Joh nicht einfach widerlegen, wohl aber ernsthaft bezweifeln lassen.

Dodd verzeichnet eine unterschiedliche Zahl von verschiedenen Präpositionen (1 Joh 14, Joh 23)[14], adverbialen Partikeln (1 Joh 9, Joh 36), Bindewörtern und anderen Partikeln (1 Joh 18, Joh 36)[15].[16] Das Joh ist demnach erheblich reicher an Präpositionen und Partikeln. Hier gilt es allerdings zu beachten, dass adverbiale Partikeln und Bindewörter im Joh sachlich viel näherliegen[17], dass sozusagen alle der von Dodd für den 1 Joh aufgelisteten Wörter auch im Joh vorkommen[18] und dass der 1 Joh einen gut 7mal kleineren Wortbestand als das Joh hat. Ausserdem entspricht die Anzahl verschiedener Präpositionen im Joh etwa den Synoptikern und der Apg, diejenige des 1 Joh anderen ntl. Schriften ähnlicher Länge.[19] Die Anzahl von verschiedenen adverbialen Partikeln, Konjunktionen und anderen Partikeln ist im Joh etwas höher als bei den Synoptikern und der Apg, im 1 Joh ist sie vergleichbar mit anderen ntl. Schriften ähnlicher Länge.[20]

Etwas auffallender ist höchstens die unterschiedliche Häufigkeit von γάρ und begründendem ὅτι und von εἰ und ἐάν im Joh und 1 Joh.[21] Im Joh stehen etwa 85 ὅτι causalia und 63 γάρ, im 1 Joh 19 und 3;[22] das Joh verwendet demnach im Verhältnis auffallend häufiger γάρ, der 1 Joh ὅτι causale. Es kann aber durchaus sein, dass demselben Verfasser γάρ für Zwischenbemerkungen und

---

[14] Hier ist wenigstens das Problem von παρά mit Genitiv zu vermerken, das im Joh 26mal vorkommt, im Joh nie. Da es 2 Joh 3f aber 3mal belegt ist, wird deutlich, dass der Briefschreiber damit keine Probleme hat. Im übrigen wird παρά mit Genitiv im Joh häufig in Jesusworten verwendet. Zu beachten bleibt, dass im 1 Joh 2mal ἀπό mit Genitiv steht, wo im Joh gerne παρά mit Genitiv verwendet wird (so 1 Joh 3,22; 5,15; vgl. je v. 1.), aber Gegenbeispiele mit ἀπό gibt es auch im Joh (3,2; 13,3; 16,30).

[15] Hier ist wenigstens οὖν besonders zu erwähnen, das auffallend 199mal im Joh vorkommt, im 1-3 Joh textkritisch gesichert nur 1mal (3 Joh 8). Bei dieser grossen Differenz ist allerdings zu beachten, dass im Joh gut 160 οὖν narrativa vorliegen (vgl. M A 1), die so in 1-3 Joh nicht auftreten können (vgl. dazu weiter Brown, 1-3 Joh 23).

[16] Vgl. Dodd, Epistle 131f.

[17] Vgl. Howard, Authorship 15; Brown, 1-3 Joh 23.

[18] Vgl. auch Salom, Aspects 99f, der überdies auf die etwa gleichmässige Verteilung der dem Joh und 1 Joh gemeinsamen adverbialen Partikeln aufmerksam macht.

[19] Vgl. dazu die Liste bei Wilson, Examination 149; Brown, 1-3 Joh 23.

[20] Vgl. dazu die Liste bei Wilson, Examination 151.

[21] Vgl. dazu Dodd, Epistle 132.

[22] Die Zahlen für begründendes ὅτι und γάρ werden nach Haenchen, Literatur (1968) 240 angegeben. Bemerkenswert ist übrigens, dass die Gesamtzahlen von ὅτι causale und γάρ (Joh fast 150, 1 Joh gut 20) umgerechnet auf die jeweilige Länge der Schrift genau ausgeglichen sind.

Begründungen in der Erzählung näherliegen, während er in stärker argumentativen Passagen begründendes ὅτι vorzieht[23], was dann die Häufung im Traktat des 1 Joh erklärte. Das Joh verwendet in Konditionalsätzen 28 εἰ und 34 ἐάν, 1 Joh 4 εἰ und 19 ἐάν.[24] Εἰ ist demnach im Joh und 1 Joh genau gleich häufig, ἐάν aber im 1 Joh weit häufiger als im Joh. Das Überwiegen von ἐάν im 1 Joh könnte situationsbedingt sein, weil ἐάν oft zur Formulierung von Bedingungen dient, durch welche sich Glaubende und Abtrünnige unterscheiden. Im übrigen ist für ἐάν die Konzentrierung auf einzelne Stellen im 1 Joh zu beachten und die weitgehende Beschränkung auf die direkte Rede im Joh. Zur Erklärung der unterschiedlichen Häufigkeit von kausalem ὅτι, γάρ und ἐάν könnte man auch auf grosse Schwankungen in anderen ntl. Schriften hinweisen, die von demselben Verfasser stammen.[25]

Nach Dodd enthält der 1 Joh 11 verschiedene zusammengesetzte Verben, das Joh aber 105, also gut 9mal soviel.[26] Denkt man daran, dass das Joh gut 7mal umfangreicher als 1 Joh ist und im Vergleich zu den Synoptikern und der Apg verhältnismässig wenig zusammengesetzte Verben benutzt und diese dort gesamthaft häufiger sind als in den übrigen ntl. Schriften (sie liegen in der Erzählung näher)[27], so ist der Unterschied zwischen Joh und 1 Joh nicht weiter verwunderlich.

Nach Dodd sind bestimmte Wendungen und rhetorische Figuren im 1 Joh auffallend häufiger als im Joh, so das Partizip mit Artikel als Hauptwort gebraucht, dieselbe Wendung verstärkt durch πᾶς (z.B. πᾶς ὁ ποιῶν), bestimmte rhetorische Fragen, Definitionen ("dies ist...") und Bedingungssätze.[28] Doch ist zu bedenken, dass derartige rhetorische Stilmittel in einer Schrift wie dem 1 Joh sachlich näherliegend sind als im Joh mit breitem Erzählanteil.[29]

Nach Dodd finden sich im Joh 6 Typen von (teils nur möglichen) Aramaismen, von denen 4 im 1 Joh nicht zu finden sind.[30] Doch weist auch der 1 Joh weitere Aramaismen auf. Erkennt man zudem die Problematik der Bestimmung von Aramaismen, die Umfangdifferenz und den möglichen Einfluss aramaisierender

---

[23] Signifikante Unterschiede im Joh selbst weisen in diese Richtung. Ein typischer Redeabschnitt (Joh 14-17) enthält 27 kausale ὅτι und 4 γάρ (Verhältnis etwa wie im 1 Joh); demgegenüber enthält ein Erzählabschnitt (Joh 18-21) nur 6 kausale ὅτι und 8 γάρ (Zählung der kausalen ὅτι nach den Angaben bei Moulton/Geden, Concordance 718).

[24] Die Zahlen sind Haenchen, Literatur (1968) 239 entnommen, nur im 1 Joh wurde die Angabe 3 εἰ korrigiert.

[25] Vgl. dazu Wilson, Examination 152; Salom, Aspects 100; Haenchen, Literatur (1968) 239f; Brown, 1-3 Joh 23.

[26] Vgl. Dodd, Epistle 132f.

[27] Vgl. dazu näherhin Wilson, Examination 152-154; Howard, Authorship 15.

[28] Vgl. Dodd, Epistle 133-135.

[29] Vgl. dazu Howard, Authorship 15f; Wilson, Examination 154 (ähnliche Stilmittel können auch in Paulusbriefen sehr verschieden häufig sein).

[30] Vgl. Dodd, Epistle 135-138.

Traditionsvorgaben auf den Verfasser des Joh, kann das Phänomen nicht ernsthaft gegen denselben Verfasser sprechen.[31]

Dodd macht weiter auch auf Unterschiede in der Wortwahl aufmerksam. So fehlen 39 Wörter und Ausdrücke des 1 Joh im Joh. Er weist aber selbst auf noch grössere derartige Unterschiede in Paulusbriefen hin.[32] Dann führt er 6 thematisch geordnete Gruppen von Wörtern auf, die im Joh mehrfach bis häufig erscheinen und/oder inhaltlich für dessen Theologie wichtig sind, im 1 Joh aber nicht begegnen. Von ihnen sollen wenigstens die bedeutendsten hier gestreift werden[33]:

Σώζω 6 mal im Joh, ausser 11,12 in religiöser Bedeutung[34] und in Jesusworten: Thema der theologisch bedeutsamen Verkündigung Jesu.

Ἀπόλλυμι 10 mal im Joh, ausser 11,50 immer in Jesusworten und meist in religiöser Bedeutung.[35]

Ἀνίστημι (7mal)/ἀνάστασις (4mal) von der Totenauferstehung: beschränkt sich im Joh auf wenige Stellen[36], meist in Jesusworten.

Προσκυνέω 11mal im Joh, davon 9mal in 4,20-24 (wahre Gottesverehrung)[37]: deutlich thematisch und örtlich bedingte Häufung. Γράφω (10mal), γραφή (12mal), νόμος (14mal), je im Bezug zur Schrift im Joh: γράφω und γραφή dienen derart meist dem Aufweis der Schriftgemässheit der Person, des Wirkens und Sterbens Jesu, νόμος teils ebenso, wo es nicht zur Belastung der Juden angeführt wird. Dies ist ein dem Joh zuzuordnendes Thema, wo es im Blick auf das Wirken Jesu und dessen Konfrontation mit den Juden naheliegt.

Κρίνω (19mal), κρίσις (11mal) ist ausser 1 Joh 4,17 (Tag des Gerichts) nur im Joh belegt. Es ist ein typisches Thema des Joh, das zudem meist in Jesusworten und mehrmals in der Auseinandersetzung mit den Juden vorkommt[38].

Κύριος findet sich im Joh 42mal in Bezug auf Jesus verwendet.[39] Diese Bezeichnung Jesu wird auch im Lk sehr geschätzt; sie wird im Joh 29mal in der Anrede Jesu verwendet (κύριε)[40], wo sie ebenso auch für andere Personen gebraucht wird (12,21; 20,15). Κύριος ist deshalb nicht einfach ungeschützt ein christologischer Ausdruck, und dessen Fehlen im 1-3 Joh ist nicht besonders verwunderlich.

---

[31] Vgl. dazu auch Howard, Authorship 14.16; Wilson, Examination 154f; Brown, 1-3 Joh 23f; Turner, Style 136.

[32] Vgl. Dodd, Epistle 138.

[33] Vgl. zum Folgenden Dodd, Epistle 139-141.

[34] Joh 12,27 etwas anders: retten aus der Todesstunde (vgl. Bauer/Aland, Wb. 1592).

[35] Übrigens aber 1mal 2 Joh 8 belegt.

[36] Joh 5,29 (2mal); 6,39-54 (4mal); 11,23-25 (4mal); 20,9 (1mal); vgl. dazu auch Howard, Authorship 18;

[37] Vgl. auch Howard, Authorship 19; Haenchen, Literatur (1968) 240.

[38] Vgl. auch Brown, 1-3 Joh 25.

[39] Dodd, Epistle 140 zählt 41 und 3 zweifelhafte Fälle.

[40] Demnach können fast drei Viertel aller Fälle von κύριος so im 1-3 Joh keine Entsprechung haben (vgl. Howard, Authorship 18; Brown, 1-3 Joh 25).

Δόξα (19mal) und δοξάζω (23mal) finden sich insgesamt 42mal im Joh.[41] Es ist ein typisches Thema des Evangeliums, wo es zudem oft in Jesusworten geklärt wird[42] (besonders δοξάζω) und mehrfach in der Auseinandersetzung mit den Juden vorkommt (besonders δόξα).

'Αναβαίνω, καταβαίνω, ὑψόω treten insgesamt fast 20mal für die Theologie des Joh kennzeichnend auf. Wir haben wieder ein typisches Thema der Theologie des Joh vor uns, das zudem ausschliesslich in Jesusworten (mehrfach als Menschensohnworte) entwickelt wird.[43]

Πέμπω 32mal im Joh, davon 26mal in der geprägten Verbindung ὁ πέμψας με (und analoge Formulierungen) (M C 41) und 3mal in Parakletworten (14,26; 15,26; 16,7). Πέμπω kommt im Joh fast nur in Jesusworten vor. Damit ist der Unterschied zum 1 Joh zureichend geklärt, wo im übrigen die Sendung des Sohnes 3mal mit ἀποστέλλω formuliert wird (1 Joh 4,9.10.14), wie es analog gehäuft im Joh zu finden ist.[44]

Ῥῆμα 12mal im Joh, immer im Plural und von den Worten Jesu ausgesagt, die Gottes Worte sind: typisch und sachentsprechend im Joh.

Φιλέω 13mal im Joh, nie im 1-3 Joh, wo aber ἀγαπάω 28mal begegnet, neben 37mal im Joh. Dies ist ein einigermassen auffallender Tatbestand.' Ἀγαπάω ist zwar auch im Joh fast 3mal häufiger als φιλέω, dennoch wäre es im 1 Joh bei 28 ἀγαπάω eigentlich zu erwarten. Beachtet man aber, dass φιλέω im Joh insgesamt 7mal nebeneinander auftritt[45] und dass die alleinige Verwendung von ἀγαπάω im 1 Joh vom Liebesgebot beeinflusst sein wird[46], das hier thematisch im Vordergrund steht, dann wird der einseitige Tatbestand im 1 Joh verständlich.

Ζητέω 34mal im Joh: Typisches Wort des Joh, in dem oft Jesus gesucht wird, mehrfach auch von seinen Gegnern, die ihn festnehmen und töten wollen. Dies wird auch wiederholt im Wort Jesu reflektiert.

Dodd selbst ist sich im klaren, dass diese sprachlichen Unterschiede zwischen Joh und 1 Joh nicht die Annahme verschiedener Verfasser erzwingen. Er meint aber immerhin, dass sie die Annahme desselben Verfassers ernsthaft in Frage stellen. Wir können Dodds Zweifel an demselben Verfasser aufgrund sprachlicher Unterschiede zwischen Joh und 1 Joh nicht teilen. Und Dodd hat auch viele andere Fachleute in dieser Frage nicht überzeugt.[47] Es hat sich bei unserer kurzen Durchsicht nämlich gezeigt, dass die sprachlichen Verschiedenheiten durchwegs verständlich sind, wenn man nur einige elementare Unterschiede zwischen Joh und 1 Joh in Rechnung zieht: Das Joh ist ein Ev. mit grossen

---

[41] Dodd, Epistle 140 vermerkt für δόξα 18 und δοξάζω 21 Fälle.

[42] Vgl. auch Howard, Authorship 18.

[43] Howard, Authorship 18 betont zudem die örtliche Begrenzung dieser Thematik im Joh.

[44] Vgl. dazu weiter Howard, Authorship 20; auch Brown, 1-3 Joh 25.

[45] Joh 16,27 (2mal); 21,15-17 (5mal).

[46] Das Liebesgebot wird auch im Joh immer mit ἀγαπάω formuliert (13,34; 15,12.17).

[47] Vgl. z.B. Howard, Authorship; Wilson, Examination; Salom, Aspects; Turner, Style 132-134; Brown, 1-3 Joh 21-24; Wikenhauser/Schmid, Einleitung 621-623; Kümmel, Einleitung 390f.

Anteilen an Erzählung,Dialogen und Reden (direkte Rede). Es blickt auf die Geschichte Jesu zurück und handelt bei allem Gegenwartsbezug aus der Sicht des Wirkens und der Verkündigung Jesu. Dabei überlässt es eine Reihe wichtiger Themen fast ausschliesslich der Verkündigung Jesu, die damit einen unverkennbar eigenen Charakter erhält. Der 1 Joh ist demgegenüber ein Traktat, der Fragen der aktuellen Gegenwart der Gemeinde behandelt, einer Gemeinde, die durch eine Absetzbewegung in Frage gestellt wird. Hier können und müssen die Adressaten direkt angesprochen werden; die Thematik ist durch den aktuellen Anlass begrenzter und bedrängender.[48] Die Häufung bestimmter Themen und Aussagen, die im Joh in der Themenvielfalt eher zurücktreten, braucht uns nicht zu wundern, ebenso kaum das Fehlen gewisser Aussagen des Joh, die im aktuellen Anlass des 1 Joh nicht zur Debatte stehen.

Im übrigen ist das Joh über 7mal umfangreicher als der 1 Joh; bei einer gleichmässigen Verteilung sprachlicher Erscheinungen treten sie hier gut 7mal weniger oft auf. Fehlt eine verhältnismässig kleinzahlige Erscheinung des Joh im 1 Joh, ist dies schon von hier aus nicht verwunderlich. Andere wiederum sind hier oder dort nur örtlich begrenzt besonders gehäuft, so dass sich von daher die Unterschiede erklären, wenn sie sich nicht aus inhaltlichen oder gattungsmässigen Besonderheiten nahelegen. Ausserdem ist zu bedenken, dass der Verfasser des Joh dieses in Abhängigkeit von mündlicher und vielleicht teils schriftlicher Überlieferung schreibt, mindestens auch in Kenntnis von einem synopt. Ev., und dabei eine lange Überlieferung des joh. Kreises über Jesus verarbeitet. Im 1 Joh dagegen antwortet er viel selbständiger auf eine bestimmte Herausforderung, auch wenn er sie im Rückgriff auf die Glaubensüberlieferung seines Kreises bewältigt. Seine sprachlichen Eigenheiten können hier ungebrochener zum Zug kommen, weshalb sie auch durchschnittlich häufiger als im Joh begegnen. Bei so viel Unterschieden zwischen Joh und 1-3 Joh wird man sich über kleinere sprachliche Unterschiede zwischen ihnen nicht mehr wundern, wohl aber für die weit grösseren sprachlichen Gemeinsamkeiten eine zureichende Begründung verlangen.

3.4.4. Gründe für die Annahme desselben Verfassers

Hier ist von zwei entscheidenden Grundeinsichten auszugehen:
1. Joh und 1-3 Joh vertreten bei allen Akzentverschiedenheiten eine gemeinsame Theologie, die sich markant von den übrigen Schriften des NT abhebt und sich bis in leitende Vorstellungen und Begriffe hinein als eigentümlich joh. ausweist.
2. Joh und 1-3 Joh zeichnen sich durch auffallend gemeinsame Sprache und Stil aus. In Wortwahl, Wortverbindungen, Satzstellung und besonderen Wendungen gehören die joh. Schriften zusammen und heben sich darin vom restlichen ntl. Schrifttum ab.

---

[48] Zum fundamentalen Gattungsunterschied zwischen Joh und 1-3 Joh vgl. weiter Thyen, TRE XVII 191.

Diese beiden Grundeinsichten werden eigentlich kaum bestritten; umstritten ist freilich ihre Wertung im Blick auf Schlussfolgerungen in der Verfasserfrage. Wir sind der Meinung, dass sich die beiden Einsichten bei Annahme des gleichen Verfassers aller joh. Schriften leicht erklären lassen. Diese Hypothese kann die Phänomene am einfachsten und ungezwungensten deuten; sie verstehen sich dann von selbst. Daneben feststellbare kleinere Unterschiede inhaltlicher und sprachlicher Art sind im Vergleich mit den grossen Gemeinsamkeiten zweitrangig und erklären sich leicht aufgrund der Verschiedenheit von Zeit, Gattung und Situation.

In ihrer Einfachheit ist diese Hypothese der Annahme verschiedener Verfasser vorzuziehen. Bei verschiedenen Verfassern ist nämlich ohne das zusätzliche Postulat einer joh. Schule nicht auszukommen. Diese Zusatzhypothese einer die joh. Schriften tragenden gemeinsamen Schule ist zwar naheliegend, sie kann auch leitende gemeinsame Vorstellungen und theologische Aussagen und Begriffe erklären. Sie muss aber wohl versagen, wenn es darum geht, die Gemeinsamkeiten aller Schriften bis in sprachliche Kleinigkeiten und Nebensächlichkeiten zu begründen. Hier hilft auch die Zusatzhypothese einer joh. Schule nicht weiter; sie müsste neben den theologischen Grundeinsichten auch eine eigene Sprache bis in kleinste Einzelheiten vermittelt haben, eine Annahme, die sehr unwahrscheinlich ist. Eine solche durchgeformte Schulsprache gibt es unseres Wissens in der ganzen Antike nirgends.[49] Sie wäre sozusagen ein "Kulturwunder".

Bei unserer Untersuchung zu sprachlichen Besonderheiten des Joh im Vergleich mit dem übrigen NT hat sich als Nebenprodukt ergeben, dass insgesamt 35 (38) Sprachmerkmale des Joh auch im 1-3 Joh auftreten (mindestens in einem Johannesbrief). Dabei sind 13 (15) sprachliche Besonderheiten des Joh nur noch im 1-3 Joh zu finden, nie aber im übrigen NT.[50] Die restlichen 22 (23) Sprachmerkmale finden sich demgegenüber auch in anderen ntl. Schriften, dort aber meist weniger häufig als im 1-3 Joh.[51] Diese treten im 1-3 Joh umgerechnet sogar meist häufiger auf als im Joh. Das Phänomen lässt sich bei der Annahme desselben Verfassers ungezwungen verstehen; er konnte bei der Abfassung des 1-3 Joh freier formulieren als bei der Niederschrift des Joh, wo er stärker an Traditionsvorgaben gebunden war.

Man muss dieses Nebenprodukt unserer Untersuchung als aussagestarkes Argument für die Annahme desselben Verfassers des Joh und 1-3 Joh werten. Nur unter dieser Voraussetzung wird es nämlich voll verständlich. Bei der Annahme verschiedener Verfasser aus der joh. Schule können sprachliche Gemeinsamkeiten ohne inhaltliche Bedeutung nicht zureichend erklärt werden .

Das Argument wird überdies durch sprachliche Beobachtungen von Boismard/Lamouille am joh. Schrifttum bestätigt.[52] Diese haben über unsere strenge-

---

[49] Vgl. Ruckstuhl, Antithese 141-181.
[50] Vgl. A 8.(9).11.14.23; B 30.33.36.(37).41.48.57.64; C 30.44b.
[51] Vgl. B 1.9.(13).17.18.44.61.63; C 4.5.18.19.25.26.29.31.35.38.39.40.44a.46.47.
[52] Vgl. dazu auch bei: Das stilkritisch-statistische Verfahren 2. 6.

ren Kriterien hinaus in ihrer Liste stilistischer Charakteristika des Joh[53] eine grosse sprachliche Gemeinsamkeit des Joh und 1-3 Joh aufgezeigt. Darunter finden sich freilich viele Gemeinsamkeiten von inhaltlich-theologischem Gewicht, aber auch weitere Beobachtungen, die inhaltlich eher bedeutungslos sind oder nicht schwer wiegen und gerade so denselben Verfasser nahelegen. Zu diesen weiteren sprachlichen Beobachtungen bei Boismard/Lamouille, die bei uns nicht erfasst wurden, aber doch noch eine gewisse Hinweisfunktion haben können, sind 18 Fälle der Kategorie A, 8 der Kategorie B und 12 der Kategorie C zu zählen[54].

Kommen wir nochmals kurz auf unsere Sprachmerkmale zurück. 35 (38) sprachliche Besonderheiten des Joh finden sich auch im 1-3 Joh, die restlichen rund drei Viertel aller Sprachmerkmale des Joh fehlen im 1-3 Joh. Wird damit unsere Schlussfolgerung auf denselben Verfasser in Frage gestellt? Davon kann nicht die Rede sein. Denn wenn man die in 1-3 Joh fehlenden sprachlichen Besonderheiten des Joh durchgeht, erkennt man leicht, dass viele sachlich kaum dort begegnen können. Denn Sprachmerkmale, welche die eigene Erzählart des Joh auszeichnen, müssen im 1-3 Joh fehlen[55], ebenso Sprachmerkmale, welche die direkte Rede im Ev. kennzeichnen oder mit bestimmten Sachverhalten des Joh verbunden sind. Hier macht sich der Gattungsunterschied von Ev. (Joh), Traktat (1 Joh) und Brief (2/3 Joh) bemerkbar, der wie eine unsichtbare Wand viele sprachliche Besonderheiten des Ev. vor dem 1-3 Joh zurückhält. Darüber hinaus ist auch zu beachten, dass 1-3 Joh 6mal kleiner als das Joh ist; damit werden rein umfangmässig Realisierungsmöglichkeiten begrenzt. Diese hängen im übrigen nicht allein vom Umfang, sondern auch von thematischen Bedingungen ab, welche teils für sprachliche Realisierungen gegeben sein müssen. Da das Joh thematisch reicher und vielfältiger als der 1-3 Joh ist und zudem 6mal umfangreicher, fällt das Fehlen von Sprachmerkmalen im 1-3 Joh auch über die oben angegebenen Grenzen der Gattung hinaus nicht auf.

---

[53] Vgl. dazu Boismard/Lamouille, Joh 491-511 (Kategorie A-C).

[54] Vgl. bei Boismard/Lamouille A 15.22.30.32.48.60.89.94.115.123.133.135.136.144.149. 161.164.167; B 20.40.46.58.66.82.93.101; C 6.14.16.17.20.25.41.42.57.79.81.83.

[55] So z.B. verschiedene mit οὖν narrativum zusammenhängende Sprachmerkmale, Einleitungswendungen zur direkten Rede, Sprachmerkmale, die mit Orts-, Zeit-, Festangaben und bestimmten Personen(gruppen) verbunden sind.

4. AUF DER SUCHE NACH STILMERKMALEN DES JOH

4.1. Die vorläufige neue Liste der Merkmale

Im Forschungsplan zu unserer Untersuchung war von Anfang an die Erarbeitung einer neuen Liste von Stilmerkmalen des Joh vorgesehen. Eine solche konnte aber nur in zwei verschiedenen Arbeitsgängen erstellt werden. Zuerst sammelten wir sprachliche Eigentümlichkeiten, die den unter 2.2.3.2. und 2.3. formulierten Kriterien entsprachen, ohne dass wir ihre Tauglichkeit voll erhärten und sie endgültig in eine der 3 vorgesehenen Gruppen einordnen konnten. Das war uns vor allem auch deswegen unmöglich, weil eine vorläufige Liste vorhanden sein musste, ehe wir die gesammelten Merkmale im einschlägigen hellenistischen Schrifttum aufsuchen, gesamthaft erfassen und unserem statistischen Verfahren unterziehen konnten. Erst dann war es möglich, eine endgültige Liste zu erstellen.

4.2. Hilfsmittel für die Suche nach Merkmalen

Als Unterlagen und Hilfsmittel auf der Suche nach sprachlichen Eigentümlichkeiten des Joh dienten uns ausser den 50 joh. Stilmerkmalen der Liste Schweizer/Ruckstuhl und der um 32 Nummern erweiterten Liste von Nicol die gängigen ntl. Grammatiken, Wörterbücher, Konkordanzen und Statistiken. Eine wahre Fundgrube für unsere Suche war, wie früher erwähnt, die umfangreiche Liste joh. Ausdrücke, Wendungen und Satzstücke von Boismard/Lamouille. Ferner haben wir die "vollständige Konkordanz zum Neuen Testament" von Kurt Aland für die Erstellung unserer Liste durchgeackert. Das Ergebnis unserer Suche war eine vorläufige Liste von 157 Merkmalen, von denen 29 auf die Gruppe A, 76 auf die Gruppe B und 52 auf die Gruppe C verteilt wurden.

4.3. Die endgültige Liste der Stilmerkmale des Joh

Im Vergleich der genannten Merkmale der Gruppen A und B mit den von uns herangezogenen Werken des hellenistischen Schrifttums aus der Zeit von etwa 100 v.Chr. – etwa 150 n.Chr. blieb uns die überwiegende Mehrheit dieser Merkmale erhalten.

Eine jetzt anhand unserer Kriterien strenger durchgeführte Prüfung aller Merkmale hatte zur Folge, dass wir auch solche, die dem Vergleich mit den hellenistischen Schriften standhielten, aus der Gruppe A in die Gruppe B oder C, in Einzelfällen aber auch aus Gruppe B in Gruppe A versetzten. So ergab sich eine endgültige Liste mit 153 Merkmalen, von denen auf Gruppe A 26, auf Gruppe B

65 und auf Gruppe C 62 Merkmale entfielen. Ihre Anordnung innerhalb der einzelnen Gruppen wurde jetzt unter sorgfältiger Abwägung aller Gründe, die für eine höhere oder geringere Einstufung sprachen, vorgenommen. Es ergab sich aber, dass diese Einstufung in der zweiten Hälfte der Gruppe B und vor allem innerhalb der Gruppe C nicht mehr so eindeutig durchgeführt werden konnte wie in der Gruppe A oder in den vorderen Rängen der Gruppe B.

Mit der endgültigen Festlegung dieser Liste von Stilmerkmalen war nunmehr die Grundlage ihrer eigentlichen Auswertung anhand einer vollständigen Übersicht zu ihrer Verteilung über das ganze Ev., anhand von zwei Schaubildern zu ihrer Vernetzung untereinander und endlich einer Überprüfung ihrer flächenhaften Verteilung über die verschiedenen Abschnitte des Ev. gegeben.

5. ERABEITUNG SPRACHLICHER EIGENTÜMLICHKEITEN DES JOH

5.1. Vorbemerkungen

5.1.1. Darstellung und Bewertung

Wir führen unter 5.2 die erarbeiteten Sprachmerkmale in drei Gruppen geordnet auf. Wir haben die statistischen Kriterien, denen sie mindestens genügen müssen, bereits entwickelt (vgl. Das stilkritisch-statistische Verfahren bei 2.2.3.). Die Merkmale der Gruppe A–C sind von unterschiedlicher Bedeutung: Die besten gehören der Gruppe A an, die Merkmale mittlerer Güte der Gruppe B und die Merkmale mit geringerer Bedeutung der Gruppe C. Innerhalb jeder Gruppe sind die einzelnen Merkmale wiederum ihrem Gewicht entsprechend eingeordnet und dementsprechend mit einer Zusatzziffer gekennzeichnet.

Bei jedem Einzelmerkmal stehen nach der Definition die Stellen des Vorkommens in allen Schriften des NT. Die Angaben verstehen sich wie folgt: Abkürzung der Schrift und Gesamtzahl des Vorkommens in ihr, nach dem Doppelpunkt die Stellenangaben im einzelnen.
Bei den Synoptikern sind die Stellenangaben noch zusätzlich gegliedert:
Im Mk stehen zunächst die Stellen ohne synopt. Par., nach einem Querstrich diejenigen mit synopt. Par.
Beim Mt und Lk stehen zunächst die Stellen ohne synopt. Par., nach dem ersten Querstrich die Stellen in Übereinstimmung mit dem Mk, nach dem zweiten Querstrich die Stellen aus Q.
Ein Strich (–) zeigt an, dass das Merkmal in der entsprechenden Kategorie fehlt.

Hier ist zu beachten, dass die Gesamtzahl der Stellen jedes einzelnen synopt. Ev. den Minimalanforderungen genügen musste. Die Auswahl der Merkmale sollte unabhängig von jeder Synoptikerhypothese getroffen werden. Bei der näheren Wertung der Merkmale wurden die Par. dann unter Voraussetzung der immer noch von vielen anerkannten Zweiquellentheorie nur einmal mit ihrer vollen Zahl gerechnet.

Nach den Einzelbelegen des Merkmals im NT folgen zunächst weitere Angaben, darunter nähere Erläuterungen und insbesondere auch allfällige Gegenbeispiele und Tauschmöglichkeiten, welche eine Gewichtung der Güte des Sprachkennzeichens ermöglichen.

Bei den Merkmalen der Gruppe A und B schliessen dann die allfälligen Belege des Vorkommens des entsprechenden Sprachkennzeichens in der untersuchten hellenistischen Literatur an.

Da wir die meisten C-Merkmale nur im statistischen Vergleich mit den ntl. Schriften gewonnen haben, fehlen dort Angaben zur hellenistischen Literatur. Eine Ausnahme machen 9 Sprachkennzeichen der C-Gruppe, die wir zunächst aufgrund des innerntl. Vergleichs den A oder B-Merkmalen zugeordnet hatten.

Diese haben dann den weiter ausholenden statistischen Vergleich mit hellenistischen Schriften ganz knapp nicht bestanden. Es fand sich jeweils einer von 32
Autoren, wo mehr Belege als im Joh zu verzeichnen waren. Wir haben in diesem
Grenzfall die Merkmale nicht ganz ausgeschlossen, sondern sie in die C-Gruppe
zurückgestuft. Es sind dies C 13,14,15,16,17,18,19,49,50, wo sich dementsprechend auch die Angaben zu den Stellen in der hellenistischen Literatur finden.

5.1.2. Die zum statistischen Vergleich herangezogene hellenistische Literatur

5.1.2.1. Zeitraum 100 v.Chr. - 150 n.Chr.
Wir mussten aus der ganzen Fülle der erhaltenen griechisch geschriebenen Do-
kumente und literarischen Zeugnisse eine Auswahl treffen, die im Blick auf das
Joh vorzunehmen war. Wir zogen zunächst eine zeitliche Grenze von 100 v.Chr.
bis 150 n.Chr. Wir haben dementsprechend früher oder später entstandene
Werke nicht beigezogen, da der oder die Verfasser des Joh kaum von früher ent-
standenen Schriften sprachlich beeinflusst war(en) und spätere überhaupt nicht in
Frage kommen. Der oder die Verfasser des Joh dürfte(n) allenfalls von der in
diesem weiteren Sinne zeitgenössischen Literatur beeinflusst sein. Diese
ihrerseits spiegelt sprachliche Gewohnheiten jenes Zeitraums, dem auch unser(e)
Verfasser angehörte(n) und von denen er/sie gewiss beeinflusst war(en).

5.1.2.2. Ausschluss nach Umfang und Art fremder hellenistischer Zeugnisse
Wir haben dann aus diesem Zeitraum jene Schriften ausgeschlossen, die nach
Umfang und Art nicht mit dem Joh vergleichbar sind. Darunter fallen zunächst
die erhaltenen Kleintexte brieflicher Art in ihren Abstufungen von persönlichen
bis zu geschäftlichen Mitteilungen. Sie sind von der Gattung wie vom Umfang
her nicht mit dem Joh zu vergleichen.
    Unter den erhaltenen umfangreicheren Texten aus diesem Zeitraum haben wir
weiter Schriften mit grammatikalischem, musikalischem, mathematischem, phy-
sikalischem, astronomischem, medizinischem, erdkundlichem und militärstrate-
gischem Inhalt ausgeschlossen. Sie sind thematisch weit von Joh entfernt und
bieten auch sprachlich kaum angemessene Entsprechungen.

5.1.2.3. Einführung und Liste der 32 untersuchten hellenistischen Autoren/
    Schriften
Im folgenden führen wir nun jene 32 Autoren/Schriften an, die wir nach den
Sprachkennzeichen des Joh untersucht haben. Wir haben im Normalfall die
ganze Schrift durchgearbeitet. Bei Autoren mit mehreren erhaltenen Schriften
haben wir eine Auswahl getroffen. Bei im Vergleich mit dem Joh mehrfach
grösseren Schriften haben wir gewöhnlich nur einen 2-3fachen Umfang des Joh
bearbeitet. In jedem Fall dürften wir auch bei dieser Begrenzung die sprachlichen
Gewohnheiten des jeweiligen Verfassers angemessen berücksichtigt haben.
    In der Liste nennen wir Autor und/oder Titel der Schrift(en), die Abkürzung,
geben einen kurzen Hinweis zur Textausgabe (sie wird im Literaturverzeichnis

voll aufgeführt), erwähnen allenfalls besondere Weisen der Stellenangaben aus
der Textausgabe, darauf den untersuchten Umfang des Werkes, dann den annähernd errechneten Wortbestand (die Vokabeln einer Schrift wurden über eine angemessene Seitenzahl ausgezählt und dann die Gesamtzahl aufgrund der Länge
des Textes ausgerechnet) und am Schluss den relativen Umfang in Bezug auf das
Joh.

Autor/Titel	Ab-kürzung	Text-ausgabe	bes. Art d.Stellen-angabe	untersuchter Umfang	ungefährer Wortbe-stand	relativer Wortbe-stand
Apokalypse des Mose (griech.)	ApkMos	Tischendorf, Apokalypses		vollständig	4'600	0,30 Joh
Flavius Arrianus, Anabasis Alexandri	Arr	Roos, Anabasis		Buch 1-3	34'480	2,24 Joh
Barnabasbrief	Barn	Wengst, Schriften II		vollständig	6'500	0,42 Joh
Corpus Hermeticum	CorpHerm	Nock/Festu-gière, Corpus		Traktate 1-17	18'300	1,19 Joh
Didache	Did	Wengst, Schriften II		vollständig	2'200	0,14 Joh
Diodor von Sizilien	Diod	Oldfather, Diodorus		Buch 1	31'000	2,01 Joh
Dion Chry-sostomus	DionChr	Budé, Ora-tiones		Rede 1-10	39'200	2,54 Joh
Dionysius von Halikarnass, Die Geschichte Roms	DionHal	Cary, Anti-quities		Buch 1-2,15	31'250	2,03 Joh
Epiktet, Diatriben	Epikt	Schenkl, Disserta-tiones		Buch 1-2	37'700	2,47 Joh
Aethiopisches Henochbuch (griech.)	äthHen	Black, Apo-kalypsis		vollständig	8'000	0,52 Joh

Autor/Titel	Ab- kürzung	Text- ausgabe	bes. Art d.Stellen- angabe	untersuchter Umfang	ungefährer Wortbe- stand	relativer Wortbe- stand
Hirt des Hermas	Herm	Whittaker, Väter I		griech. Text vollständig	27'000	1,75 Joh
Hierokles	Hier	v.Arnim, Hierokles			8'700 (total)	0,56 Joh (total)
Ethische Elementarlehre	El	v.Arnim, Hierokles	nach Kol. u.Zeile	vollständig	3'500	
Ethische Exzerpte	Exz	v.Arnim, Hierokles	n.Seite u. Zeile	vollständig	5'200	
Ignatius-Briefe	Ign	Fischer, Schriften I		vollständig	7'800	0,51 Joh
Joseph und Aseneth	JosAs	Burchard, Text		vollständig	12'900	0,84 Joh
Josephus Flavius, Der jüdische Krieg	Bell	Michel/ Bauernfeind, Flavius		Buch 1-2	54'500	3,53 Joh
Justin, Dialog mit dem Juden Tryphon	Iust	Goodspeed, Apologeten		Kap. 1-103	39'200	2,54 Joh
Klemens-Brief	1 Clem	Fischer, Schriften I		vollständig	9'950	0,65 Joh
Leben Aesops (Rezension G)	VitAis	Perry, Aesopica	nach Ab- schnitt u. Zeile des Abschn.	vollständig	17'200	1,11 Joh
Lukian von Samosata	Lukian	Mras, Hauptwerke	nach Ab- schnitt u. Zeile des Abschn.		23'575 (total)	1,53 Joh (total)
Der Traum oder Lukians Lebensg.	somn.	Mras, Hauptwerke		vollständig	1'780	

Autor/Titel	Ab-kürzung	Text-ausgabe	bes. Art d.Stellen-angabe	untersuchter Umfang	ungefährer Wortbe-stand	relativer Wortbe-stand
Wahre Ge-schichten	ver.hist.	Mras, Hauptwerke		vollständig	11'225	
Der Lügenfreund od. der Ungläubige	Philops	Mras, Hauptwerke		vollständig	6'420	
Das Lebensende des Peregrinus	Peregr	Mras, Hauptwerke		vollständig	4'150	
3. Buch der Makka-bäer	3 Makk	Hanhart, Liber		vollständig	5'250	0,34 Joh
Musonius Rufus	MusR	Lutz, Musonius	n.Seite u. Zeile	vollständig	10'935	0,71 Joh
Nikolaus v. Damaskus	Nikol	Jacoby, Frag. IIA	n.Seite u. Zeile		30'200 (total)	1,96 Joh (total)
Weltgeschichte		Jacoby, Frag. IIA		Frgm.1-16; 19-31; 34-36; 38f; 41; 43-68; 71-82; 92f; 95-102	16'440	
Völkersitten		Jacoby, Frag. IIA		Frgm. 103-124	1'610	
Leben des Augustus		Jacoby, Frag. IIA		Frgm. 125-130	10'500	
Autobiographie		Jacoby, Frag. IIA		Frgm. 133-139	1'650	
Oenomaus von Gadara, Fragm. aus "Entlarvung der Schwindler"	Oen	Mullachius Fragmenta	n.Seite u. Kol.	vollständig	8'260	0,54 Joh
Petrusevangelium	EvPetr	Vaganay, Evangile		Frgm. voll-ständig	1'170	0,08 Joh

Autor/Titel	Ab-kürzung	Text-ausgabe	bes. Art d.Stellen-angabe	untersuchter Umfang	ungefährer Wortbe-stand	relativer Wortbe-stand
Philodemus von Gadara	Philod				10'460 (total)	0,68 Joh (total)
Über Fröm-migkeit	Fr	Comperz, Philodem	n.Seite u.zeile	vollständig	6'400	
Über den Tod	Tod	Kuiper, Dood		vollständig	4'060	
Philo von Alexandrien	Philo	Cohn/Rei-ter, Opera			31'300 (total)	2,03 Joh (total)
Über das be-trachende Leben	VitCont	Cohn/Rei-ter, Opera		vollständig	4'630	
Gegen Flaccus	Flacc	Cohn/Rei-ter, Opera		vollständig	9'040	
Gesandtschaft an Caligula	LegGai	Cohn/Rei-ter, Opera		vollständig	17'620	
Plutarch, Parallel-biographien	Plut	Lindskog/ Ziegler, Plutarchus		Theseus u. Romulus (Thes/Rom), Solon u. Po-plicola (Sol/Popl)	33'230	2,15 Joh
Polemon von Laodizea, Dekla-mationen	Polem	Hinck, Declama-tiones		vollständig	6'000	0,39 Joh
Polykarp-Briefe	Polyk	Fischer Schriften I		vollständig	1'130	0,07 Joh
Susanna/Daniel/ Bel u. d. Drache (Übers.Theodo-tions)	Sus/Dan/	Rahlfs, Septua-ginta II		vollständig	12'350	0,80 Jh

Autor/Titel	Ab-kürzung	Text-ausgabe	bes. Art d.Stellen-angabe	untersuchter Umfang	ungefährer Wortbe-stand	relativer Wortbe-stand
Testament Abrahams (Rez. A)	TestAbr	James, Testament		vollständig	6'800	0,44 Joh
Testament der zwölf Patriarchen	TestXII	de Jonge, Testamenta		vollständig	20'000	1,30 Joh

5.2. Die Stilmerkmale des Johannesevangeliums erarbeitet und ausführlich dargestellt

5.2.1. Gruppe A der Stilmerkmale:

A 1 - A 26

A 1. οὖν narrativum

1.1. Auflistung

a. οὖν narrativum mit unmittelbar vorausgehendem verbum finitum

Joh 112+[3]: 1,22.39b; 2,18.20; 3,25; 4,5.9.28.33.46.48.52bis.53; 5,10.19; 6,10fin.11.13.21.28.30a.32.34.41.52.53.67; 7,3.6.15.16.25.28. 30.33.35.45.47;8,13.19.21.22.24.25.28.31.[41b].[52].57.59; 9,7c.10a.16.17.18.20.24.25.26;10,7.24.[39]; 11,3.12.16.21.36. 41.47.56; 12,2.7.9.17.28b.34.35; 13,6.24.27b; 16,17.18; 18,11. 16b.17.24.25b.28.29.31.33.37.40; 19,5.10.15.16b.21.24a.32. 38fin.40; 20,2.3.6.10.20b.21.25; 21,5.6c.7a.11.23

Lk 3: 3,7; 13,8; 19,12 / – / –

Apg 1: 15,27

Joh ist reich an Gegenbeispielen mit δέ statt οὖν und mit asyndetischen Satzanfängen. δέ ist zwar nicht einfach oder immer = οὖν; dieses ist aber häufig nicht die einzige Aussagemöglichkeit im Zusammenhang, vor allem, wenn es — wie meistens — nur den zeitlichen Ablauf anzeigt. δέ kann hier οὖν auch ersetzen.

b.   ... syntagmatisch verbunden mit einem Hauptwort (mit oder ohne Artikel);
das Hauptwort ist häufig ein Name. Als Modell diene: ὁ οὖν Ἰησοῦς;
Ἰησοῦς οὖν.

Joh 30+(2):   4,6b; 6,14.15.(60); 7,11.40.43; 9,8; 11.20.31.32.33.38.(45).53.
54; 12,1.3.19.29; 18,3.4.10.12.19; 19,13.20.23.26.29b.31;
21,7b

Lk 1:   20,29 / – / –

Apg 4:   2,30.33; 25,1; 26,22

In allen Fällen unter b. ist das οὖν in eine grammatisch und stilistisch enge
Verbindung (= syntagmatisch) am Satzanfang eingefügt. Joh 19,24fin wurde
ausgeschlossen, weil an dieser Stelle nicht οὖν allein steht, sondern als μὲν οὖν
auftritt, eine Verbindung, die ein Stilmerkmal der Apg ist. Sie findet sich dort
28mal, davon 19mal das Muster ὁ μὲν οὖν abwandelnd, mehrmals auch mit
Hauptwörtern verbunden. μὲν οὖν kommt sonst nur noch Mk 16,19; Lk 3,18;
Joh 19,24; 20,30 vor, ferner in den ntl. Briefen insgesamt 8mal.

c.   ... in der Verbindung πάλιν οὖν

Joh 4:   8,12; 9,15; 18,7.27

Ntl. sonst nicht mehr

d.   ... in der Verbindung ὅτε οὖν

Joh 9:   2,22; 4,45; 6,24; 13,12.31; 19,6.8.30; 21,15

Ntl. sonst nicht mehr

Tauschmöglichkeiten bieten das joh. Gegenbeispiel ὡς οὖν (unter e.) und das
ὅτε δέ (Apg 8mal).

e.   ... in der Verbindung ὡς οὖν

Joh 6:   4,1.40; 11,6; 18,6; 20,11; 21,9

Ntl. sonst nur noch Kol 2,6, aber mit anderer Bedeutung.

Das ὡς οὖν ist vertauschbar mit ὅτε οὖν, ausgenommen, wenn es mit einem
Imperfekt verbunden ist wie in 20,11.

1.2. Gesamtzahl des οὖν narrativum

Die unter a.-e. angeführten Fälle für das Vorkommen des joh. οὖν ergeben zusammengerechnet: 161 + (2) + [3].

1.3. Zur Erarbeitung dieses Merkmals

Kenner der älteren Liste der joh. Stilkennzeichen werden sich wundern, dass in der vorliegenden Auflistung das ehemalige οὖν historicum von Schweizer/Ruckstuhl eine Verwandlung erfahren hat. Im Anhang zum Neudruck des Werkes "Die literarische Einheit des Johannesevangeliums" (NTOA 3, 1987, 291-303) wurde dieses Merkmal aufgeteilt in ein οὖν narrativum historicum und ein οὖν narrativum connexivum.

Die Überprüfung dieser Aufteilung ergab, dass es in einer erheblichen Zahl von Fällen schwierig ist, aus dem οὖν-Vorkommen des Joh zunächst jene Stellen mit überwiegender Wahrscheinlichkeit auszuscheiden, an denen ein οὖν consecutivum vorliegt, ebenso schwierig aber auch, von den verbleibenden Stellen das οὖν narrativum connexivum abzutrennen.

So entschlossen wir uns, einen Weg zu wählen, der stilstatistisch mehr Sicherheit bietet. Wir trennten zunächst alle οὖν-Fälle als οὖν narrativa ab, die in erzählenden Abschnitten und Textstücken des Joh vorkommen, so dass der Rest dieser Fälle deutlich in Redestücken im strengen Sinn verblieb. Alle diese οὖν narrativa wurden dann rein stilistisch zusammengeordnet oder voneinander unterschieden und mit dieser ihrer Eigentümlichkeit dem Vergleich mit den einschlägigen Parallelen in den synopt. Evv. und der Apg unterzogen. Das Ergebnis war überraschend; es zeigte sich, dass auf diesem Weg der Unterschied zwischen Joh und den genannten Schriften überaus klar und zweifelsfrei in Erscheinung trat. Unvermeidlich war allerdings der Nachteil, dass so die inhaltliche Eigenart und Aussagekraft der joh. οὖν-Fälle nicht mehr zur Geltung kam.

1.4. *Ergebnis des hellenistischen Vergleichs*

Vorbemerkung
Wie hier wird auch zu allen folgenden Beschreibungen der Stilmerkmale aus den Gruppen A und B am Ende immer das Ergebnis des hellenistischen Vergleichs mit den Folgerungen für die Wertung des betreffenden Merkmals aufgeführt. Die Angaben zu den untersuchten Schriften erfolgen je in dreifacher Gliederung: 1. Abkürzung der Schrift/des Autors, 2. Vorkommen des Merkmals in absoluten Zahlen, nach einem Querstrich in der Relativzahl (Rz, bezogen auf die Länge des Jh), 3. Stellenangaben.

Zu a) οὖν narrativum mit unmittelbar vorausgehendem verbum finitum

In der untersuchten hellenistischen Literatur findet sich das Merkmal in folgenden Schriften:

ApkMos	1/Rz 3,4:	39
Barn	3/Rz 7,1:	12,2.6.9
DionChr	16/Rz 6,3:	1,53.70; 2,3; 4,14.51.61; 7,22.23.72bis.73. 74fin; 8,3bis; 9,11; 10,24fin
äthHen	1/Rz 1,9:	6,4
Herm	15/Rz 8,6:	9,4; 15,4; 18,7; 25,6; 46,2; (48,4); 63,3; 69,3; 73,5; 74,2; 81,5; 83,5; 87,2; 93,3.6; 94,1
Bell	1/Rz 0,3:	2,524
Iust	5/Rz 2,0:	2,5; 9,2; 56,8; 80,2; 87,5
VitAis	3/Rz 2,7:	16,6; 123,5f; 127,3
Lukian	8/Rz 5,2:	ver.hist. I 7,12; II 4,9; 20,12; Philops 12,5; 31,5; Peregr 5,7; 16,1; 44,5
Nikol	6/Rz 3,1:	345,1; 262,2.24; 382,25; 403,20f; 413,30
Oen	1/Rz 1,9:	(364b); (365a); 368a
EvPetr	2/Rz 26,4:	43; 49
Philo	1/Rz 0,5:	(Flacc 183); LegGai 156
Plut	7/Rz 3,2:	Thes 25,7; Rom 5,3; 12,5; 15,5; Sol 26,2; Popl 4,2; 7,5
TestAbr	6/Rz 13,6:	6; 9; 12; 16ter
TestXII	3/Rz 2,3:	TestJud 7,7; TestNaph 1,5; 6,7

Das Merkmal findet sich also bei 16 von 32 hellenistischen Autoren, wobei sich die Relativzahl zwischen 0,3-26,4 bewegt (von 2 Ausnahmen abgesehen immer deutlich unter Rz 10). Im NT tritt es ausserhalb des Joh nur im Lk (3mal) und in der Apg (1mal) auf. Diesem Befund stehen 112 Fälle des Joh gegenüber; die ausserordentliche Güte des Merkmals ist im statistischen Vergleich offensichtlich.

Zu b) ... syntagmatisch verbunden mit einem Hauptwort

In der untersuchten hellenistischen Literatur tritt das Merkmal in folgenden Schriften auf:

Arr		(II 27,6)
CorpHerm	1/Rz 0,8:	17
Diod		(I 8,5; 66,11)
DionChr	5/Rz 2,0:	4,15.16.19.27.49
DionHal		(I 32,3; 77,4)
äthHen	1/Rz 1,9:	8,4
Herm	1/Rz 0,6:	(3,3); 59,7; (74,2.5); (75,2); (79,3)
Iust	1/Rz 0,4:	49,3
1 Clem	1/Rz 1,5:	25,5; (44,3)
VitAis	1/Rz 0,9:	(21,11); (48,3); (49,1); (81,9); 100,4; (119,3)
Lukian	1/Rz 0,7:	ver.hist. I 6,1
MusR	1/Rz 1,4:	66,29
Nikol	3/Rz 1,5:	369,33; 376,9f; 418,25
Oen	1/Rz 1,9:	361b

Philo	1/Rz 0,5:	LegGai 221
Plut	1/Rz 0,5:	Popl 14,6
TestXII	3/Rz 2,3:	TestGad 1,4; TestJos 8,2; TestBenj 1,3

Das Merkmal findet sich bei 14(17) von 32 hellenistischen Autoren, die Relativzahl bewegt sich zwischen 0,4-2,3. Im NT tritt es ausserhalb des Joh 1mal im Lk und 4mal in der Apg auf. Diesen kleinen Zahlen stehen 30 Fälle des Joh gegenüber, was die ausgezeichnete Qualität des Merkmals statistisch belegt.

Zu c) ... in der Verbindung πάλιν οὖν

In der untersuchten hellenistischen Literatur kommt das Merkmal nur in einer Schrift vor:

| DionChr | 2/Rz 0,8: | 7,39fin.43fin |

Das Merkmal ist bei den übrigen 31 untersuchten Autoren nicht belegt, im restlichen NT ebensowenig. Die 4 Stellen im Joh ragen vergleichsweise sehr deutlich heraus.

Zu d) ... in der Verbindung ὅτε οὖν

In der untersuchten hellenistischen Literatur findet sich das Merkmal nur in 2(3) Schriften:

Barn		(6,1)
Herm	4/Rz 2,3:	4,1; 16,1; 18,1; 78,2
TestXII	3/Rz 2,3:	TestLev 11,1; TestIss 3,1; TestBenj 2,1

Das Merkmal ist in den übrigen untersuchten Schriften nicht belegt, im restlichen NT auch nicht, im Joh dagegen 9mal. Dies ist statistisch sehr günstig und bestärkt die hervorragende Güte des Merkmals.

Zu e) ... in der Verbindung ὡς οὖν

In der untersuchten hellenistischen Literatur kommt das Merkmal nur bei 3(4) Autoren vor:

Arr		(II 14,8)
DionChr	1/Rz 0,4:	7,10
Plut	2/Rz 0,9:	Rom 29,8; Popl 5,1
TestXII	2/Rz 1,5:	TestJos 8,3.5

Hier bewegt sich die Relativzahl zwischen 0,4-1,5. Das ist im statistischen Vergleich mit 6 Vorkommen im Joh für unser Merkmal sehr günstig und wird noch durch das Fehlen bei 29(28) weiteren hellenistischen Autoren wie auch im übrigen NT bestärkt.

A 2. ἀπεκρίθη (asyndetisch / οὖν) (αὐτῷ / αὐτοῖς) ([ὁ] Ἰησοῦς / andere Namen / Hauptwort oder Ersatzfürwort) zur Einleitung direkter Rede

Joh 40: 1,49; 3,5; 5,7; 6,7.68.70; 7,20.46.47; 8,19.34.49.54; 9,3.11.25.27; 10,25.32.33.34; 11,9; 12,34; 13,26.36.38; 16,31; 18,5. 8.20.23.34. 35.36.37; 19,7.11.15.22; 21,5

Hier sind Einleitungen zur direkten Rede beginnend mit ἀποκρίνομαι in der 3. Person Einzahl oder Mehrzahl (finite Form) ohne ein weiteres verbum dicendi und ohne ὅτι recitativum zusammengestellt, die allenfalls durch ein pronomen personale im Dativ und/oder ein ausdrückliches Subjekt ergänzt werden. Mit diesen Ergänzungen ist die Abfolge immer Verb-Objekt-Subjekt.

Das Merkmal zeugt von einer grossen Regelmässigkeit von 40 Einleitungen zur direkten Rede im Joh, die im übrigen NT keine Entsprechung haben. Dort finden sich zwar eine Reihe von analogen Fällen von ἀποκρίνομαι ohne ein weiteres verbum dicendi vor einer direkten Rede; sie weichen aber in anderen Teilen von den Beispielen im Joh ab und verweisen darin auf sprachliche Tauschformen; man/frau vgl. dazu Mk 8,4; 9,17; 12,29; Lk 4,4; 8,50; Apg 3,12; 5,8; 9,13; 10,46; 11,9; 21,13; 22,28; 24,10.25; 25,12; im Joh 1,21; 5,11.17; 8,33; 13,8.

Ausserdem ist die sprachliche Bildung deutlich von ἀπεκρίθη (asyndetisch/ οὖν) καὶ εἶπεν (+ analoge finite Formen) (M A 3) zu unterscheiden. Sie trifft sich teils mit dem Asyndeton epicum (M A 7a.b), hat aber darüber hinaus ihr eigenes Gewicht.

Ergebnis des hellenistischen Vergleichs
In der untersuchten hellenistischen Literatur findet sich das Merkmal in folgenden Schriften:

ApkMos	1/Rz 3,4:	17
äthHen	1/Rz 1,9:	6,4
Bell	1/Rz 0,3:	1,653
Nikol	1/Rz 0,5:	348,8

Das Merkmal ist bei 32 untersuchten Autoren nur bei 4 Vertretern belegt, die Relativzahl bewegt sich zwischen 0,3-3,4. Im NT findet es sich nur im Joh, hier insgesamt 40mal. Die vergleichende Statistik ist ausgezeichnet.

A 3. ἀπεκρίθη (asyndetisch / οὖν) καὶ εἶπεν (+ analoge finite Formen) zur Einleitung direkter Rede[1]

Joh 30: 1,48b.50; 2,18.19; 3,3.9.10.27; 4,10.13.17; 5,19; 6,26.29.43; 7,16.21.52; 8,14.39.48; 9,20.30.34.36; 12,30; 13,7; 14,23; 18,30; 20,28

---

[1] Vgl. Boismard/Lamouille, Joh 500 (B 6)

Wie unter A 2 sind hier Redeeinleitungen angeführt mit ἀποκρίνομαι in der 3. Person Einzahl oder Mehrzahl, fast immer im Aorist und mit der Fortsetzung καὶ εἶπεν / εἶπαν, ohne ὅτι recitativum, häufig auch hier mit Ergänzungen, aber in verschiedener Satzstellung.

Dieses Stilmerkmal tritt dem synopt. sehr häufigen ἀποκριθεὶς εἶπεν gegenüber. Die Mehrzahl der Fälle ist asyndetisch und trifft sich darin zum Teil mit M A 7b; von den aufgelisteten Fällen sind je mit οὖν syndetisch 2,18; 5,19; 7,16; 9,20. Joh. Gegenbeispiele, die andere Gestaltungsmöglichkeiten anzeigen, sind: (καὶ) ἀπεκρίθη, (καὶ) λέγει, λέγει οὖν, καὶ εἶπεν, εἶπαν οὖν, οἱ δὲ εἶπαν und entsprechende finite Formen.

Ergebnis des hellenistischen Vergleichs
In der untersuchten hellenistischen Literatur findet sich das Merkmal nur in einer Schrift:

SusDanBel   4/Rz 5,0:   Dan 2,5.7.8; 4,30

Der Relativzahl 5,0 in SusDanBel stehen im Joh 30 Fälle gegenüber. Das Merkmal ist bei allen anderen hellenistischen Autoren und im übrigen NT nicht belegt. Die vergleichende Statistik macht die hervorragende Güte des Merkmals deutlich.

A 4. λέγει/λέγουσιν (nur 3. Person Gegenwart) (asyndetisch/ οὖν) + Dativobjekt + Satzgegenstand; zur Einleitung direkter Rede

Joh 47+ (2)+[3]:   1,46.48; 2,[4].7; ; 4,7.9.[11].17.19.21.25.26.34.50; 5,8;
6,8; 7,6; 8,39; 11,8.23.24.39b.40.44; 13,8.9.10.27.(29).
36.37; 14,5.6.8.9.22; 18,17.38; 19,6.10.15; 20,15.16.
17.29; 21,3.5.10.12.(15).[17fin].22

Mt 8:   18,22; 19,10.20; 21,31c.42; 26,35.64; 27,22 / − / −

Lk 1:   22,11 / − / −

Diese Verbindung zur Einleitung einer direkten Rede ist im Joh meist asyndetisch, in einigen Fällen mit einem οὖν verbunden (so Joh 4,9; 7,6; 13,27; 18,17; 19,10; 21,5). Zwei Fälle mit καί (Joh 1,43; 20,13) werden nicht gezählt, da sie im Joh in dieser Verbindung eine Ausnahme darstellen, für das Mk und Mt dagegen kennzeichnender sind (Mk [13,1]; 14,[12].27.30; Mt 8,4.20; 9,28b; 15,33.34). Im Mt findet sich die Verbindung ausserdem noch mehrfach mit τότε (Mt 4,10; 26,31.52; 27,13; 28,10), was so weder im Joh noch bei den anderen Synoptikern zu finden ist.

Die Einleitungsformel zur direkten Rede könnte ausserdem noch vielfach abgewandelt werden.

Die Verwendung des Präsens historicum deckt sich mit der Neigung des Joh zu dieser Zeitform. Da das historische Präsens im kürzeren Mk aber fast ebenso häufig ist[2], treten die so verwendeten 47 Vorkommen im Joh gegenüber 0 (4 mit καί) im Mk überdeutlich hervor.

Zu beachten ist ausserdem, dass nach dieser Redeeinleitung Jesus im Joh 9mal mit κύριε angesprochen wird: Joh 4,11.19; 11,39; 13,9.36.37; 14,5.8.22.[3]

Ergebnis des hellenistischen Vergleichs
In der verglichenen hellenistischen Literatur findet sich das Merkmal in 3 Schriften:

ApkMos	7/Rz 23,5:	6bis; 9; 16bis; 23; (31); 36
Herm	3/Rz 1,7;	67,4; (68,6); (86,6); 87,4; 88,1
TestAbr	4/Rz 9,1:	7; 16; 17bis

Bei den restlichen 29 beigezogenen Autoren findet sich das Merkmal nicht. ApkMos ergibt zwar die beachtliche Relativzahl von 23,5; sie beruht allerdings auf der vergleichbar kurzen Schrift mit 7 Vorkommen. Die anderen sowie die ntl. Vergleichszahlen sind gegenüber 47 Belegen im Joh alle unter 10. Das Merkmal darf im statistischen Vergleich als sehr gut bezeichnet werden.

A 5. μή (fragend) καί + pron. pers.[4]

Joh 7:   6,67; 7,47.52; 9,27.40; 18,17.25

Diese Verbindung am Beginn eines Fragesatzes findet sich im NT nur im Joh. Sie liegt in der Linie der Vorliebe dieser Schrift zur Setzung des Personalpronomens.

In der Frage an Petrus wird sie 2mal fast gleichlautend erweitert: μή καί σύ ἐκ τῶν μαθητῶν (αὐτοῦ) εἶ (18,17.25); man/frau vgl. dazu auch 9,27, wo ebenfalls das Thema der Jüngerschaft angesprochen wird, allerdings polemisch an die Pharisäer gerichtet.

Ergebnis des hellenistischen Vergleichs
Zu diesem Merkmal haben wir in der untersuchten hellenistischen Literatur keinen Beleg gefunden. Auch im NT tritt es ausserhalb des Joh nicht auf. Dies macht die ausserordentliche Bedeutung und das Gewicht der 7 Stellen im Joh deutlich.

A 6. Eigenname verbunden mit οὖν + Partizip + finites Verb[5]

Joh 11:   4,6; 6,15; 11,32.38; 12,3; 18,3.4.10; 19,13.26; 21,7b

---

[2] Die Präsens-historicum-Zahlen lauten nach Hawkins: Joh 162, Mk 151, Mt 78, Lk 4, Apg 13; vgl. dazu Dschulnigg, Sprache 17.

[3] Von Boismard/Lamouille, Joh 493 (A 20) als eigenes Merkmal erhoben.

[4] Zum Merkmal vgl. Boismard/Lamouille, Joh 494 (A 37).

[5] Zum Merkmal vgl. Boismard/Lamouille, Joh 496 (A 80), die aber nur die 4 Fälle mit Jesus als Subjekt nach dem Modell: Ἰησοῦς οὖν + Partizip + finites Verb anführen (Joh 6,15; 11,38; 18,4; 19,26). Sachgerechter müssen die analogen Fälle mitaufgenommen werden.

Apg 1: 25,1

Diese Verbindung findet sich auffallend 11mal im Joh. 6 Fälle bieten am Anfang den Eigennamen ohne Artikel mit folgendem οὖν (6,15; 11,38; 18,4.10; 19,26; 21,7b), 5 stellen den Artikel voran nach dem Modell ὁ οὖν ᾽Ιησοῦς.. (4,6; 11,32; 12,3; 18,3; 19,13). Die Verbindung ist dem auffallend häufig belegten οὖν narrativum im Joh beizuordnen, muss aber darüber hinaus als Erweiterung eigens gewertet werden.

Zu sprachlichen Tauschmöglichkeiten vgl. man eine Formulierung mit Spitzenstellung des Partizips (Joh 11,17) oder mit Vermeidung der Partizipial-konstruktion (Joh 11,20.33).

Ergebnis des hellenistischen Vergleichs
In der untersuchten hellenistischen Literatur findet sich das Merkmal nur bei zwei Verfassern:

DionChr	2/Rz 0,8:	4,16.19
VitAis	1/Rz 0,9:	100,4f

Die Relativzahl bleibt je unter 1. 30 weitere hellenistische Verfasser liefern keinen Beleg; im NT liegt nur noch 1 Fall in der Apg vor. Die Güte des Merkmals im Joh mit 11 Vorkommen ist im Vergleich ausgezeichnet.

A 7. Asyndeton epicum

a. Joh 38: 1,39fin.40.42.45.47; 2,17; 4,6c.7.30.50b; 5,12.15; 6,23; 7,32.41; 8,27; 9,9bis.13.35.40; 10,21.22b; 11,35.44; 12,22bis. 29b; 13,22.23; 16,19; 18,25c; 19,29; 20,18.26b; 21,3c.13.17b

Mk 1: 14,19 / –

Mt 3: 13,24.31.33 / – / –

Lk 1 +(1): 18,(10).11 / – / –

b. Joh 64: 1,26.48b.49.50; 2,19; 3,3.5.9.10.27; 4,10.13.17; 5,7; 6,7.26.29. 43.68.70; 7,20.21.46.52; 8,14.19b.33.34.39.48.49. 54; 9,3.27.30.34; 10,25. 32.33.34; 11,9; 12,30; 13,7.8b.26.36b. 38; 14,23; 16,31; 18,5.8.20.23.30. 34.35.36.37b; 19,7.11.15c. 22; 20,28; 21,5b

Mk 1: 12,29 / –

Gesamtzahl der joh. Fälle: 102

Unter a. wurden die Fälle angeführt, die der ursprünglichen Liste Schweizer-Ruckstuhl entsprechen. Unter b. folgen die zahlreichen Fälle, wo syntaktisch selbständige Redeeinleitungen asyndetisch mit einer finiten Form von ἀπο-κρίνομαι oder mit der Formel ἀπεκρίθη καὶ εἶπεν oder analog dazu beginnen.

Diese asyndetischen Formen und Formeln haben nämlich ausser Mk 12,29 keine Parallele in den vergleichbaren ntl. Schriften. Sie bilden damit einen wesentlichen Bestandteil unseres Stilmerkmals. Das ἀπεκρίθη καὶ εἶπεν haben wir übrigens unter einer anderen Rücksicht schon weiter oben in diese Gruppe unserer Liste eingereiht (A 3).

Alle Fälle, in denen das Asyndeton abgeschwächt ist durch ein vorlaufendes Mittelwort oder ein νῦν, οὗτος, ἐκεῖνος, ὑμεῖς oder andere Wörter, die den vorausgehenden Satz deutlich weiterführen, wurden vorsichtigerweise nicht gezählt, ebensowenig die geläufigen Asyndeta mit ἔφη, λέγει u.ä.

Für eine abweichende Gestaltung der Beispiele aus Joh standen verschiedene Bindewörter wie καί, γάρ, δέ, οὖν zur Verfügung.

Ergebnis des hellenistischen Vergleichs
In der untersuchten hellenistischen Literatur findet sich das Asyndeton epicum bei folgenden Autoren:

ApkMos	2/Rz 6,7:	14; 17
CorpHerm		(4,4)
Epikt	10/Rz 4,0:	I 1,(26).28; 2,25.(30); 11,15; 18,15bis; 19,(19).24.(26); (25,8); 28,22; II (12,5); 15,5; 22,23.33
äthHen	10/Rz 19,3:	8,3; 13,7fin; 14,4.13bis.14; 15,9; 18,6; 22,5; 106,1
Herm	17/Rz 9,7:	3,3; 8,2bis; 9,3; 22,2.9; 25,3; 67,6; 68,8bis; 70,2.4.6; 71,1; 80,1; 86,3; 87,6
Ign		(IgnSm 10,1)
Bell	8/Rz 2,3:	1,88.488.506.510.513.648.655; 2,97
Iust	1/Rz 0,4:	3,2
1 Clem		(2,4.5.6.7.8; 3,1; 7,6.7; 9,4; 10,1; 17,5; 29,2; 31,3.4; 35,8; 51,5; 55,4)
VitAis	30/Rz 26,9:	29,10.15.26; 38,7; 40,1.5; 45,9; 47,9f; 50,1; 51,7; 52,7.11.12; 53,10; 54,9.11.13f; 60,3; 62,5bis. 6.12; 64,1; 65,5; (67,3); 77,10; (78,5bis); 83,7bis; 92,1f; 106,3; 136,6
Lukian	7/Rz 4,6:	ver.hist. II 25,2; Philops 7fin; 8,3; Peregr 11,4; 28,4f; 35,12; 45,7
3 Makk	3/Rz 8,8:	2,27bis; 5,29
Nikol	3/Rz 1,5:	348,8; 357,34; 404,23
EvPetr		(9;56)
Philo	8/Rz 3,9:	Flacc 3; 36; (55; 76); 108; (162; 174bis); 177; LegGai 62; 81; 153; 156
Polem	1/Rz 2,6:	(A 30); B 37
SusDanBel	11/Rz 13,7:	Dan 2,5.7.8; 4,30; 5,14; 7,4b.8.9.10fin.15; 8,4
TestXII	11/Rz 8,5:	TestSim 2,3; TestLev 6,3; 12,7; TestJud 1,4; 3,3; 9,1; 10,4; TestSeb 6,1.7; 9,5; TestJos 4,2

Das Asyndeton epicum liegt vergleichbar bei 14 Autoren der untersuchten hellenistischen Literatur mit einer Relativzahl zwischen 0,4-26,9 vor, bei weiteren 18 Autoren fehlt es derart, und im NT ist es ausserhalb des Joh selten. Im Joh liegen dagegen insgesamt 102 Fälle vor. Der statistische Vergleich erweist das Merkmal als sehr gut.

A 8. καθὼς ..., καί (= οὕτως)[6]

Joh 6:   6,57; 13,15.33; 15,9; 17,18; 20,21

1 Joh 3:   2,6.18; 4,17

Zu Lk 6,31, das wir nicht zählen, vgl. N[26] und United Bible Societies' Greek New Testament. Das Merkmal kommt nur in Redestücken vor. Als Tauschmöglichkeiten bieten sich die joh. Gegenbeispiele καθὼς..., οὕτως... (Joh 3,14; 12,50; 14,31; 15,4) und ὥσπερ..., οὕτως (Joh 5,21.26) an.

Ergebnis des hellenistischen Vergleichs
Das Merkmal ist bei den 32 untersuchten hellenistischen Schriftstellern nicht belegt, im NT ausserhalb des joh. Schrifttums ebensowenig. Die 6 Vorkommen im Joh werden damit zu Gütezeichen unseres Merkmals. Zusammen mit den 3 Belegen im 1 Joh und anderen sprachlichen Gemeinsamkeiten verweisen sie auf denselben Verfasser.

A 9. ὁ ἐλθών / οἱ ἐλθόντες als Attribut[7]

Joh 5:   7,50; 11,45; 12,12; 19,39; 20,8

1 Joh (1):   (5,6); hier als Aussagenomen

Diese Formulierung findet sich ntl. nur im joh. Schrifttum. Sie dient im Joh je dem Verweis auf früher Erzähltes.[8] Eine finite Fassung des Verbs wäre ebenso möglich.
2mal bezieht sich ὁ ἐλθών auf Nikodemus (7,50; 19,39), dessen früher erwähntes Kommen zu Jesus erinnert wird (3,1f). Dadurch wird das dreimalige Auftreten dieses Sympathisanten Jesu aus dem Kreis der Pharisäer bewusst miteinander verbunden, was als deutliches Zeichen eines übergreifenden Gestaltungswillens zu werten ist. Zugleich wird die Bedeutung des Nikodemus im Joh herausgehoben.

Ergebnis des hellenistischen Vergleichs
Das Merkmal war in der untersuchten hellenistischen Literatur nicht zu finden; auch im NT ist es ausserhalb des joh. Schrifttums nicht zu verzeichnen. Die 5 Fälle im Joh ragen deswegen beachtlich heraus. Auch der analoge Fall in 1 Joh 5,6 ist so noch von einer gewissen Bedeutung.

---

[6] Vgl. Boismard/Lamouille, Joh 494 (A 35), die aber das Merkmal anders umschreiben.

[7] Zum Merkmal vgl. Boismard/Lamouille, Joh 494 (A 47).

[8] Vgl. dazu Neirynck, Jean 53 zu Nr. 145.

A 10. οὖν ... καί + finites Verb ... καί + finites Verb (bei gleichem Satzgegenstand[9]

Joh 10 (12):   1,39; 4,28; 9,7; (11,33f); [13,12]; 18,10.12f.16.33; 20,2.6.8

Off 2:   2,5; 3,3

Diese Verbindung ist so im NT fast nur im Joh zu finden. Während ein 1maliges καί nach οὖν öfter vorkommt, ist ein doppeltes καί bei gleichem Satzgegenstand kaum zu finden. In die Nähe unseres Merkmals ist nur noch Eph 6,14f zu stellen. — Die Bildung ist im Joh dem sehr häufigen οὖν narrativum zuzuordnen, kann aber darüber hinaus als Erweiterung eigens gewertet werden.

Ergebnis des hellenistischen Vergleichs
In der untersuchten hellenistischen Literatur findet sich das Merkmal in folgenden Schriften:

Barn	1/Rz 2,4:	12,6
Herm	3/Rz 1,7:	1,3; 9,4; (48,4); 84,1
1 Clem	1/Rz 1,5:	33,6
Lukian	1/Rz 0,7:	somn. 4,1-3
Nikol	1/Rz 0,5:	362,2f
Plut	2/Rz 0,9:	(Thes 35,5); Rom 8,6; Sol 26,2; (Popl 2,1)
TestAbr	2/Rz 4,5:	4; 9

Das Merkmal ist bei 7 von 32 untersuchten hellenistischen Autoren mit einer Relativzahl zwischen 0,5-4,5 belegt. Im übrigen NT findet es sich nur noch 2mal in der Offb. Die 10 Fälle im Joh ragen statistisch im Vergleich deutlich heraus.

A 11. Nachgestelltes pron. poss. mit Artikel (ἡ χαρὰ ἡ ἐμή)

Joh 29:   3,29fin; 5,30bis; 6,38; 7,6bis; 8,16.17.31b.37fin.43bis.56; 10,26.27; 12,26; 14,15.27; 15,9fin.11.12; 17,13.17b.24; 18,35. 36quater

1 Joh 1:   1,3

Dieses Stilmerkmal kommt — ausser 1 Joh 1,3 (mit ἡμέτερος) — nur im Joh vor, und zwar 25mal mit ἐμός, 2mal mit σός (17,17; 18,35) und 2mal mit ὑμέτερος (7,6b; 8,17). Alle Stellen stammen aus Redestücken und finden sich mit 2 Ausnahmen nur in Aussagen Jesu. Der Ausdruck ἡ χαρὰ ἡ ἐμή wird nämlich 1mal dem Täufer in den Mund gelegt (3,29), während Pilatus in 18,35 Jesus vorhält: τὸ ἔθνος τὸ σόν und die Hohenpriester haben dich mir ausgeliefert.

---

[9] Zum Merkmal vgl. Boismard/Lamouille, Joh 492 (A 13) und die Bemerkung von Neirynck, Jean 60 (Nr. 295): "L'emploi de οὖν y est combiné avec la construction paratactique."

An den 3 Stellen 1,41; 5,43b; 7,18 wird auch ἴδιος mit Artikel einem Hauptwort nachgestellt. Es steht statt ἑαυτοῦ und dürfte in dieser syntagmatischen Verbindung an den mit unserem Stilmerkmal vorliegenden Sprachgebrauch anschliessen. Wir zählen es aber nicht mit, da es ntl. auch noch Apg 1,25; 20,28 vorkommt, und zwar ebenso hervorhebend wie Joh 5,43; 7,18.

Ergebnis des hellenistischen Vergleichs
In der untersuchten hellenistischen Literatur findet sich das Merkmal in folgenden Schriften:

ApkMos	2/Rz 6,7:	22,31
CorpHerm	8/Rz 6,7:	1,16; 13,5.18.19.20bis.21.22
DionChr		(1,42)
Epikt	3/Rz 1,2:	I 9,4.24; 14,5; (17,28)
Herm	1/Rz 0,6:	101,4
Bell	1/Rz 0,3:	1,627; (2,116)
Iust	3/Rz 1,2:	47,3; 64,3; 82,4
Lukian	2/Rz 1,3:	ver.hist. I 12,9; II 25,12
MusR	2/Rz 2,8:	104,28f.30
Nikol	2/Rz 1,0:	332,24; 348,12
Philod	1/Rz 1,5:	Fr 17,15f
Philo	2/Rz 1,0:	Flacc 123; LegGai 355
Polem	1/Rz 2,6:	B 62

Das Merkmal findet sich bei 12(13) von 32 untersuchten Autoren mit einer Relativzahl zwischen 0,3-6,7. Ausserdem ist es im NT nur im joh. Schrifttum belegt. Die 29 Belege des Joh ragen im statistischen Vergleich ganz deutlich hervor und belegen die Güte des Sprachmerkmals. Der eine Fall im vergleichbar kurzen 1 Joh weist zusammen mit anderen Gemeinsamkeiten in die Richtung desselben Verfassers.

A 12. παρρησίᾳ im Dativ ohne Präposition, Artikel und Attribut[10]

Joh 7:   7,13.26; 10,24; 11,14.54; 16,25; 18,20

Mk 1:   8,32 / –

Das Gewicht dieses Merkmals wird erhöht durch die 2 Gegenbeispiele mit ἐν in Joh 7,4; 16,29, denen Eph 6,19; Kol 2,15 entsprechen. In Apg 2,29; 4,29.31; 28,31; Hebr 4,16 kommt auch μετὰ παρρησίας vor. In Apg 4,29; 28,31 wird diese Wendung durch πᾶσα verstärkt; so auch ein ἐν παρρησίᾳ in Phil 1,20.

Ergebnis des hellenistischen Vergleichs
In der untersuchten hellenistischen Literatur findet sich das Merkmal nur in 1 Schrift:

---

[10] Vgl. Boismard/Lamouille, Joh 501 (B 21)

JosAs   1/Rz 1,2:   17,9

Bei 31 weiteren Autoren war kein Fall zu verzeichnen. Im NT steht ein weiterer Beleg im Mk allein neben 7 Vorkommen im Joh. Die vergleichende Statistik ist für unser Merkmal ausgezeichnet.

A 13. Σίμων Πέτρος[11]

Joh 17:   1,40; 6,8.68; 13,6.9.24.36; 18,10.15.25; 20,2.6; 21,2.3.7.11.15

Mt 1:   16,16 / – / –

Lk 1:   5,8 / – / –

2 Petr (1):   (1,1 Συμεὼν Πέτρος)

Die Kraft dieses Merkmals wird verstärkt durch die joh. Verwendung der anderen Namen für Σίμων Πέτρος: Σίμων (1,41.42), Κηφᾶς (1,42), Σίμων Ἰωάννου (3mal: 21,15-17) und Πέτρος (17mal) wie auch durch sein seltenes Vorkommen im übrigen NT, wo der Träger des Namens häufig nur Σίμων oder Πέτρος oder Κηφᾶς genannt wird.

Ergebnis des hellenistischen Vergleichs
In der untersuchten hellenistischen Literatur findet sich das Merkmal nur im:

EvPetr   1/Rz 13,2:   60

Bei 31 anderen untersuchten Autoren ist es nicht belegt, im NT ausserhalb des Joh nur je 1mal im Mt und Lk. Die 17 Vorkommen im Joh ragen statistisch sehr deutlich heraus. Das Sprachmerkmal erweist sich so als sehr gut, was zusätzlich verstärkt wird durch die Annahme der Abhängigkeit der Stelle EvPetr 60 von Joh 21,2f (vgl. 5.3. Exkurs: Sprachmerkmale im EvPetr).

A 14. ἵνα + ὅτι epexegeticum[12]

Die Fälle finden sich in folgenden syntagmatischen Verbindungen:

---

[11] Vgl. Boismard/Lamouille, Joh 501 (B 32). Siehe auch Ruckstuhl, Sprache und Stil im joh. Schrifttum, in: Einheit 317.

[12] Vgl. Boismard/Lamouille, Joh 492 (A 6); 503 (B 60). Hier werden noch weitere Fälle aus dem joh. Schrifttum und Analogien aus dem übrigen NT aufgezählt, die wir ausgeschlossen haben, weil sie entweder nicht epexegetisch, sondern final sind oder in anderer Hinsicht unserer Abgrenzung nicht entsprechen, wie z.B. die Fälle 1 Joh 2,25; 5,4, wo der epexegetische ἵνα-Satz je durch ein Hauptwort ersetzt ist. Solche Fälle zeigen immerhin, wie stark verwurzelt das epexegetische Denken des Urhebers solcher Sätze und unseres Merkmals ist.

a. οὗτός ἐστιν ..., ἵνα (ὅτι)

Joh 6:   3,19; 6,29.39.40.50; 17,3

Johbr. 6: 1 Joh 1,5; 5,3.9b.11.14; 2 Joh 6a

b. ἐν τούτῳ ..., ἵνα (ὅτι)

Joh 3:   4,37; 9,30; 15,8

1 Joh 6:   3,16; 4,9.10a.10b.13 (ὅτι epex. an 2. Stelle).17

c. analoge Fälle, der gleichen Denkstruktur einzuordnen:

Joh 5:   4,34; 13,35 (ἐάν); 15,13; 16,19b; 18,39

Johbr 4:   1 Joh 2,3 (ἐάν); 3,1a; 5,2 (ὅταν); 3 Joh 4

Gesamtzahl der Fälle im Joh: 14

In 12 von diesen 14 Fällen geht es um einen Nebensatz, abhängig von einem hinweisenden Fürwort, der einen vorausgehenden Ausdruck (meistens ein Hauptwort) erklärt und inhaltlich füllt. In 4,34 fehlt ein solches Fürwort; es ist aber in der einleitenden Wendung: ἐμὸν βρῶμά ἐστιν sachlich eingeschlossen; ähnlich auch in 18,39. Mit einer Ausnahme (13,35) wird der erklärende Nebensatz durch ἵνα oder ὅτι eingeleitet. Das einleitende ἐάν in 13,35 ersetzt ein ἵνα und hebt so die Voraussetzung hervor, die es ermöglicht, die Jünger Jesu zu erkennen.

Ausgeschlossen wurden ähnliche Satzgefüge, deren ἵνα aber nicht epexegetisch, sondern folgernd, final oder auffordernd zu verstehen ist.

Ausserjoh. sind Lk 1,43; Röm 5,8; 1 Kor 9,18 vergleichbar, aber weniger deutlich als die joh. Fälle.

Blass/Debrunner/Rehkopf, Grammatik 394 verweist auf den epexegetischen Infinitiv als sprachliche Tauschmöglichkeit.

Ergebnis des hellenistischen Vergleichs
In der untersuchten hellenistischen Literatur findet sich das Merkmal in folgenden Schriften:

ApkMos	2/Rz 6,7:	18; 20
Barn		(6,18fin)
CorpHerm	2/Rz 1,7:	(6,3.6); 9,1; 11,13
Diod	1/Rz 0,5:	I 24,5
DionChr	3/Rz 1,2:	1,63; 2,65; 4,16
Epikt	1/Rz 0,4:	II (5,16); 11,18
Herm	2/Rz 1,1:	55,8; 105,4

Iust	1/Rz 0,4:	44,4b
VitAis	1/Rz 0,9:	50,8; (91,5)
Philod		(Tod XIV; XVII)
Philo		(LegGai 80)
TestAbr	1/Rz 2,3:	(18); 18
TestXII	2/Rz 1,5:	TestJud 14,7; TestDan 1,8

Das Merkmal ist bei 10(13) von 32 untersuchten Autoren mit einer Relativzahl zwischen 0,4-6,7 belegt, mit der Ausnahme von ApkMos sogar nur zwischen 0,4-2,3. Im NT findet es sich demgegenüber allein im Joh 14mal, wozu noch 16 Stellen in 1-3 Joh kommen. Der statistische Vergleich macht die sehr gute Qualität des Sprachmerkmals deutlich und bestärkt zusammen mit anderen Gemeinsamkeiten die Annahme desselben Verfassers von Joh und 1-3 Joh.

A 15. ἐκεῖνος / κἀκεῖνος als Wiederaufnahme des vorausgehenden Satzgegenstands[13]

Joh 12:   1,18.33; 5,11.37; 6,57; 9,37; 10,1; 12,48; 14,12.21.26; 15,26

2 Kor 1:   10,18

Das joh. Merkmal steht immer im Nennfall der Einzahl und ausschliesslich in der männlichen Form. Mit einer Ausnahme — 12,48 — ist es immer personal gebraucht; aber auch die Ausnahme hat einen persönlichen Klang. Die Wiederaufnahme des vorausgehenden Satzgegenstands, der mit dem wiederaufnehmenden ἐκεῖνος κἀκεῖνος zusammen syntaktisch immer einen einzigen Hauptsatz bildet, hebt den Satzgegenstand jeweils auffällig hervor und verdeutlicht ihn. Mk 7,20 par. Mt 15,18 können nur als analoge Fälle gelten, nicht als Parallelen im strengen Sinn, weil sie nicht allen hier gemachten Voraussetzungen entsprechen. Eigentliche Parallelen kommen auch im untersuchten hellenistischen Schrifttum nicht vor.

2mal wird in unseren Vorkommen κἀκεῖνος verwendet (Joh 6,57; 14,12; vgl. Mt 15,18); je 2mal finden sich die folgenden Erweiterungen: ἐκεῖνός μοι εἶπεν (1,33; 5,11); ἐκεῖνος μεμαρτύρηκεν (μαρτυρήσει) περὶ ἐμοῦ(5,37; 15,26). Alle joh. Vorkommen unseres Merkmals ausser 6,57; 14,12 (= κἀκεῖνος) und 12,48 (=apersonal) werden auch in M B 1 mitgezählt.

Ergebnis des hellenistischen Vergleichs
Das Merkmal ist bei den 32 untersuchten hellenistischen Schriftstellern nicht belegt. Im NT liegen 12 Stellen im Joh, daneben nur noch eine im 2 Kor vor. Es hebt sich damit im Joh statistisch hervorragend ab.

---

13 Zum Merkmal vgl. Boismard/Lamouille, Joh 501 (B 33), die ἐκεῖνος als supportant un casus pendens umschreiben, Joh 15,26 aber nicht verzeichnen.

A 16. ἔρχομαι ἵνα (final)[14]

Joh 15:   1,7.31; 3,20.21; 5,40; 6,15; 9,39; 10,10bis; 11,19; 12,9.46.47bis;
           18,37

Mk 2:   4,21bis / –

Apg 1:   9,21

Röm 1:   1,13

2 Kor 1:   1,15

Diese Verbindung zur Zweckangabe des Kommens ist für das Joh statistisch sehr günstig; sie hängt auch mit dessen Vorliebe für den Gebrauch von ἵνα überhaupt zusammen.

Ἔρχεται ὥρα ἵνα (Joh 12,23; 13,1; 16,2.32) wurde ausgeschieden, weil ἵνα hier nicht final, sondern epexegetisch zu verstehen ist (vgl. M B 16a).

Als sprachliche Tauschmöglichkeiten vgl. man/frau den Gebrauch eines Infinitivs (Mk 15,36; Mt 2,2; 12,42; Lk 1,59; 3,12 u.ö.), eines Partizips Futur (Mt 27,49; Apg 8,27), eines Partizips Präsens (Lk 13,6).[15] Anstelle von ἵνα wäre gleichwertig auch ὅπως verwendbar.[16] Im Joh wird ὅπως allerdings nur 1mal gebraucht (11,57 neben ἵνα).

Ergebnis des hellenistischen Vergleichs
In der untersuchten hellenistischen Literatur ist das Merkmal nur in einer Schrift belegt:

Nikol   1/Rz 0,5:   388,13

Bei den anderen 31 Autoren fanden wir keinen weiteren Beleg. Auch im NT ist es ausserhalb des Joh selten, im Joh aber tritt es 15mal auf. Es ragt im statistischen Vergleich sehr deutlich heraus, was die Güte des Merkmals unterstreicht.

A 17. ὁ τόπος ὅπου[17]

Joh 6 + (1):   4,20; 6,23; 10,40; 11,30; 19,(17f).20.41

Mk 1:   – / 16,6

Mt 1:   – / 28,6 / –

---

[14] Zum Merkmal vgl. auch Van Belle, Parenthèses 138 (Nr. 174I), der aber im Joh nur 6 Vorkommen vermerkt und das übrige NT nicht anführt.

[15] Zu den Stellen vgl. Bauer/Aland, Wb. 629.

[16] Die beiden Finalkonjunktionen sind in den ptolemäischen Papyri so gut wie gleich häufig; vgl. dazu Mayser, Grammatik III. 261.

[17] Zum Merkmal vgl.Boismard/Lamouille, Joh 501 (B 23).

80

Offb (1):   (12,14)

Diese Verbindung tritt im Joh im ntl. Vergleich deutlich hervor. Zu einer sprachlichen Tauschmöglichkeit vgl. die Vermeidung von ὁ τόπος (Joh 11,32 nach 11,30).

Ergebnis des hellenistischen Vergleichs
In der untersuchten hellenistischen Literatur findet sich das Merkmal nur in den folgenden Schriften:

ApkMos   1/Rz 3,3:   33
Diod   (I 50,3)
Herm   2/Rz 1,1:   5,1; 9,4
VitAis   (100,10)

Die grosse Mehrheit der untersuchten Schriften weist keine Belege auf, das NT ausserhalb des Joh je 1 im Mk und Mt (Par.). Demgegenüber treten die 6 (7) Vorkommen im Joh deutlich hervor.

A 18. ὁ λόγος (...) ὃν εἶπεν[18]

Joh 7:   2,22; 4,50; 7,36; 12,38; 15,20; 18,9.32

Diese Verbindung findet sich so im übrigen NT nicht. Die Stelle 15,20 weicht von den anderen leicht ab; die Wendung ist aber grundsätzlich die gleiche. Man/frau beachte auch die folgenden erweiterten Formen: ἐπίστευσεν (ταν) ... τῷ λόγῳ ὃν εἶπεν (...) ὁ Ἰησοῦς (2,22; 4,50); ἵνα ὁ λόγος (...) πληρωθῇ ὃν εἶπεν (12,38; 18,9.32).

Im restlichen NT sind nur 2 ähnliche Bildungen zu finden: Mt 21,24; Apg 20,38.

Für sprachliche Tauschmöglichkeiten vgl. Lk 22,61; Apg 20,35.38.

Ergebnis des hellenistischen Vergleichs
In den 32 untersuchten hellenistischen Autoren haben wir das Merkmal nicht gefunden. Im NT ist es ausserhalb des Joh auch nicht belegt. Die 7 Fälle sind demnach ein klares Stilkennzeichen des Joh.

A 19. οὐ ..., ἀλλ' ἵνα (elliptisch)[19]

Joh 4:   1,8; 9,3; 13,18; 14,30f

---

[18] Zum Merkmal vgl. Boismard/Lamouille, Joh 494 (A 36).
[19] Vgl. Boismard/Lamouille, Joh 504 (B 78). Nicol, Semeia 17 zählt ausser den von uns aufgelisteten Fällen auch Joh 1,31; 3,17; 11,52; 12,9.47; 17,15. Alle diese Fälle sind nicht elliptisch.

Joh 11,52 zählen wir nicht mit, weil das ἀλλ' ἵνα nicht elliptisch ist, sondern abhängig von 51fin: ἔμελλεν 'Ιησοῦς ἀποθνῄσκειν ὑπὲρ τοῦ ἔθνους. Auch 15,25 zählen wir nicht, weil das ἀλλ' ἵνα zwar elliptisch ist, aber unter der Voraussetzung steht, dass die Hasser Jesu tatsächlich gesündigt haben; vgl. V. 24 das irreale ἁμαρτίαν οὐκ εἴχοσαν·

Ausserjoh. vergleichbar sind Mk 4,22; 14,49; 2 Thess 3,9. Ihr ἀλλ' ἵνα ist aber so stark in den Zusammenhang eingebaut, dass seine elliptische Eigenart erheblich abgeschwächt erscheint.

Ergebnis des hellenistischen Vergleichs
In den 32 untersuchten hellenistischen Schriftstellern haben wir keinen Beleg des Merkmals gefunden. Im NT ist ausserhalb des Joh auch nichts zu verzeichnen. Die 4 Fälle im Joh ragen somit deutlich und einsam heraus.

A 20. ἔστιν / ἦν γεγραμμένον(-α)[20]

Joh 9: 2,17; 6,31.45; 10,34; 12,14.16; 19,19.20; 20,30

Lk 1: 4,17 / – / –

Die umschreibende Konjugation mit γράφω dient im Joh mehrheitlich dem Verweis auf die Schrift (alle Stellen bis 12,16), aber nicht ausschliesslich. Bei Schriftverweisen ist sonst im NT γέγραπται sehr häufig (so im Joh auch 8,17). Daneben sind auch andere Formulierungen mit γράφω möglich sowie λέγει (εἶπεν) ἡ γραφή (im Joh 7,38.42; 19,37). Vgl. dazu eine Konkordanz. Zweimal finden wir καθώς ἐστιν γεγραμμένον (Joh 6,31; 12,14).[21]

Ergebnis des hellenistischen Vergleichs
In der untersuchten hellenistischen Literatur findet sich das Merkmal nur in 2 (3) Schriften:

Herm	1/Rz 0,6	6,1
JosAs	1/Rz 1,2:	15,12x
Iust		(57,3)

Die übrigen 30 (29) hellenistischen Autoren liefern keine Belege. Herm und JosAs ergeben eine Relativzahl von 0,6 und 1,2; im NT liegt noch ein Fall im Lk vor. Die 9 Stellen im Joh sind statistisch ausgezeichnet.

---

[20] Zum Merkmal vgl. Teeple, Origin 260; Boismard/Lamouille, Joh 500 (B 11). Teeple will diese sprachliche Bildung auf 3 Schichten des Joh verteilen. Die vergleichende Statistik, die er übergeht, spricht deutlich gegen diesen Versuch.

[21] Vgl. dazu Boismard/Lamouille, Joh 498 (A 141).

A 21. ἦν δὲ (καί) / ἦσαν δέ + unmittelbar folgendes Hauptwort
als Satzgegenstand[22]

Joh 20:   1,44; 3,1.23; 5,5.9c; 6,10; 9,14; 11,1.2.18.38; 12,20; 13,30;
           18,10.14.18.25.40; 19,14.23

Mk 5:   2,6; 14,1.4; 15,25.40 / –

Mt 1:   28,3 / – / –

Lk 3:   15,25; 23,38; 24,10 / – / –

Apg 5:   9,10; 11,20; 12,3; 19,7; 20,8

Diese Verbindung findet sich im Joh vergleichsweise häufig. Sie berührt sich teils
mit ἦν δέ / ἦσαν δέ + Zeitangabe (M C 16) (Joh 5,9c; 9,14; 13,30; 19,14a). An
8 Stellen steht als Hauptwort ein Eigenname: 1,44; 3,23; 11,2.18; 18,14.18.25.
40.

Sprachlich könnte durch eine andere Wortstellung (Mk 7,26; Mt 15,38; Apg
10,24b), durch das Auslassen oder den Ersatz von δέ eine Abwechslung erzielt
werden (Joh 1,39fin.40; 4,6fin; 10,22; 13,23; 19,14b).

Ergebnis des hellenistischen Vergleichs
In der untersuchten hellenistischen Literatur findet sich das Merkmal in folgenden
Schriften:

Arr	5/Rz 2,2:	I 19,6; 28,2; II 3,7; 15,2fin; III (12,5fin); 22,1
DionChr	1/Rz 0,4:	1,82
DionHal	6/Rz 3,0:	I 11,2; 17,3; 79,2.8fin.9; II 10,1
Epikt	1/Rz 0,4:	I 2,25
Herm	2/Rz 1,1:	1,3; 22,6
Bell	5/Rz 1,4:	1,126.190; 2,6.118.266
VitAis	1/Rz 0,9:	105,4f
Lukian	4/Rz 2,6:	ver.hist. I 7,5f.19; II 3,8; 24,6
Nikol	10/Rz 5,1:	349,28; 361,32; 362,15f; 377,9; 403,1; 412,2.20; 413,4.32; 424,18
EvPetr	1/Rz 13,2:	15
Plut	9/Rz 4,2:	Thes (3,7); 6,1; 13,2; 18,1; Rom 8,2; 29,7; Popl 4,2; 11,5; 14,8; 21,1
TestXII	2/Rz 1,5:	TestJud 10,2; TestIss 1,7

Das Merkmal ist bei 12 von 32 Autoren belegt. Die Relativzahl bewegt sich zwischen 0,4-5,1; nur das kurze EvPetr ergibt bei 1 Beleg die Relativzahl 13,2.
Diese wiegt aber nicht so schwer, da nur 1 Fall vorliegt und zudem nicht mit voller Unabhängigkeit vom Joh zu rechnen ist (vgl. 5.3. Exkurs: Sprachmerkmale

---

[22] Zum Merkmal vgl. Boismard/Lamouille, Joh 509 (C 49). Von ihren 22 Fällen im Joh ist
einer aus textkritischen Gründen (4,46) und ein anderer sachlich (18,28) auszuscheiden.

im EvPetr). Im NT bieten die Synoptiker und die Apg je 1-5 Belege. Damit treten die 20 Stellen im Joh im statistischen Vergleich noch sehr deutlich heraus.

A 22. ἤμην + dazugehöriges Adverb des Orts (ausgen. ὅπου ἦν)[23]

Joh 15:   2,1.6; 3,23b; 4,6; 5,5; 6,22; 11,15.18.21.32b; 19,20.42; 20,26; 21,2.8

Mk 4:   1,45; 2,6 / 3,1; 5,11

Mt 6:   2,9.15; 14,23; 27,55.61 / 8,30 / –

Lk 2:   – / 6,6; 8,32 / –

Apg 5:   2,1; 14,7; 16,1; 21,3; 27,8

Diese Verbindung dient der genaueren Ortsbestimmung und ragt im Joh gegenüber den anderen Schriften des NT deutlich heraus. Die häufige Verbindung mit ὅπου wurde ausgeklammert, weil sie in der ApkMos noch dichter gestreut ist als im Joh. Beliebt sind joh. aber auch die Verbindungen mit ἐκεῖ (Joh 2,1.6; 3,23; 4,6; 5,5; 6,22; 11,15) und ἐγγύς (Joh 11,18; 19,20.42) (vgl. dazu erweitert ἐγγὺς ἦν: M A 25); eine Verbindung mit ὧδε findet sich 2mal (Joh 11,21.32).

Ergebnis des hellenistischen Vergleichs
In der untersuchten hellenistischen Literatur findet sich das Merkmal in folgenden Schriften:

ApkMos	1/Rz 3,4:	7
DionChr	2/Rz 0,8:	7,16.53
Epikt	1/Rz 0,4:	II 5,19
äthHen	1/Rz 1,9:	14,17
Bell	2/Rz 0,6:	2,344.484
Lukian	3/Rz 2,0:	ver.hist. I 31,1; II 5,1f; 39,6
Nikol	4/Rz 2,0:	368,29; 369,9; 395,9; 410,21
SusDanBel	1/Rz 1,2:	Bel 31fin
TestAbr	1/Rz 2,3:	5
TestXII	22/Rz 1,5:	(TestLev 11,8); TestIss 1,13; TestNaph 5,8

Das Merkmal ist bei 10 von 32 hellenistischen Autoren mit einer Relativzahl zwischen 0,4-3,4 belegt. Im NT weisen die Synoptiker und die Apg je 2-6 Fälle auf (inklusive Par.). Die 15 Belege im Joh treten im statistischen Vergleich noch deutlich hervor.

---

[23] Zur Kennzeichnung der Fälle im NT vgl. Aland, Konkordanz ἤμην unter y. Leider sind nicht alle Vorkommen erfasst.

A 23. Ersatz einer Mehrzahl von Personen durch die Einzahl des Neutrums[24]

Joh 8:   3,6bis; 6,37.39bis; 10,29; 17,2.24

1 Joh 1:   5,4

Alle aufgezählten Fälle dieses Merkmals aus dem Joh ausser 3,6bis sind mit dem διδόναι des Vaters an den Sohn verbunden. Wir zählen aber 3,6bis mit, da die Stelle eindeutig im engern Zusammenhang des Rahmenstücks 3,3-8 steht. Hier geht es um die Zeugung des Glaubenden von oben = aus dem Geist, der die Zeugung des Weltmenschen durch den Einfluss der Wirklichkeit von unten (=Fleisch) gegenübersteht. Τὸ γεγεννημένον ἐκ τοῦ πνεύματος fällt zusammen mit dem πᾶς ὁ γεγεννημένος ἐκ τοῦ πνεύματος (V. 8). Dem steht 1 Joh 5,4 nicht entgegen, wo πᾶν τὸ γεγεννημένον ἐκ τοῦ θεοῦ nicht nur mit πᾶς ὁ πιστεύων (5,1) gleichzusetzen ist, sondern in 4b auch auf die πίστις (der πιστεύοντες) ausgeweitet wird.

In 6,39 zählen wir 2 Fälle, nämlich 39b und 39c (αὐτό), das ein kostbares Gegenstück zur Gleichsetzung des Neutrums mit τὸν ἐρχόμενον in 6,37, mit αὐτοῖς in 17,2b und κἀκεῖνοι in 17,24 darstellt. 10,29 lautet nach dem Urteil der Herausgeber des United Bible Societies' Greek New Testament (3. Auflage) ursprünglich mit grösster Wahrscheinlichkeit: ὁ πατήρ μου ὃ δέδωκέν μοι πάντων μεῖζόν ἐστιν; vgl. dazu 17,24: πάτερ, ὃ δέδωκάς μοι. Das ὁ πατήρ μου ist durch ein Hyperbaton (Wörtertrennung) von δέδωκεν getrennt, zu dem es als Satzgegenstand des Relativsatzes gehört. Der neutrische Satzgegenstand des Hauptsatzes ist im ὃ vorausgesetzt; ihm entspricht das Aussagenomen μεῖζον.[25]

Gegen die Aufnahme der hier dargestellten sprachlichen Eigentümlichkeit unter die Stilmerkmale des Joh lässt sich einwenden, dass sie in allen Fällen in einem engen Zusammenhang mit einem theologischen Thema steht und diese ihre Stellung nicht ausschliesst, dass einzelne ihrer Vorkommen vom Nachahmer einer Vorlage in das Werk eingeschleust oder durch Überarbeitung einer Vorlage dieser aufgeprägt worden sind.

Gegen diesen Einwand steht die Tatsache, dass die verschiedenen Vorkommen des Merkmals als solche wenig auffallen und im gleichen Zusammenhang immer rasch in eine personale Mehrzahl aufgelöst und derart geklärt werden, so auch das πᾶν und das oben erwähnte αὐτό in 6,39 durch das πᾶς und das αὐτόν im Parallelsatz 6,40. Ausserdem fällt hier wie auch in 3,6-8; 10,29; 17,2.24 die stilistische Abwechslung im Zug der vorkommenden Wiederholungen auf, die sich auch auf kleinste Einzelheiten erstreckt. Das scheint uns unverwechselbar joh. zu sein und auf einen einzigen Urheber im Zusammenhang hinzuweisen. Unser Merkmal steht in allen Fällen seines Vorkommens geradezu im Dienst solcher Abwechslung, was kaum Zufall sein kann.

---

[24] Vgl. Boismard/Lamouille, Joh 497 (A 100).
[25] Vgl. Metzger, Commentary 232.

Ergebnis des hellenistischen Vergleichs
In der untersuchten hellenistischen Literatur findet sich das Merkmal in folgenden Schriften:

Bell		(2,271.422.511)
Iust	1/Rz 0,4:	32,2fin
Nikol	1/Rz 0,5:	358,20
TestXII		(TestSeb 9,4)

2 von 32 untersuchten Autoren belegen das Merkmal gesichert mit einer Relativzahl von 0,4/0,5. Im NT liegt es nur im joh. Schrifttum vor: 8mal im Joh, 1mal im 1 Joh. Damit ragt das Merkmal im statistischen Vergleich ganz deutlich heraus. Die Stelle im 1 Joh weist zusammen mit anderen Gemeinsamkeiten mit dem Joh auf denselben Verfasser.

A 24. ἄλλοι (δὲ) ἔλεγον[26]

Joh 7:   7,12.41; 9,9bis.16; 10,21; 12,29

Mk 2:   6,15bis / –

Diese Wendung wird im Joh zur Einführung verschiedener Meinungen besonders geschätzt.
Zu sprachlichen Tauschmöglichkeiten vgl. z.B. Lk 9,8 (= Par. Mk 6,15); Mk 8,28 + die Par. Mt 16,14; Lk 9,19; ferner die Verwendung von ἕτεροι.

Ergebnis des hellenistischen Vergleichs
Das Merkmal ist bei den 32 untersuchten hellenistischen Schriftstellern nicht belegt. Im NT finden sich ausserhalb des Joh nur 2 Belege im Mk (im gleichen Vers). Das Joh enthält demgegenüber 7 Fälle. Das Merkmal hebt sich im statistischen Vergleich sehr gut ab.

A 25. ἐγγὺς ἦν/ἦν ... ἐγγύς[27]

Joh 7:   2,13; 6,4; 7,2; 11,18.55; 19,20.42

Apg 1:   27,8

Diese Verbindung ragt im NT statistisch deutlich heraus. Sie dient im Joh zur Kennzeichnung der zeitlichen Nähe von Festen (2,13; 6,4; 7,2; 11,55) oder der örtlichen Nähe (11,18; 19,20.42; so auch Apg 27,8).
Für sprachliche Tauschmöglichkeiten vgl. man/frau Lk 19,11; 22,1; Joh 4,5 (πλησίον τοῦ χωρίου); Apg 1,12.

---

[26] Zum Merkmal vgl.Teeple, Origin 257, der es fragwürdig auf 2 Schichten des Joh verteilt; weiter auch Boismard/Lamouille, Joh 503 (B 64), die zu unseren 7 Stellen im Joh zusätzlich 7,41b zählen, ein Fall, der textkritisch nicht gesichert ist.

[27] Zum Merkmal vgl. Boismard/Lamouille, Joh 500 (B 16).

Ergebnis des hellenistischen Vergleichs
In der untersuchten hellenistischen Literatur findet sich das Merkmal nur:

Arr   1/Rz 0,4:   II 5,3; (III 13,2; 15,3)
JosAs   (28,16)

Im NT ist es ausserhalb des Joh nur 1mal in der Apg belegt, die 7 Vorkommen
im Joh ragen im statistischen Vergleich sehr deutlich heraus.

A 26. Hauptwort mit Artikel, ohne weitere Ergänzung, als Attribut verwendet

Joh 8:   2,23; 6,27fin; 7,2; 8,44a; 11,13fin; 13,1; 18,1.17

Offb 2:   10,7fin; 22,9

Dieses Stilmerkmal ist joh. immer mit einem vorausgehenden Hauptwort (mit Artikel) so verknüpft, dass es dessen Sachgehalt näher kennzeichnet. Deswegen ist
es möglich, die Reihenfolge der beiden Hauptwörter gelegentlich zu vertauschen,
wie etwa 7,2 gegenüber 2,23; 6,4 zeigt. In 8,44 könnte man annehmen, es sei
hier die Rede vom Vater des Teufels. Das ergibt aber im näheren und weiteren
Zusammenhang keinen Sinn. Es geht hier zweifellos um den Teufel, der so, wie
Gott der Vater das Tun und Reden Jesu und der Gläubigen prägt, seinerseits im
Reden und Tun jener wirkt, die nicht aus Gott sind. Der Teufel wird in diesem
Sinn selbst ihr Vater genannt. 8,44 ist also ein Fall unseres Stilmerkmals. Ein
solcher liegt vom Zusammenhang her auch 11,13fin vor. Die Jünger haben das
Wort κοίμησις, das Jesus für den Tod von Lazarus wählte, als natürlichen Schlaf
verstanden. Auch 18,1 ist jedenfalls unser Stilmerkmal zu finden. Vgl. im zeitgenössischen Schrifttum die Rede von ὁ ποταμὸς ὁ μέγας ὁ Εὐφράτης und
ähnlich vom Ἰορδάνης ποταμός (Mk 1,5 Par. Mt 3,6). JosFlav Ant 8,17 erwähnt τὸν χειμάρρουν Κεδρῶνα.
    Wenn man/frau nach ntl. Parallelen zum joh Sprachgebrauch sucht, ergibt sich
u.a. , dass ein Hauptwort mit Artikel recht häufig mit einem Personennamen verbunden wird. So soll die fragliche Person genauer gekennzeichnet und allenfalls
vor der Verwechslung mit einer anderen Person des gleichen Namens geschützt
werden. Dieser Fall wird joh. wie allgemein ntl. von uns ausgeschlossen, auch
weil er meistens einer Notwendigkeit entspringt und nicht auf eine stilistische
Neigung weist. Es gibt dann auch eine Anzahl ntl. Stellen, wo eine geprägte
Wendung vorliegt, die einen zeitgenössischen Sprachgebrauch spiegelt, der auch
im MT oder in der LXX schon vorkommt. Hierher gehören Wendungen wie vor
allem κύριος ὁ θεὸς (ἡμῶν/ὑμῶν) und κύριος ὁ θεὸς ὁ παντοκράτωρ (vgl.
Am 3,13). Solche und ähnliche Wendungen können nicht als Parallelen zum joh.
Sprachgebrauch, der unser Merkmal prägt, gelten.
    Auffällig sind dann einige Stellen im Eph, die zwar formal mit Joh vergleich-
bar, aber von den oben gezählten Stellen dadurch unterschieden sind, dass sie einer anderen Stilebene angehören. Vor allem die ersten drei Kapitel des Eph sind
von einem liturgischen Hochstil geprägt, der von Hauptwörtern überquillt und

die Neigung hat, Ausdrücke und Wendungen synonym oder analog zu häufen. Von daher entstehen jene Analogien zu unserem Stilmerkmal wie Eph 1,13. 17.23; 2,2bis; (4,18); (6,12), die ihresgleichen im Joh kaum finden. Es gibt aber Parallelen dazu in anderen ntl. Hochtexten, so 2 Kor 1,3; Kol 1,25f; 2 Thess 2,3; 1 Tim 6,15c.

Als volle Parallelen können mit den joh. Stellen nur die in unserer Auflistung angeführten Fälle aus dem übrigen NT verglichen werden.

Ergebnis des hellenistischen Vergleichs
In der untersuchten hellenistischen Literatur findet sich das Merkmal in folgenden Schriften:

Arr	11/Rz 4,9:	I 1,5bis; 11,1.7; 14,1bis; II 1,2; 3,3; (4,7); 7,1fin; 11,7; III 30,9
CorpHerm	1/Rz 0,8:	1,9
DionChr	3/Rz 1,2:	(4,39); 7,[30].88; 8,11; 10,26
Herm	5/Rz 2,8:	1,2; 57,1; 62,6;66,1.6
Ign		(IgnPhld 8,2)
Iust	3/Rz 1,2:	39,6; 57,2; 103,6
Lukian	6/Rz 3,9:	ver.hist. II 22,1f; 26,4f; 41,4; Philops 13,2.8; (18,16); Peregr 2fin
MusR	1/Rz 1,4:	34,34f; (104,37; 106,1)
Philo	4/Rz 2,0:	Flacc 80; LegGai (1bis); 116; (144fin); 176bis
Polem	1/Rz 2,6:	A 22
SusDanBel	4/Rz 5,0:	Dan 5,11.13fin; 9,6.10fin
TestAbr	2/Rz 4,5:	2; 3
TestXII	2/Rz 1,5:	TestJos 7,5; Test Benj 3,4

Das Merkmal ist bei 12(13) von 32 Autoren mit einer Relativzahl zwischen 0,8-5,0 belegt. Im NT findet es sich ausserhalb des Joh nur 2mal in der Offb. Im Joh dagegen liegen 8 Fälle vor. Wir stehen damit statistisch am Ende der A-Merkmale.

5.2.2. Gruppe B der Stilmerkmale:

B 1 - B 65

B 1. ἐκεῖνος / ἐκείνη, als personale Einzahlform, für sich allein
stehend, weder durch Attribut ergänzt noch attributiv
gebraucht

Joh 42:   1,8.18.33; 2,21; 3,28.30; 4,25; 5,11.19.35.37.38.43.46; 6,29;
7,11; 8,42.44; 9,9.11.12.25.36.37; 10,1; 11,29; 13,25.26.27.
30; 14,21.26; 15,26; 16,8.13.14; 18,17.25; 19,21.35; 20,15.16

Mk[1]:   [16,10]

Apg 1:   3,13

Röm 2:   14,14.15b

2 Kor 1:   10,18

2 Tim 1:   2,13

1 Joh 6:   2,6; 3,3.5.7.16; 4,17

Lk fällt aus dem ntl. Vergleich heraus, weil 18,14 die Gegenüberstellung des
Zöllners und des Pharisäers kaum eine andere Wahl liess als das antithetische
Paar: οὗτος - ἐκεῖνος.

In 38 von den 42 joh. Vorkommen erfolgt die Nennung der mit ἐκεῖνος /
ἐκείνη gemeinten Person immer im Nennfall. Die 4 Ausnahmen sind: 3,28.30;
5,43; 13,27.

Das joh. ἐκεῖνος verrät die stilistische Vorliebe des Verfassers deutlich durch
die vielfältige Anwendung für alle möglichen Personen, auch für Gott und für
Frauen (ἐκείνη : 11,29; 20,15.16). Stilistische Tauschmöglichkeiten sind je nach
Fall durch die Fürwörter οὗτος oder αὐτός, durch die Nennung des Namens
oder durch Weglassen gegeben.

Ergebnis des hellenistischen Vergleichs
In der untersuchten hellenistischen Literatur findet sich das Merkmal in folgenden
Schriften:

ApkMos	2/Rz 6,7:	20; 39
Arr	5/Rz 2,2:	II 3,4fin; 12,6fin.7bis; III 25,5fin
CorpHerm	8/Rz 6,7:	1,8; 11,5.14bis; 12,8.15; 13,15; 14,3
Diod	5/Rz 2,5:	I (20,3); 21,6fin; 55,3; 58,4; 80,1; 91,4
DionChr	70/Rz 27,6:	1,3.14.15.32.34.37.45.58.60.62.72; 2,2.6.14.15.
		[32].44.76; 3,30.31fin.37fin.42.65bis.102.106fin;
		4,7fin.23fin.27.33.37.43.46.48.49.50.58fin.119.
		130.134fin.139;6,1.6.16fin.20fin.55fin;7,33.

		39fin.48.49.58.59.67bis.68.72.74fin.85;8,34;
		9,7. 10; 10,2.3bis.6.12.22fin.27bis.29.31
DionHal	20/Rz 9,9:	I 12,1fin; 14,1fin; 30,3fin; 33,1; 39,4fin; 40,1.4;
		50,2; 51,3; 53,3bis.(4); 61,4; 70,4; 73,5; 77,4fin;
		78,5; 80,4fin; 85,6; 86,2; II (10,1); 14,1
Epikt	53/Rz 21,5:	I 4,13; 6,32; 9,4.16bis.30; 12,25; 14,3; 15,5bis.6;
		17,17.18.21; 18,13; 19,19; 22,20; 24,14fin; 25,5.
		6; 26,8; 29,18.21.66bis; 30,1.2; II 2,23; 5,29;
		7,4.8; 8,17bis; 9,19; 10,26bis; 12,2.4.8; 13,14bis.
		15.22; 14,2; 15,13; 16,44.46; 18,22.29; 21,13;
		22,12; 24,25fin; 26,6
Herm	2/Rz 1,1:	8,3; 25,4
Hier	6/Rz 10,6:	Exz 59,10bis.12bis.18f; 60,4
Ign	3/Rz 6,9:	IgnRöm 6,1bis; IgnSm 8,2
JosAs	1/Rz 1,2:	7,7
Bell	35/Rz 9,9:	1,116.181.209.339.501.510.513.529.532.568.
		571.572.575.586.587.592.595.611.614.643.664;
		2,7.115.127.182.183.286.304.336.407.443.558.
		621.642.643
Iust	26/Rz 10,2:	1,3; 3,2.4.5.6; 4,4; 8,1; 17,1; 18,1fin; 27,4fin;
		30,3; 35,2; 56,14; 64,7fin; 80,3fin; 85,1;
		87,3bis.5; 93,4fin; 95,4bis; 96,2; 98,1bis; 103,8fin
1 Clem	1/Rz 1,5:	43,2
VitAis	8/Rz 7,2:	24,2; 27,11; 66,14; 107,7; 108,6; 115,9; 129,6.10
Lukian	18/Rz 11,8:	somn. 11,12; ver.hist. I 3,16; II 17,4.14; 19,9;
		20,10; 46,22; Philops 5,7; 14,28; 18,11.20; 31,33;
		33,8; 36,2; Peregr 18,4; 23,4; 36,3; 45,8
3 Makk	2/Rz 5,9:	1,21; 3,11
MusR	15/Rz 21,1:	32,8; 34,24; 64,14f; 78,15.18; 100,30; 102,3.16;
		104,4.24; 110,5.8; 134,21; 140,3; 144,21
Nikol	53/Rz 27,0:	328,27; 331,31; 333,30; 334,3.10.15.33; 336,7;
		338,25; 341,16.30; 346,22; 348,22; 350,27;
		351,7.14.22; 352,7.15; 353,5; 357,19; 359,12.13;
		363,24.29; 369,6; 373,2; 384,12; 394,15.20;
		395,24; 397,6; (398,21); 400,2.24; 401,30.32;
		402,9.17.24.25; 403,10.14.(25); 404,14; 405,33;
		406,1; 407,7; 408,32; 411,3; 413,1; 415,17;
		418,32; 423,1; 424,11
Oen	1/Rz 1,9:	382b
Philod	1/Rz 1,5:	Fr 26,15
Philo	16/Rz 7,9:	VitCont 40fin; Flacc 1; 14; 22; 143; 181; LegGai
		27fin; 68; 85; 88; 103; 137; 142; 149; 190; 307
Plut	57/Rz 26,5:	Thes 3,6; 5,1; 6,8.9; 7,2; 8,2; 11,1.2.3; 12,4bis;
		14,3; 16,4; 17,1; 21,3; 25,5.6fin; 26,4; 30,1.2;
		32,4; 36,2.5; Rom 5,3fin; 7,3bis.5; 9,1.4fin; 14,8;
		16,2fin; 18,6; 27,2; 28,2.3fin; 29,2; 30,7; 32,1;
		33,1; Sol 4,5ter; 6,4; 11,1; 16,2; 27,3; 30,1fin;
		Popl 1,1fin; 6,4; 7,7; 14,4.5; 15,2; 17,3; 24,8;
		25,1; 26,5
Polem	1/Rz 2,6:	A 47

SusDanBel   2/Rz 2,5:   Sus 39; Dan 8,16
TestXII   2/Rz 1,5:   TestJud 21,3; TestJos 5,3

Das Merkmal findet sich bei 26 von 32 untersuchten Autoren mit einer Relativzahl zwischen 1,1-27,6 (5 über Rz 20, 18 unter Rz 10). Im NT findet es sich ausserhalb des joh. Schrifttums nur in 4 Schriften je 1mal und 2mal im Röm. Die teils breite Belegliste der hellenistischen Schriften muss in ihrem Verhältnis zum Joh gesehen werden. Hier findet sich das Merkmal 42mal, also fast 2-40mal häufiger als in diesen Zeugnissen. Das NT hat demgegenüber verhältnismässig wenig Belege. 2 Tim 2,13 darf hier nicht für sich allein gewertet werden, sondern ist auf dem Hintergrund und im Vergleich mit den übrigen 2 Pastoralbriefen zu sehen, die sich mit 2 Tim zusammen der gleichen Verfasserschaft und Situation verdanken. In dieser Sicht ergibt sich für 2 Tim 2,13 die Relativzahl 4,4. — Die 6 Stellen im 1 Joh ergeben hingegen eine Relativzahl von gut 43. Das Merkmal ist also im 1 Joh etwa gleich häufig wie im Joh und hebt sich damit auch dort von allen Vergleichsschriften noch deutlich ab. Auch dies darf als kleiner Hinweis auf denselben Verfasser beider Schriften gewertet werden, der zusammen mit anderen Gemeinsamkeiten beweiskräftig wird.

B 2. τοῦτο / ταῦτα (ohne Ergänzung, rückbezüglich) + nachfolgendes verbum dicendi[28]

Joh 40 [+ 1]: 2,22; 4,18; 5,34; 6,6.59; 7,9.39; 8,[6].26.28.30; 9,6.22; 11,11.
               28.43.51; 12,33.36.41; 13,21; 14,25; 15,11; 16,1.4bis.6.25.33;
               17,1.13; 18,1.22.34.38; 20,14.18.20.22; 21,19bis

Mk 1:   13,11 / –

Mt 1:   9,18 / – / –

Lk 8:   7,9; 8,8; 9,34; 11,45; 13,17; 23,46; 24,36.40 / – / –

Apg 6:   1,9; 7,60; 14,18; 19,40; 20,36; 23,7

1 Kor 4:   7,6.35; 9,8bis

Kol 1:   2,4

2 Thess 1:   2,5

Tit 1 :   2,15

Als sprachliche Tauschmöglichkeit vgl. man/frau die Voranstellung des verbum dicendi (Lk 19,28; Apg 27,35; 1 Kor 1,12) oder eine Ergänzung von τοῦτο/ταῦτα (Joh 8,20; Mt 13,34).

---

[28] Zum Merkmal vgl. Nicol, Semeia 24 (Nr. 71), der aber nur gut die Hälfte der Fälle im Joh aufführt und im statistischen Vergleich nur die Synoptiker heranzieht.

Im Rahmen dieser Verbindung ist auf die mehrfach gleichlautende Formulierung ταῦτα λελάληκα ὑμῖν (Joh 14,25; 15,11; 16,1.4a.6.25.33) zu verweisen, die nur in den Abschiedsreden Jesu vorkommt und im übrigen NT nicht belegt ist.

Neben den aufgelisteten Fällen des Merkmals sind noch ergänzend solche anzuführen, wo sich τοῦτο/ταῦτα nicht auf Gesagtes zurückbezieht, sondern auf das Folgende verweist: 1 Kor 7,29; 15,50; Gal 3,17 (vgl. dazu Mussner, Gal 240 Anm. 149); Eph 4,17; 1 Thess 4,15.

Ergebnis des hellenistischen Vergleichs
In der untersuchten hellenistischen Literatur findet sich das Merkmal in folgenden Schriften:

ApkMos	6/Rz 20,1:	3; 19; 27; 29; 31; 43
Arr	4/Rz 1,8:	I 14,1; II 12,5fin.8; 18,1
CorpHerm	5/Rz 4,2:	1,4.19.21.27; 4,6
DionChr	17/Rz 6,7:	1,56.59fin.62; 2,18.32.48.67; 4,1.19.39.60.65; 6,7; 7,33.53.59; 8,36
DionHal	5/Rz 2,5:	I 77,2fin; 78,4; 82,1; 83,3fin; 84,8fin
Epikt	1/Rz 0,4:	I 26,8
Herm	6/Rz 3,4:	10,3; 24,7; 61,4fin; 68,5fin; 84,6; 87,4fin
Bell	7/Rz 2,0:	1,80.84.466.590.598; 2,212.474
Iust	11/Rz/ 4,3:	7,1fin; 8,1.3; 39,3; 43,3fin; (49,1); 55,2; 65,7; 86,1; 87,1; 95,3; 99,1
VitAis	14/Rz 12,6:	2,10; 14,6f; 32,20f; 72,7; 84,6; 86,1.8; (90,4); 92,1; 110,11; 112,4; 126,8; 129,11; 133,8; 134,1
Lukian	10/Rz 6,5:	somn. 8,9; 14,1; Philops 27,1; 32,1; Peregr 5,1; 6,6; 19,11f; 30,1; 31,1; 36,15f
3 Makk	1/Rz 2,9:	6,29
MusR	7/Rz 9,9:	40,12; 56,7; 58,29; 74,7; 76,1f; 114,30; 120,18
Nikol	13/Rz 6,6:	330,34; 333,24; 342,18; 350,10.11; 359,27; 368,27; 371,31; 372,1; 404,34; 415,11; 418,5; 419,29
Oen	2/Rz 3,7:	375b; 384b
Philo	1/Rz 0,5:	LegGai 243
Plut	5/Rz 2,3:	Thes 3,4.5; 29,5fin; Sol 11,2; 27,9fin
TestAbr	3/Rz 6,8:	8; 12; 19
TestXII	7/Rz 5,4:	TestJud 26,4; TestSeb 10,6; TestDan 7,1; TestNaph 4,1; TestGad 5,2; TestJos 14,6; 20,4

Das Merkmal ist bei 19 von 32 Autoren mit einer Relativzahl zwischen 0,4-20,1belegt (davon 17 unter der Rz 10). Im NT findet es sich ausserhalb des Joh in 8 Schriften mit je zwischen 1-8 Stellen. Im Joh sind demgegenüber 40 Vorkommen zu verzeichnen, was diese Schrift im statistischen Vergleich noch deutlich von allen anderen abhebt.

B 3. οὐ (μή) ..., ἐάν μή ...[29]

Joh 16:	3,2.3.5.27; 4,48; 5,19; 6,44.53.65; 7,51; 12,47; 13,8fin; 15,4bis; 16,7; 20,25
Mk 4:	3,27; 7,3.4; 10,29f / –
Mt 4:	5,20; 6,15; 18,3; 26,42 / – / –
Apg 2:	15,1; 27,31
1 Kor 2:	8,8; 15,36
Gal 1:	2,16
2 Tim 1:	2,5

Das Merkmal ist auch gegeben, wenn die Protasis an erster Stelle steht; die Verneinung im Rahmen der Apodosis kann jede mögliche Form annehmen. In 8 Fällen lautet sie οὐ / οὐδεὶς δύναται: 3,2.3.5.27; 6,44.65; 15,4bis.[30] Besonders ist hier zu achten auf die gleichlautenden Formulierungen ἐάν μή τις γεννηθῇ ..., οὐ δύναται (Joh 3,3.5) und οὐδεὶς δύναται ἐλθεῖν πρός με, ἐάν μή (Joh 6,44.65). Die Verbindung mit οὐ / οὐδεὶς δύναται findet sich übrigens auch Mk 3,27; Mt 26,42; vergleichbar sind Apg 15,1; 27,31.

Ergebnis des hellenistischen Vergleichs
In der untersuchten hellenistischen Literatur findet sich das Merkmal in folgenden Schriften:

Barn	2/Rz 4,8:	4,9; 12,3
CorpHerm	2/Rz 1,7:	4,6; 11,20
Did	1/Rz 7,0:	16,2
Diod	3/Rz 1,5:	I 61,2fin; 65,6; 70,2fin
DionChr	1/Rz 0,4:	4,38
DionHal	2/Rz 1,0:	II 4,2fin; 6,1
Herm	12/Rz 6,9:	14,6bis; 15,6; 43,6.12; 46,6; 51,3; 56,1; 66,3; 68,7fin; 81,8; (82,2); 90,2
Ign	2/Rz 4,0:	IgnMagn 5,2; IgnPhld 8,2
Bell		(2,347)
Iust	1/Rz 0,4:	48,2b
VitAis	2/Rz 1,8:	79,4; 138,5
MusR	1/Rz 1,4:	42,21f
Philod	1/Rz 1,5:	Tod XXII
TestXII	1/Rz 0,8:	TestRub 4,11

---

[29] Vgl. Boismard/Lamouille, Joh 509 (C 62).

[30] Vgl. Boismard/Lamouille: Joh 505 (B 89), die allerdings Joh 3,3.5 übersehen haben; von ihren Angaben zum übrigen NT trifft nur Mk 3,27 zu.

Das Merkmal ist bei 13 (14) Autoren mit einer Relativzahl zwischen 0,4-7,0 belegt. Der innerntl. statistische Vergleich bewegt sich umgerechnet im gleichen Rahmen. 2 Tim 2,5 ergibt nur dann eine höhere Relativzahl, wenn wir den Brief für sich allein einsetzen. Es ist aber sehr fraglich, ob man das tun darf; denn die 3 Pastoralbriefe sind das Werk eines einzigen Verfassers, der sie allenfalls in einem Wurf geschrieben und einem einzigen Hauptziel untergeordnet hat. Aber auch dann, wenn man 2 Tim für sich allein nehmen müsste, wäre eine einzige Belegstelle statistisch kaum verwertbar, weil kein Anhaltspunkt auszumachen ist, der sie als Stilgewohnheit des Verfassers ausweisen würde. Noch stärker drängt sich aber diese Sicht auf, wenn die einzige Belegstelle des Merkmals in den Rahmen aller 3 Pastoralbriefe eingerückt wird.

B 4. ὑμεῖς οὐκ οἴδατε / ἡμεῖς οὐκ οἴδαμεν[31]

Joh 7:   1,26; 4,32; 7,28fin; 8,14; 9,21.30; 11,49

Als sprachliche Tauschmöglichkeit vgl. man/frau die Vermeidung des Personalpronomens: οὐκ οἴδατε findet sich vielfach im NT. Nur Joh 9,21 steht ἡμεῖς οὐκ οἴδαμεν.

Die Verbindung liegt in der Linie der Neigung im Joh, das Personalpronomen zu setzen und so hervorzuheben. Das Merkmal dient aber auch mehrfach dazu, christologische Aussagen zu unterstreichen.

Ergebnis des hellenistischen Vergleichs
Das Merkmal ist in der untersuchten hellenistischen Literatur nirgends belegt; im NT findet es sich ausser im Joh ebensowenig. Die 7 Vorkommen im Joh treten deshalb auffallend hervor. Trotz der hervorragenden Statistik haben wir aus sprachlich-inhaltlichen Gründen auf eine bessere Einstufung verzichtet.

B 5. πιστεύω (glauben) + διά (zur Angabe des Grundes oder der Vermittlung)[32]

Joh 6:   1,7; 4,39.41.42; 14,11; 17,20

1 Kor 1:   3,5

Als sprachliche Tauschmöglichkeit kam eine Umschreibung oder die Verwendung von ἐπί mit Dativ oder ἕνεκα / ἕνεκεν / εἵνεκεν mit Genitiv in Frage (vgl. eine Konkordanz).

Der Verbindung folgt Joh 4,39.41.42; 14,11 ein Akkusativ, Joh 1,7; 17,20 ein Genitiv. Vgl. ferner Joh 2,24.

---

[31] Zum Merkmal vgl.Boismard/Lamouille, Joh 494 (A 42)

[32] Zum Merkmal vgl. Nicol, Semeia 23 (Nr. 52), der 1 Kor 3,5 nicht aufgenommen hat. Boismard/Lamouille, Joh 506 (B 100) zählen im übrigen NT noch Apg 18,27, wo aber διὰ τῆς χάριτος auf συνεβάλετο zu beziehen ist. — Ruckstuhl, Einheit 202 hat die Verbindung vorsichtigerweise ausgeschlossen.

Ergebnis des hellenistischen Vergleichs
Das Merkmal findet sich in der untersuchten hellenistischen Literatur nur in zwei
Schriften:

Herm   1/Rz 0,6:   90,5
Iust   1/Rz 0,4:   83,4

Die restlichen 30 hellenistischen Autoren bieten keinen Beleg. Im NT findet sich
ausserhalb des Joh nur eine Stelle im 1 Kor; die 6 Vorkommen im Joh treten also
sehr deutlich hervor.

**B 6. πῶς δύναμαι (unmittelbar aufeinander folgend, Gegen-
wartsform) mit folgendem Infinitiv[33]**

Joh 6:   3,4.9; 5,44; 6,52; 9,16; 14,5

Mk 1:   3,23 / –

Mt 2:   12,29.34 / – / –

Lk 1:   6,42 / – / –

Diese Verbindung ist ausser im Joh nur noch insgesamt 4mal in den Synoptikern
belegt. Im übrigen NT findet sie sich nicht. Sie dient im Joh zur Herausstellung
wichtiger Fragen.

Ergebnis des hellenistischen Vergleichs
In der untersuchten hellenistischen Literatur findet sich das Merkmal in folgenden
Schriften:

Epikt   2/Rz 0,8:   II 2,5; 14,20; (22,3)
Herm   2/Rz 1,1:   39,1; (40,3); 68,6
VitAis   3/Rz 2,7:   69,10f; 70,8f; 128,9f
Nikol   1/Rz 0,5:   364,10f
SusDanBel   (Dan 10,17)

Das Merkmal ist bei 4 (5) von 32 untersuchten Autoren mit einer Relativzahl zwischen 0,5-2,7 belegt. Im NT findet es sich nur 1-2mal bei den Synoptikern. Die 6
Stellen im Joh ragen also im statistischen Vergleich deutlich hervor.

---

[33] Zum Merkmal vgl. Boismard/Lamouille, Joh 510 (C 73), die Joh 14,5 nicht verzeichnen
(vgl. dazu Neirynck, Jean 50 [Nr. 96]).

B 7. μικρός von der Zeit gesagt[34]

Joh 11:   7,33; 12,35; 13,33; 14,19; 16,16bis = 17bis = 19bis.18

Mk 1:   – / 14,70b

Mt 1:   – / 26,73 / –

Hebr 1:   10,37

Offb 2:   6,11c; 20,3fin

Die 7 Stellen in Joh 16 können gewichtmässig höchstens als 3 Fälle gezählt werden. Deswegen dürfen die 11 Vorkommen im Joh nur als 7 Vorkommen gewichtet werden.

Dem μικρός im zeitlichen Sinn entspricht das griechisch gewöhnlichere ὀλίγος. Es findet sich joh. nicht, kommt aber im NT ausserjoh. 6mal vor: Mk 6,31; Apg 14,28; Jak 4,14; 1 Petr 5,10; Offb 12,12; 17,10. Unter diesen Fällen findet sich 2mal eine Tauschwendung zu μικρὸν χρόνον in Joh 7,33; 12,35, nämlich Apg 14,28 (χρόνον οὐκ ὀλίγον) und Offb 12,12 (ὀλίγον καιρόν). Auch βραχύς wird im NT 3mal zeitlich gebraucht: Lk 22,58; Apg 5,34; 27,28.

Ergebnis des hellenistischen Vergleichs
In der untersuchten hellenistischen Literatur findet sich das Merkmal in folgenden Schriften:

ApkMos	1/Rz 3,4:	27
Diod	2/Rz 1,0:	I 31,9; 92,3fin
DionChr	1/Rz 0,4:	4,66
DionHal	2/Rz 1,0:	I 38,3; 56,5
Epikt	2/Rz 0,8:	I (10,8); 25,27; II (16,25); 18,24
Herm	7/Rz 4,0:	22,6; 51,5bis; 81,4; 83,1; 86,4; 87,5
Ign	1/Rz 2,0:	IgnEph 5,1
JosAs	2/Rz 2,3	15,14; 25,3
Bell	1/Rz 0,3:	1,595
Iust	1/Rz 0,4:	56,17
1 Clem	1/Rz 1,5:	50,4
VitAis	3/Rz 2,7:	3,9; 40,4; 64,3
Lukian	6/Rz 3,9:	Philops 12,12; 14,27; 25fin; Peregr 40,6.10; 44,1
MusR	1/Rz 1,4:	132,2
Nikol	4/Rz 2,0:	331,15; 334,14; 409,4; 410,18
Philo	4/Rz 2,0:	VitCont 44; LegGai 197; 206; 259
TestAbr	1/Rz 2,3:	20

Das Merkmal ist bei 17 von 32 untersuchten hellenistischen Autoren mit einer Relativzahl zwischen 0,3-4,0 belegt. Im NT liegen ausserhalb des Joh 1 Par. im Mk/Mt, 1 Stelle im Hebr und 2 in der Offb vor. Demgegenüber weist das Joh 11

---

[34] Vgl. Boismard/Lamouille, Joh 507 (C 15).

Belege auf, die gewichtsmässig auf 7 zurückzuführen sind. Auch so hebt sich das Joh statistisch im Vergleich noch deutlich ab.

B 8. ἐντεῦθεν (örtlich)[35]

Joh 6: 2,16; 7,3; 14,31; 18,36; 19,18bis

Lk 2: 4,9; 13,31 / – / –

Offb 1: 22,2

Jak 4,1 ist hier auszuschliessen, da es nicht örtlich, sondern ursächlich und somit übertragen gebraucht wird.

Ergebnis des hellenistischen Vergleichs
In der untersuchten hellenistischen Literatur liegt das Merkmal in folgenden Schriften vor:

Arr	6/Rz 2,7:	I 8,4; 29,1; II 15,6; III 3,3; 18,10; 23,6
Diod	1/Rz 0,5:	I 67,1fin
DionChr	2/Rz 0,8:	1,52fin.76
DionHal	2/Rz 1,0:	I 16,1; 28,3fin
Epikt	1/Rz 0,4:	I 9,3
äthHen	1/Rz 1,9:	22,13fin
JosAs	1/Rz 1,2:	24,20
Bell	3/Rz 0,8:	1,79; 2,46.352
1 Clem	1/Rz 1,5:	53,2
Lukian	2/Rz 1,3:	ver.hist. II 3fin; 44,1
MusR	1/Rz 1,4:	68,17
Nikol	2/Rz 1,0:	369,16; 409,34
Plut	1/Rz 0,5:	Rom 21,5
SusDanBel	2/Rz 2,5:	Dan 12,5bis

Das Merkmal findet sich bei 14 von 32 hellenistischen Autoren mit einer Relativzahl zwischen 0,4-2,7. Im NT liegt es ausserhalb des Joh 2mal im Lk und einmal in der Offb vor. Das Joh weist dagegen 6 Stellen auf und ragt damit im Vergleich noch deutlich heraus.

B 9. ἐκ partitivum (zur Unterscheidung einer gesellschaftlichen Gruppe und eines Teils daraus)

Joh 22+[1]: 1,24; 3,1.25; 6,39b.60.[66]; 7,19b.31.40; 9,40; 10,20.26; 11,19.
45; 12,9.42; 16,5.17; 17,12; 18,9.17.25; 21,2

Mk 2: – / 14,69fin.70c

---

[35] Vgl. Boismard/Lamouille, Joh 507 (C 24), wo Jak 4,1 mitgezählt wird.

Mt 3:	23,34c / 26,73b / 23,34b
Lk 6:	14,33; 21,16fin; 22,3.23 / 22,58b / 11,49b
Apg 5:	6,3; 15,22; 17,12; 19,33; 27,22b
1 Kor 1:	15,6
2 Tim 1:	3,6
2 Joh 1:	4
Offb 2:	2,10; 17,11

Anders als in der Liste Schweizer-Ruckstuhl wurden nicht nur die Fälle von ἐκ partitivum, die mit τὶς oder einem Zahlwort eng verbunden waren, sondern auch alle ἐκ partitiva ausgeschieden, die mit Verben wie essen, trinken, empfangen, füllen, austeilen u.ä. auftraten. Damit blieben nur noch die Wendungen, die mit ἐκ das Gliedverhältnis einer gesellschaftlichen Gruppe gegenüber ausdrücken. Da joh. aber keine Fälle mit ἐκ vorkommen, die deutlich auf die Herkunft oder den Ursprung aus einem Stammvater oder seiner Nachkommenschaft oder auf die Zugehörigkeit zu einem Stammvolk oder einer Rasse hinweisen, wurden im übrigen NT solche genealogisch oder ethnisch gemeinten Fälle auch nicht gezählt. Im Joh darf man gewiss auch den Ausdruck οἱ Ἰουδαῖοι nicht genealogisch oder ethnisch verstehen, sowenig wie Joh 4,39f οἱ Σαμαρῖται, mit denen die Einwohner von Sychar, die den Taheb erwarteten, gemeint sind.

Wichtig ist die Ausklammerung des Falles Joh 18,3bis aus dem Zahlenspiegel unseres Merkmals. Dort sind nämlich die ὑπηρέται nicht Teil der genannten zwei Gruppen der Hohenpriester und der Pharisäer, sondern die von ihnen zur Verhaftung Jesu aufgebotenen Helfer und Polizisten. Das hier verwendete ἐκ weist also auf die Ursache ihrer Gegenwart im Garten jenseits des Kedron hin, auf ihre Entsendung von den Hohenpriestern und den Pharisäern her. Eine andere Stelle, wo sich die Ausklammerung des ἐκ aus dem Rahmen unseres Merkmals aufdrängt, ist 1 Joh 2,19quater. Der erste dieser Fälle ist mit einem klaren ἐκ des Ursprungs verbunden, von dem sich die abtrünnigen Johanneschristen getrennt haben. Der zweite und dritte Fall aber ist dem εἶναι ἐκ unter Merkmal C 44 einzuordnen: Die Abtrünnigen waren nicht wirklich durch ihre äussere Herkunft aus der Johannesgemeinde in wahre Jesusgläubige verwandelt worden. Der vierte Fall entspricht dem zweiten und dritten, schliesst aber das Mitschwingen eines ἐκ partitivum nicht aus.

Schliesslich wurden joh. und allgemein ntl. Fälle mit ἐκ νεκρῶν aus dem Zahlenspiegel unseres Merkmals ausgeklammert. Wendungen wie ἐγείρω ἐκ νεκρῶν u.ä. sind kaum partitiv, sondern separativ zu verstehen. Die Wendung ἐκ νεκρῶν ist überdies eine feste Formel der allgemeinen urchristlichen Überlieferung und entspringt keiner stilistischen Vorliebe.

Unter den Stellen unseres Merkmals im Joh fallen die Beispiele mit οὐδεὶς ἐκ (7,19; 16,5; 17,12; 18,9) auf, ebenso jene mit πολλοὶ ἐκ (6,60.66; 7,31; 10,20; 11,19.45; 12,42).

Gegenbeispiele zum von uns erfassten Sprachgebrauch sind die Fälle, die aus einer gesellschaftlichen Gruppe einen Teil ausklammern oder eine solche Ausklammerung verneinen, aber dazu nicht das ἐκ partitivum, sondern den gen. part. verwenden: Joh 4,39; 12,11; 13,28; 18,22; 19,20.34; 21,12. Sie lassen den Sprachgebrauch unseres Merkmals als Ausdruck einer stilistischen Vorliebe erscheinen. Zudem kann man nicht verkennen, dass in den eben angeführten Beispielen — ausgenommen in 19,34 — die zwischen dem πολλοί, εἷς oder οὐδείς und der entsprechenden Gruppe eingeschobenen Wörter auf den Rhythmus als Mitursache für den Ausfall des ἐκ hindeuten.

Es mag auffallen, dass anstelle von ἐκ partitivum joh. nie das Tauschwort ἀπό steht, obschon sonst gelegentlich ἐκ durch ἀπό ersetzt wird, wie etwa in Joh 6,31-58, wo zwischen den 8 Fällen von ἐκ τοῦ οὐρανοῦ (V. 58 ἐξ οὐρανοῦ) in 6,38 auch einmal ἀπὸ τοῦ οὐρανοῦ vorkommt. Umgekehrt findet sich einmal ἐξ ἐμαυτοῦ (12,49) neben 13 Fällen von ἀπ' ἐμαυτοῦ, ἀπὸ σεαυτοῦ, ἀφ' ἑαυτοῦ, die über das Joh verteilt sind (M B 19).

Ergebnis des hellenistischen Vergleichs
In der untersuchten hellenistischen Literatur findet sich das Merkmal in folgenden Schriften:

Arr	1/Rz 0,4:	I (1,6); III 30,11
Barn	1/Rz 2,4:	9,8
Diod	1/Rz 0,5:	I 13,1
DionChr	2/Rz 0,8:	3,118.129.(130)
DionHal	1/Rz 0,5:	I 85,2; (87,3fin)
Epikt	1/Rz 0,4:	I 29,37
äthHen	2/Rz 1,9:	106,14
Herm	25/Rz 14,3:	12,3; 14,7; 68,7; 69,4; 70,6; 71,3.4; 72,6bis; 73,3bis; 74,3.5; 75,2.4; 85,2.3.5bis.6.7; 86,3; 97,1; 99,3; 100,2
Ign		(IgnRöm 9,2)
JosAs	1/Rz 1,2:	18,1
Bell	3/Rz 0,8:	1,47; 2,225.407.(454)
Iust	1/Rz 0,4:	38,1
1Clem	1/Rz 1,5:	39,5; (59,3)
Lukian	1/Rz 0,7:	somn. 9,10
Nikol	3/Rz 1,5:	385,18; 387,6; 391,28
Philod	1/Rz 1,5:	Fr 86,22; (93,13f.14f)
Philo	1/Rz 0,5:	Flacc 128; (146)
Polyk	1/Rz 13,7:	II 9,1fin
SusDanBel	2/Rz 2,5:	Dan 1,19; 2,25
TestAbr	6/Rz 13,6:	6bis; 8ter; 10
TestXII	3/Rz 2,3:	(TestSim 5,6); TestLev 8,17; TestJud 23,4; TestNaph 8,3

Das Merkmal ist in der untersuchten hellenistischen Literatur bei 20 (21) von 32 Autoren mit einer Relativzahl von 0,4-14,3 belegt. Im NT tritt es im Vergleich zum Joh mit 22 Stellen in 7 Schriften 1-6mal auf. Dies ist sehr günstig, und die eine Stelle 2 Tim 3,6 kann, wie wir analog zu B 3 unter "Ergebnis des hellenistischen Vergleichs" ausgeführt haben, diese Wertung nicht trüben.

Sprachliche Erscheinungen müssen hier vor dem Hintergrund aller 3 Pastoralbriefe gewichtet werden. So hebt sich das Joh mit seinen 22 Vorkommen unseres Stilmerkmals in voller Deutlichkeit auch vom übrigen NT ab. Die eine Stelle im sehr kurzen 2 Joh ist zwar für sich allein nur ein schwacher Hinweis auf denselben Verfasser wie das Joh; zusammen mit anderen Gemeinsamkeiten zwischen Joh und 1-3 Joh darf sie aber doch nicht übersehen werden.

B 10. ἔρχομαι ἐκ[36]

Joh 5:   3,31; 4,54; 6,23; 7,41; 12,28

Mt 1:   − / − / 12,42

Lk 2:   5,17 / − / 11,31

Offb 1:   7,14

Joh 4,7 gehört nicht hierher, weil das ἐκ nicht mit ἔρχεται, sondern eng mit γυνή zu verbinden ist: Es handelt sich um eine samaritanische Frau; sie kommt aus Sychar (4,5.9.28,39) zum Jakobsbrunnen.

Die Verbindung ist im Joh im Vergleich häufig belegt. Als sprachliche Tauschmöglichkeit vgl. man/frau die Verwendung des Vorworts ἀπό anstelle von ἐκ (im Joh 7,28.42; 8,42).[37]

Im Joh folgt nach ἐκ 2mal τοῦ οὐρανοῦ (3,31; 12,28), 2mal eine Gebietsangabe (4,54; 7,41), 1mal eine Ortsangabe (6,23).

Ergebnis des hellenistischen Vergleichs
In der untersuchten hellenistischen Literatur findet sich das Merkmal nur in folgenden 3 Schriften:

JosAs	2/Rz 2,3:	19,5; 20,6
Bell	1/Rz 0,3:	1,433
Nikol	2/Rz 1,0:	359,3; 399,16

Die Relativzahl bewegt sich also zwischen 0,3-2,3; bei den übrigen 29 hellenistischen Autoren fanden wir keinen Beleg. Auch im NT liegen ausserhalb des Joh in 3 Schriften nur 1-2 Stellen vor. Das Joh hebt sich demnach von allen Vergleichsschriften mit 5 Vorkommen noch deutlich ab.

---

[36] Zu den Stellen vgl. Aland, Konkordanz ἔρχομαι unter k.

[37] Zu weiteren Stellen dieser Verbindung im NT vgl. Aland, Konkordanz ἔρχομαι unter f.

B 11. ὑμεῖς λέγετε ὅτι[38]

Joh 5:   4,20.35; 8,54; 9,19; 10,36

Lk 1:   22,70 / – / –

3 Stellen im Joh erweitern zu ὃν ὑμεῖς λέγετε ὅτι (8,54; 9,19; 10,36), was als eigenes Merkmal zusätzlich herausgehoben wird (M B 45).
  Zu sprachlichen Tauschmöglichkeiten sind zu vergleichen Joh 9,41; Mk 7,11; Mt 15,5; Lk 7,33.34; 12,54.55.

Ergebnis des hellenistischen Vergleichs
Das Merkmal ist bei den 32 untersuchten hellenistischen Autoren nicht belegt. Im NT liegt nur noch 1 Fall im Lk vor. Die 5 Belege im Joh zeichnen sich also sehr deutlich aus.

B 12. τί / τίνα ζητεῖς / ζητεῖτε (ohne Ergänzung)[39]

Joh 5:   1,38; 4,27; 18,4.7; 20,15

Diese Verbindung kommt im NT nur an diesen Stellen vor. Mit einer Ergänzung vgl. Joh 7,19.(20); Lk 24,5.
  Als sprachliche Tauschmöglichkeit kommt in Frage die Verwendung von ἀναζητέω (3mal im NT) und ἐπιζητέω (13mal im NT).

Ergebnis des hellenistischen Vergleichs
Das Merkmal findet sich in der untersuchten hellenistischen Literatur nur in einer Schrift:

EvPetr   1/Rz 13,2:   56

Da das EvPetr als Fragment sehr kurz ist, ergibt sich aufgrund der einen Stelle die Relativzahl 13,2. Sie ist freilich fragwürdig. In unserem Fall ist im übrigen anzunehmen, dass EvPetr 56 von Joh 20,15 abhängt (vgl. 5.3. Exkurs Sprachmerkmale im EvPetr). Damit verliert sie ihr Gewicht im Gegenüber zu den 5 Stellen des Joh; diese erweisen sich ihrerseits deutlich als sprachliche Eigentümlichkeit des vierten Ev.

B 13. pron. pers. im Genitiv Mehrzahl vor ἡ καρδία / τὴν καρδίαν (Einzahl)

Joh 5:   12,40; 14,1.27; 16,6.22

---

[38] Zum Merkmal vgl. Boismard/Lamouille, Joh 502 (B 48).
[39] Zum Merkmal vgl. Boismard/Lamouille, Joh 495 (A 59), hier aber ohne nähere Eingrenzung.

Mk 1:   6,52 / –

1 Joh(1):   (3,20)

Diese Verbindung mit Voranstellung des Personalpronomens im Genitiv Mehrzahl und nachfolgendem ἡ καρδία / τὴν καρδίαν in der Einzahl findet sich im NT
fast nur im joh. Schrifttum. Neutestamentlich liegt die Verbindung nur noch Mk
6,52 und etwas anders Röm 1,21 vor. Vgl. zu Joh 12,40 auch die Formulierungen LXX Jes 6,10; Mt 13,14f.[40]
    Ausser in Joh 12,40 ist an den aufgelisteten Stellen 4mal von ὑμῶν ἡ καρδία /
τὴν καρδίαν die Rede, 2mal in der erweiterten Formulierung μὴ ταρασσέσθω
ὑμῶν ἡ καρδία (14,1.27).
    Die Verbindung ὑμῶν αἱ καρδίαι / τὰς καρδίας (Mehrzahl) findet sich dage-
gen auch sonst im NT: Lk 21,34; 1 Thess 3,13; 2 Thess 2,17; 3,5, nicht aber im
Joh. Als weitere Tauschmöglichkeit bietet sich die gewöhnliche Nachstellung des
Personalpronomens an.

Ergebnis des hellenistischen Vergleichs
Das Merkmal tritt in der untersuchten hellenistischen Literatur nur in 2 (3) Schriften auf:

Barn	1/Rz 2,4:	(6,15); 9,1
Herm		(47,5)
Just	1/Rz 0,4	25,2fin

Bei den übrigen 30 (29) hellenistischen Autoren ist es nicht belegt, im NT ausserhalb des Joh gesichert nur noch 1mal im Mk. Die 5 Vorkommen im Joh treten
im Vergleich noch deutlich hervor.

B 14. κραυγάζω[41]

Joh 6:   11,43; 12,13; 18,40; 19,6.12.15

Mt 1:   12,19 / – / –

Lk [1]:   [4,41] / – / –

Apg 1:   22,23

---

[40] Man muss annehmen, dass der vierte Evangelist das atl. Zitat nicht nur für seine Zwecke
umgeformt (Schnackenburg Joh II zur Stelle), sondern auch mit seinem Stil durchdrungen hat.
[41] Zum Merkmal vgl. Fortna, Gospel 216; Boismard/Lamouille, Joh 505 (B 96). — Die Kritik
von Ruckstuhl, Einheit 321 an Fortna macht deutlich, dass κραυγάζω nicht im Gegenzug zu
κράζω für die Semeia-Quelle in Anspruch genommen werden kann.

Als sprachliche Tauschmöglichkeit vgl. man/frau κράζω (im Joh 1,15; 7,28.37; 12,44), ἀνακράζω, βοάω (im Joh 1,23), ἀναβοάω, teils φωνέω (im Joh 1,48; 2,9; 4,16; 9,18.24; 10,3; 11,28bis; 12,17; 13,13.38; 18,27.33).[42] Man/frau beachte im Joh die 3malige Formulierung ἐκραύγασαν (...) λέγοντες (18,40; 19,6.12).

Ergebnis des hellenistischen Vergleichs
Das Merkmal ist in der untersuchten hellenistischen Literatur nur in 3 Schriften belegt:

Barn	1/Rz 2,4:	10,3fin
Ign	1/Rz 2,0:	IgnPhld 7,1
Polem	1/Rz 2,6:	A 40

Es liegt also bei 3 von 32 untersuchten Autoren mit einer Relativzahl von 2,0-2,6 vor (absolut je 1 Stelle). Im NT tritt es ausserhalb des Joh gesichert im Mt und der Apg je 1mal auf. Die 6 Stellen des Joh treten so deutlich hervor.

B 15. ὥρα **mit gen. poss. des entsprechenden Fürworts (persönlich oder sachbezogen)**[43]

Joh 6:   2,4; 7,30; 8,20; 13,1; 16,4.21

Lk 1:   22,53 / – / –

Ausser in 16,4.21 ist im Joh immer von der Stunde Jesu die Rede. Die beiden Ausnahmen erhöhen den Wert des sonst inhaltlich belasteten Merkmals.

Ergebnis des hellenistischen Vergleichs
Das Merkmal liegt bei 32 untersuchten hellenistischen Autoren nur in einer Schrift gesichert vor:

CorpHerm		(5,11)
Epikt	1/Rz 0,4:	II 18,22

Im NT findet es sich ausserhalb des Joh nur 1mal im Lk. Die 6 Stellen im Joh treten demgegenüber sehr deutlich heraus. Auf eine bessere Einordnung wurde aus inhaltlichen Gründen verzichtet.

---

[42] Alle angeführten Wörter sind mehrfach bis häufig im NT belegt, allein ἀναβοάω ist nur 1mal zu verzeichnen (vgl. eine Konkordanz).
[43] Vgl. Boismard/Lamouille, Joh 502 (B 49).

B 16. a. ὥρα ἵνα; **b.** ὥρα ὅτε; **c.** ὥρα ἐν ᾗ[44]

a. Joh 4:   12,23; 13,1; 16,2.32

b. Joh 4:   4,21.23; 5,25; 16,25

c. Joh 1:   5,28

Gesamtzahl: 9

Die unter a. angegebenen Fälle sind zugleich folgernd, epexegetisch und zeitlich zu verstehen. Es geht hier jedesmal um die Stunde, die mit ihrem zeitlichen Kommen eine endzeitliche oder eine der Endzeit entsprechende Folge heraufführt und dadurch inhaltlich geprägt wird, sich durch sie auszeichnet. Die unter b. gezählten Fälle rücken, wie das ὅτε und der damit verbundene Indikativ der Zukunft anzeigen, die zeitliche Sicht prophetisch in den Vordergrund. Im übrigen unterscheiden sie sich kaum von den unter a. erwähnten Beispielen, und die hier genannte Stunde ist gewiss nicht ein rein zeitliches Ereignis, sondern verwirklicht endzeitliche Fülle und wird auch hier inhaltlich durch sie geprägt. Das gilt auch von der ὥρα ἐν ᾗ in 5,28, die analog zu 5,25 (mit ὅτε) zu verstehen ist, analog, insofern in 5,25 von den gläubigen Hörern der Stimme Jesu in der Gegenwart und ihrem Lebensempfang die Rede ist, in 5,28 aber von Toten in den Gräbern und ihrem Schicksal, wenn sie der Menschensohn am Ende auferweckt.

Das ὥρα ἐν ᾗ findet sich auch noch Joh 4,52.53, aber ohne die Verbindung mit dem Kommen der Stunde wie in allen oben aufgelisteten Beispielen (einschliesslich 5,28). Es hat an diesen beiden Stellen auch deutlich rein zeitlichen Sinn und ist syntagmatisch anders eingeordnet und näher bestimmt als in 5,28 und den von uns unter a. und b. gezählten analogen Stellen. 4,52.53 gehören deswegen nicht hierher.

Das Gesagte zeigt auch klar, dass es kein Zufall ist, wenn im übrigen NT unser Merkmal nirgends erscheint. Fortna (Gospel 211) glaubt, analoge Beispiele gebe es zwar nicht unter Verwendung von ὥρα, aber mit καιρός, χρόνος und ἡμέρα. Tatsächlich gibt es sie aber weder mit καιρός noch χρόνος. Offb 2,21 kommt zwar ein χρόνος ἵνα vor, aber es ist rein final. Nur ἡμέρα wird ausserjoh gelegentlich ähnlich wie das joh. ὥρα gebraucht, so Mk 2,20 par. Mt 9,15; Mk 6,21; 14,12 par. Lk 22,7; Mk 14,25; Lk 17,22.30; 21,6; 23,29; Apg 17,31; Röm 2,16; Hebr 10,32. Im Joh aber wird ἡμέρα nie wie ὥρα ἵνα, ὅτε oder ἐν ᾗ gebraucht, obschon der Ausdruck dort 31mal vorkommt.

Ergebnis des hellenistischen Vergleichs
Das Merkmal tritt bei 32 untersuchten hellenistischen Autoren nur in einer Schrift auf:

Did   1/Rz 7,0:   16,1fin

Die eine Stelle in der Did ergibt wegen der Kürze dieser Schrift eine Relativzahl von 7,0. Diese Grösse ist wegen des einen Vorkommens und der schmalen Be-

---

[44] Vgl. Boismard/Lamouille, Joh 500 (B 7).

rechnungsbasis nicht ohne Probleme. Die 9 Stellen im Joh treten im Vergleich zum fast gänzlichen Fehlen des Merkmals in der untersuchten hellenistischen Literatur und im NT deutlich heraus.

B 17. σκοτία statt σκότος[45]

Joh 8:	1,5bis; 6,17; 8,12; 12,35bis.46; 20,1
Mt 1:	– / – / 10,27a
Lk 1:	– / – / 12,3a
1 Joh 6:	1,5; 2,8.9.11ter

σκοτία wird im Joh wörtlich wie auch übertragen gebraucht, in 3,19 steht im übertragenen Sinn σκότος als Gegenbeispiel zu σκοτία. Der Grund für seine Wahl dürfte die Erzielung eines leichteren Wortflusses gewesen sein. Merkwürdigerweise findet sich σκότος neben 6 Fällen von σκοτία auch nur 1mal in 1 Joh (1,6 nach 1,5 mit σκοτία), während es im übrigen NT ziemlich häufig ist.

Ergebnis des hellenistischen Vergleichs
Das Merkmal findet sich bei 32 untersuchten hellenistischen Autoren nur in 2 Schriften:

Diod	1/Rz 0,5:	I 96,9
VitAis	1/Rz 0,9:	15,11

In beiden Schriften bleibt die Relativzahl unter 1. Im NT findet sich das Merkmal ausserjoh. nur je 1mal im Mt und Lk an einer Q-Par. Die 8 Vorkommen im Joh treten also überaus klar heraus. Auf eine bessere Einstufung wurde verzichtet, weil σκοτία ein geläufiger Begriff im joh. Kreis gewesen sein könnte. Allerdings wäre er nicht ausschliesslich verwendet worden, wie das Gegenbeispiel σκότος zeigt. Die 6 Fälle des Merkmals im 1 Joh sprechen unter dem eben geäusserten Vorbehalt für denselben Verfasser.

B 18. Wiederaufnahme

Joh 29:	1,1; 3,12.20f.31.32f; 5,31f; 6,46.57; 8,15f.18; 9,28; 10,4f.38; 12,35f; 13,31; 14,1.11.20; 15,2.4.9.10; 16,27f; 17,1.10.11.16.23; 18,36
Mk 3:	1,5a; 4,13b; / 9,40
Mt 6:	6,17; 10,40a.40b; 23,12; 24,10; / – / 12,30a
Lk 4:	14,11 = 18,14b; 16,10a; / 9,50c; / 11,23a

---

[45] Vgl. Boismard/Lamouille, Joh 500 (B 8).

1 Kor 7:   6,13bis; 11,8.9.11.12; 14,22

2 Kor 3:   9,6a.6b; 12,14c

Gal 2:   5,17.25

2 Petr 1:   3,8b

1 Joh 8:   2,19 (wie Joh 18,36).24; 3,4a.20f; 4,6ab.10bc.15b; 5,12

2 Joh 3:   2f.6bc.10f

Offb 3:   3,7c.20fin; 18,6a

Unter Wiederaufnahme verstehen wir hier eine Stilfigur, die einen Satz oder ein Satzstück mit den gleichen oder einander entsprechenden Wörtern oder Wendungen in umgekehrter Reihenfolge wiederaufnimmt. Durch diese Wiederaufnahme entsteht in allen Fällen eine chiastische Verschränkung; sie ist im Joh mehrmals mit einem Parallelismus verbunden. Wenn er antithetisch ist, entsteht die Antithese fast immer durch Verneinung, was die Verwendung der gleichen Wörter oder Wendungen in der Wiederaufnahme anregt. Der joh. Christologie entsprechend stehen der Vater und der Sohn in der Wiederaufnahme mehrmals nebeneinander oder an den chiastischen Enden. Diese Wiederaufnahme setzt die gleiche Ebene des Gottseins voraus (vgl. 10,30). In einer Reihe von Fällen erfolgt die Wiederaufnahme nicht unmittelbar, sondern wird von einem der Figur nicht eingegliederten Satzstück unterbrochen. Dennoch ist sie für Leserinnen und Leser meistens gut erkennbar und verrät das schöpferische Spiel des Verfassers. Alle joh. Wiederaufnahmen finden sich in Redestücken; diese machen nicht ganz 2 Drittel (1070 Zeilen) des Ev. aus (1800 Zeilen). Der Fall Joh 10,14f wurde ausgeschlossen, weil er die Reihenfolge der Wörter nicht umkehrt, sondern unanschaulich in der Doppelverschränkung: Satzgegenstand — Verb: Verb — Satzgegenstand; Verb — Satzgegenstand: Satzgegenstand — Verb besteht. Darin lässt sich kaum eine Absicht des Verfassers erkennen.

Auch die Parallelen aus dem übrigen NT entstammen ausnahmslos Redestücken. Es wurden aber nur Fälle aufgeführt, die wirklich mit den joh. vergleichbar sind; sie sind aber nur selten so auffällig und schlagend wie die joh. Ein Hauptgrund, warum die Vergleichbarkeit in anderen Fällen häufig fehlt, ist die Neigung der nichtjoh. ntl. Schriftsteller, Wörter und Wendungen nicht zu wiederholen, sondern möglichst abzuwandeln.

Die 4 Beispiele 1 Kor 11,8.9.11.12 dürfen nur wie 1 Fall gewertet werden, da sie im gleichen engeren Zusammenhang 4mal Mann und Frau gegenüberstellen. Ausserdem ist hier nicht vor allem stilistische Vorliebe im Spiel, sondern ein Sachzwang zu entsprechender Gestaltung vorhanden.

Ergebnis des hellenistischen Vergleichs
Das Merkmal findet sich in der untersuchten hellenistischen Literatur in folgenden Schriften:

ApkMos	1/Rz 3,4:	39
Arr	1/Rz 0,4:	III 3,4.(4)
CorpHerm	21/Rz 17,7:	2,16; 4,6.10; 5,5.10; 6,2bis.(3).4; (8,2); 9,1(bis).5.10; 10,8.(11).23; 11,(5).8bis.(17); 12,1; 13,12; 16,3.9.(17); 17bis
Did	1/Rz 7,0:	4,14f
DionChr	3/Rz 1,2:	1,76; 6,38.51fin
Epikt	1/Rz 0,4:	II 1,13; (13,14f)
äthHen	1/Rz 1,9:	15,2
Herm	7/Rz 4,0:	35,2; 37,2; 39,11f; 43,15; 48,2; 50,10; 92,6
Hier	1/Rz 1,8:	Exz 59,10
Ign	3/Rz 6,0:	IgnEph 8,2bis; IgnMagn 10,3; (IgnPol 3,1)
JosAs	1/Rz 1,2:	5,5fin; (12,2)
Bell	1/Rz 0,3:	1,400
Iust	3/Rz 1,2:	17,2fin.ter; (43,5=66,2)
1 Clem	3/Rz 4,6:	(24,3); 37,4.5; 38,2; (59,3)
VitAis		(83,4f)
Philo	5/Rz 2,5:	VitCont 59; (Flacc 19; 51); LegGai (1); 8; (27bis); 118; 144bis; (359)
SusDanBel		(Dan 12,10b)

Das Merkmal ist bei 15 (17) von 32 untersuchten hellenistischen Autoren mit einer Relativzahl zwischen 0,3-17,7 belegt (alle ausser CorpHerm deutlich unter Rz 10). Auch im NT finden sich in 8 verschiedenen Schriften eine Reihe von Stellen, die aber auch umgerechnet auf die Länge des Joh weit hinter den 29 Belegen dort zurückbleiben. Diese treten vielmehr im Vergleich mit allen Schriften noch deutlich heraus. Sie werden nur von den 8 und 3 Beispielen im 1 und 2 Joh übertroffen, was zusammen mit anderen Gemeinsamkeiten auf denselben Verfasser verweist.

B 19. ἀπ' ἐμαυτοῦ / ἀπὸ σεαυτοῦ / ἀφ' ἑαυτοῦ[46]

Joh 13:   5,19c.30; 7,17fin.18.28c; 8,28d.42d; 10,18b; 11,51; 14,10b; 15,4b; 16,13b; 18,34b

Nur 2 Kor 3,5 kann mit den joh. Beispielen sinnmässig verglichen werden, verwendet aber im Gegensatz zu allen joh. Fällen die Wendung in der Mehrzahl. Paulus braucht sie jedenfalls für seine eigene Person, um damit seine apostolische Sendung und Vollmacht hervorzuheben. Die Stellen Lk 12,57; 21,30 verwenden ebenfalls die Mehrzahl, und zwar für eine Mehrzahl von Personen, und verstehen die Wendung in einem alltäglichen, vom joh. zu unterscheidenden Sinn. Wir können deswegen hier nicht von eigentlichen Parallelen zu unserm Merkmal reden.

An den meisten joh. Stellen ist von der Sendung die Rede, die Jesus von Gott her hat, und von einem Ursprung seines Handelns und Redens aus dem Vater. Auf diesem Hintergrund fallen die Beispiele 7,18; 10,18; 11,51; 15,4; 16,13; 18,34 auf; sie empfangen von daher Licht.

---

[46] Vgl. Boismard/Lamouille, Joh 493 (A 33); 494 (A 43).

Das einzige Gegenbeispiel im Joh ist 12,49 (ἐξ ἐμαυτοῦ). Vgl. aber 2 Kor 3,5afin (ἐξ ἑαυτῶν) und 4,7fin (ἐξ ἡμῶν).

Ergebnis des hellenistischen Vergleichs
In der untersuchten hellenistischen Literatur findet sich das Merkmal in folgenden Schriften:

CorpHerm	3/Rz 2,5:	11,19; 13,15; 16,5
DionChr	1/Rz 0,4:	10,28fin
äthHen		(98,4)
Herm	2/Rz 1,1:	43,5; 88,4
Ign	1/Rz 2,0:	IgnPhld 1,1
VitAis	1/Rz 0,9:	47,7
Nikol	1/Rz 0,5:	342,16
EvPetr		(37)
Philo	1/Rz 0,5:	VitCont 68
Plut	1/Rz 0,5:	Rom 30,1
TestAbr	2/Rz 4,5:	15; 19

Das Merkmal liegt bei 9 (11) von 32 hellenistischen Autoren mit einer Relativzahl zwischen 0,4-4,5 vor. Im NT ist es allein im Joh belegt, hier mit 13 Vorkommen, was sich im Vergleich ganz deutlich abhebt. Dennoch wurde das statistisch sehr gute Merkmal vorsichtig eingestuft.

B 20. οὐ μή ... εἰς τὸν αἰῶνα

Joh 6:   4,14; 8,51.52; 10,28; 11.26; 13,8

1 Kor 1:   8,13

Die aufgezählten Beispiele stellen entweder eine Versicherung, eine Beteuerung oder ein Versprechen dar; deswegen sind sie mit dem Konjunktiv Aorist oder dem Indikativ Futur verbunden.

Die Wendung εἰς τὸν αἰῶνα (ohne οὐ μή) findet sich joh. noch 6mal, was unser Merkmal etwas unauffälliger erscheinen lässt. Vgl. auch Joh 8,35, wo das vorlaufende οὐ ohne μή steht. Das ist deswegen kein Gegenbeispiel, weil hier eine einfache Aussage vorliegt.

Ergebnis des hellenistischen Vergleichs
Das Merkmal findet sich bei den 32 untersuchten hellenistischen Autoren nicht. Im NT liegt es im Joh 6mal vor, sonst nur noch 1mal im 1 Kor. Es tritt im NT statistisch ganz deutlich hervor.

B 21. γινώσκω mit folgender indirekter Frage[47]

Joh 8:   2,25; 7,17.27.51; 10,6; 11.57; 13,12.28

Mt 2:   6,3; 12,7 / – / –

Lk 4:   7,39; 10,22; 16,4; 19,15 / – / –

Apg 2:   17,19.20

Offb 1:   3,3

Diese Verbindung ist im Joh verhältnismässig häufig. Sie hängt mit dem im joh. Schrifttum sehr beliebten Wort γινώσκω zusammen (57mal im Joh, 26mal in den Johbr) und ist vorsichtig einzuordnen.

Ergebnis des hellenistischen Vergleichs
In der untersuchten hellenistischen Literatur findet sich das Merkmal in folgenden Schriften:

ApkMos	2/Rz 6,7:	18; 42
Did	1/Rz 7,0:	11,8
DionChr	2/Rz 0,8:	3,1; 8,28
Epikt	6/Rz 2,4:	I 4,14.29; II 13,16; 16,20fin; 17,34; 18,30
äthHen	1/Rz 2,0:	12,1
Herm	7/Rz 4,0:	11,1; 13,3; 15,3; (16,6); 43,7; 62,3; 82,3; 106,1
JosAs	1/Rz 1,2:	19,7
Bell	1/Rz 0,3:	1,6
1 Clem	1/Rz 1,5:	7,4
Nikol	1/Rz 0,5:	345,29
EvPetr	1/Rz 13,2:	25
Philo	1/Rz 0,5:	Flacc 114
Plut	1/Rz 0,5:	Rom 30,2
SusDanBel	1/Rz 1,2:	Bel 19
TestAbr	1/Rz 2,3:	6

Das Merkmal ist bei 15 von 32 hellenistischen Autoren belegt, die Relativzahl bewegt sich zwischen 0,3-7,0, wobei die hohen Werte 6,7 und 7,0 in den kurzen Schriften ApkMos und Did auftreten. Das kurze Fragment EvPetr ergibt mit einer Stelle allerdings die Rz 13,2. Wir nehmen sie aber nicht zum vollen Wert, da das Merkmal in dieser Schrift nur einmal vorkommt und sie zudem vom Joh abhängen wird (vgl. 5.3. Exkurs Sprachmerkmale im EvPetr). Im NT kommt das Merkmal ausserhalb des Joh in 4 Schriften mit 1-4 Belegen vor. Das Joh mit 8 Stellen übertrifft diese und die Belege in der hellenistischen Literatur.

---

[47] Zu den Stellen vgl. Aland, Konkordanz γινώσκω unter b.

B 22. ζητέω ἀποκτεῖναι[48]

Joh 7:   5,18; 7,1.19.20.25; 8,37.40

Apg 1:   21,31

Als sprachliche Tauschmöglichkeit vgl. θέλω ἀποκτεῖναι (Mt 14,5; Lk 13,31), ζητέω ἀπολέσαι (Lk 19,47), ζητέω ἀναιρεῖν (vgl. Lk 22,2 mit πῶς). Die Verbindung ist trotz sehr günstiger Statistik vorsichtig einzuordnen wegen der Nähe der Vorkommen in Joh 7 und 8.

Ergebnis des hellenistischen Vergleichs
Das Merkmal ist bei den 32 untersuchten hellenistischen Autoren nicht belegt. Im NT liegt es nur 1mal in der Apg und 7mal im Joh vor. Das statistisch vorzügliche Merkmal wurde dennoch wegen der Nähe der Stellen in Joh 7 und 8 vorsichtig eingeordnet.

B 23. οἱ ἀρχιερεῖς καὶ οἱ Φαρισαῖοι[49]

Joh 5:   7,32.45; 11,47.57; 18,3

Mt 2:   21,45; 27,62 / – / –

Diese Zweiergruppierung findet sich nur noch 2mal im Mt. Im NT sind sonst folgende Zweiergruppierungen vertreten: οἱ ἀρχιερεῖς καὶ οἱ γραμματεῖς (Mk 4, Mt 2, Lk 3), οἱ ἀρχιερεῖς καὶ οἱ πρεσβύτεροι (Mt 7, Apg 3).[50] Man/frau beachte, das Joh 7,32.45; 18,3 von ὑπηρέται der Hohenpriester und Pharisäer gesprochen wird.

Ergebnis des hellenistischen Vergleichs
Das Merkmal ist bei den 32 untersuchten hellenistischen Autoren nicht belegt, was allerdings vor allem sachbedingt sein wird. Im NT liegen neben 5 Stellen im Joh nur 2 im Mt vor. Damit hebt sich das Joh noch deutlich ab.

B 24. εἰ ... νῦν δέ[51]

Joh 5:   8,39f; 9,41; 15,22.24; 18,36

Lk 1:   19,42 / – / –

---

[48] Zum Merkmal vgl. Boismard/Lamouille, Joh 504 (B 79), die im übrigen NT auch Mk 14,1 dazurechnen, wo aber eine andere Konstruktion vorliegt.

[49] Zum Merkmal vgl. Boismard/Lamouille, Joh 506 (C 9).

[50] Vgl. dazu und zu den Stellen Dschulnigg, Sprache 127; zur Dreiergruppierung Hohepriester, Schriftgelehrte und Aelteste vgl. Dschulnigg, Sprache 102f.

[51] Zum Merkmal vgl. Boismard/Lamouille, Joh 510 (C 71), die im übrigen NT unzutreffend auch 1 Kor 12,17f dazurechnen.

1 Kor 1:   12,19f

Hebr 1:   11,15f

Als sprachliche Tauschmöglichkeit vgl. man/frau εἰ ... νυνὶ δέ (Röm 7,16f; 1 Kor 12,17f; 15,19f).

Ergebnis des hellenistischen Vergleichs
In der untersuchten hellenistischen Literatur findet sich das Merkmal in folgenden Schriften:

DionChr	5/Rz 2,0:	3,13.28.75f; 7,147f; 10,12
Epikt	4/Rz 1,6:	I 1,10f; 4,7f; II 8,5f.18f
Iust	2/Rz 0,8:	32,2; 64,2
VitAis	1/Rz 0,9:	10,12f
MusR	2/Rz 2,8:	36,22-38,1; 82,24-31

Es liegt bei 5 von 32 hellenistischen Autoren mit einer Relativzahl zwischen 0,8-2,8 vor. Im NT findet es sich in drei Schriften ausserhalb des Joh je 1mal, im Joh selbst dagegen 5mal. Es tritt im vierten Evangelium im Vergleich noch deutlich heraus.

B 25. διὰ τοῦτο + λέγω + ὅτι[52]

Joh 4:   6,65; 9,23; 13,11; 16,15

Mt 1:   21,43 / – / –

Diese Verbindung ist im NT sonst ohne ὅτι belegt (Mk 11,24; Mt 6,25; 12,31; Lk 11,49; 12,22). Damit liegt auch eine sprachliche Tauschmöglichkeit vor, die so im Joh nie zum Zug kommt. Die im Joh 4mal gleichlautende Redewendung mit ὅτι erweist sich als Eigentümlichkeit dieser Schrift, die im NT nur Mt 21,43 zur Seite hat.

Ergebnis des hellenistischen Vergleichs
Das Merkmal ist bei den 32 untersuchten hellenistischen Autoren nicht belegt. Im NT tritt es nur 1mal im Mt und 4mal im Joh auf. Damit ragt es im NT vergleichsweise sehr deutlich heraus.

B 26. εἱστήκει / εἱστήκεισαν[53]

Joh 7:   1,35; 7,37; 18,5.16.18; 19,25; 20,11

Mt 2:   12,46; 13,2 / – / –

---

[52] Zum Merkmal vgl. Boismard/Lamouille, Joh 504 (B 69).

Lk 3:   23,10.35.49 / − / −

Apg 1:   9,7

Offb 1:   7,11

Als sprachliche Tauschmöglichkeit bietet sich ἦν ἑστώς an (Joh 18,18.25; Lk 5,1).

Ergebnis des hellenistischen Vergleichs
Bei den untersuchten hellenistischen Autoren findet sich das Merkmal in den folgenden Schriften:

Herm	5/Rz 2,9:	67,2; 79,3bis.5; 84,3
JosAs	2/Rz 2,3:	16,17x; 17,8fin.
Bell	2/Rz 0,6:	2,290.619
VitAis	1/Rz 0,9:	77,6
Lukian	3/Rz 2,0:	ver.hist. I 40,20; II 42,4; 43,9
EvPetr	1/Rz 13,2:	3
Philo		(Flacc 38; 87); (LegGai 96)
Polem	1/Rz 2,6:	A 22
SusDanBel	3/Rz 3,7:	Dan 3,3; 10,13; 12,5

Das Merkmal ist bei 8(9) von 32 untersuchten Autoren mit einer Relativzahl zwischen 0,6-3,7 vertreten. Dabei weist das kurze Fragment EvPetr nur einen Beleg auf, der allerdings eine Rz von 13,2 ergibt. Dieser Wert ist wegen der Kürze des Fragments, dem 1maligen Vorkommen und der vermutlichen Abhängigkeit der Schrift vom Joh fragwürdig (vgl. 5.3 Exkurs Sprachmerkmale im EvPetr); er kann das statistische Gesamtbild nicht beeinträchtigen. Es wird auch vom innerntl. Vergleich bestätigt. Dort findet sich das Merkmal ausserhalb des Joh in vier Schriften 1-3mal, im Joh aber 7mal. So tritt es im hellenistischen wie ntl. Vergleich noch deutlich hervor.

B 27. ἵνα ὁ λόγος (...) πληρωθῇ (in wechselnder Stellung)[54]

Joh 4:   12,38; 15,25; 18,9.32

Diese Verbindung findet sich im NT nur im Joh. 2mal ist von einem Wort der Schrift die Rede (12,38; 15,25), 2mal von einem Wort Jesu (18,9.32). Bei 3 Stellen folgt ausserdem nachher ὃν εἶπεν (12,38; 18,9.32; vgl. M A 18). Das Merkmal hat in der Wendung ἵνα ἡ γραφὴ πληρωθῇ (M B 28) eine Entsprechung.

Ergebnis des hellenistischen Vergleichs
Das Merkmal ist in der untersuchten hellenistischen Literatur nicht belegt. Im NT findet es sich 4mal nur im Joh. Es ragt damit im Vergleich ganz deutlich heraus, wurde aber aus inhaltlichen Gründen vorsichtig eingestuft.

---

[53] Zum Merkmal vgl. Boismard/Lamouille, Joh 514 (F 31).
[54] Zum Merkmal vgl. Boismard/Lamouille, Joh 496 (A 83).

B 28. ἵνα ἡ γραφὴ πληρωθῇ (in dieser Abfolge)[55]

Joh 4:   13,18; 17,12; 19,24.36

Im NT wird oft von der Erfüllung von Schriftstellen, der Schrift oder Schriften gesprochen[56]; diese Formulierung ist so aber nur im Joh belegt. Hier kommen aber auch noch die Tauschwendungen ἵνα τελειωθῇ ἡ γραφή (19,28) und ἵνα πληρωθῇ ὁ λόγος + Näherbestimmung (12,38; 15,25) vor. 13,18; 19,24.36 folgt je ein ausdrückliches Zitat, 17,12 keines. Die Verbindung hat in ἵνα ὁ λόγος (...) πληρωθῇ (M B 27) eine Entsprechung.

Ergebnis des hellenistischen Vergleichs
Das Merkmal ist bei den 32 untersuchten hellenistischen Autoren nicht belegt, was teils auch sachlich bedingt ist. Im NT findet es sich allein 4mal im Joh. Es ragt damit im Vergleich ganz deutlich heraus, wurde aber aus inhaltlichen Gründen vorsichtig eingestuft.

B 29. εἰμὶ (...) ἐν τῷ τόπῳ (räumlich, ohne Ergänzung)[57]

Joh 4:   5,13; 6,10; 11,30; 19,41

Alle 4 Stellen kennzeichnen einen bestimmten Ort und führen deswegen den bestimmten Artikel (ἐν τῷ τόπῳ). Daneben finden sich im NT noch 3 Fälle mit einer Ergänzung zu τόπος: Lk 9,12; 11,1; Apg 16,3 (Mehrzahl). Als Tauschmöglichkeit vgl. eine Formulierung mit ἐπί (Mk 1,45).

Ergebnis des hellenistischen Vergleichs
Das Merkmal ist bei 32 untersuchten hellenistischen Autoren nur in einer Schrift belegt:

Herm   1/Rz 0,6:   9,5

Im NT findet es sich nur im Joh, hier 4mal. Es ragt damit ganz deutlich heraus.

B 30. ἁμαρτίαν ἔχω[58]

Joh 4:   9,41; 15,22.24; 19,11

1 Joh 1:   1,8

---

[55] Zum Merkmal vgl. auch Teeple, Origin 160f. 258, der es aber nicht näher bestimmt; Boismard/Lamouille, Joh 496 (A 82).
[56] Vgl. Aland, Konkordanz πληρόω unter b und γραφή unter c.
[57] Zum Merkmal vgl. Boismard/Lamouille, Joh 496 (A 98).
[58] Zum Merkmal vgl. Boismard/Lamouille, Joh 494 (A 53).

Diese Umschreibung des einfachen Verbs[59] findet sich im NT nur im joh. Schrifttum. Sie ist zu vergleichen mit ἁμαρτίαν ποιέω, das im NT schon gewöhnlicher ist (vgl. 2 Kor 5,21; 11,7; Jak 5,15; 1 Petr 2,22), im joh. Schrifttum aber auch mehrfach vorkommt (Joh 8,34; 1 Joh 3,4.8.9). Als sprachliche Tauschmöglichkeit vgl. man/frau besonders ἁμαρτάνω (im NT insgesamt 43mal, davon im Joh 3mal und in 1 Joh 10mal).

Ergebnis des hellenistischen Vergleichs
Das Merkmal ist bei 32 untersuchten hellenistischen Autoren nicht belegt, was teils auch sachbedingt sein wird. Im NT findet es sich nur im joh. Schrifttum: Im Joh liegen 4 Stellen vor, im 1 Joh steht ihnen 1 zur Seite. Sie treten damit im Vergleich deutlich heraus. Zusammen mit anderen sprachlichen Gemeinsamkeiten zwischen Ev und Briefen verweist dies auf denselben Verfasser dieser Schriften.

B 31. λελάληκα ὑμῖν (in der Rede Jesu)[60]

Joh 10: 6,63; 8,40; 14,25; 15,3.11; 16,1.4.6.25.33

Diese Verbindung findet sich nur im Joh. Von den 10 Stellen lauten 7 — alle in den Abschiedsreden — ταῦτα λελάληκα ὑμῖν (14,25; 15,11; 16,1.4.6.25.33). Als sprachliche Tauschmöglichkeiten finden sich z.B. εἴρηκα (im Joh 6,65; 14,29; 15,15), ἐλάλησα (im Joh 12,48.49; 15,22; 18,21.23). Die fast formelhafte Häufung in den Abschiedsreden erfordert trotz vorzüglicher Statistik eine vorsichtige Wertung.

Ergebnis des hellenistischen Vergleichs
Das Merkmal ist bei 32 untersuchten hellenistischen Autoren nicht belegt, was allerdings auch sachlich bedingt ist. Im NT findet es sich allein im Joh, hier 10mal. Trotz der unangefochtenen Häufigkeit im Joh ist das Merkmal vorsichtig eingestuft, da es in den Abschiedsreden formelhaft gehäuft vorkommt.

B 32. ἐγώ und ὑμεῖς (aufeinander bezogen)[61]

Joh 25: 4,32.38; 5,34; 7,8.34.36; 8,15.21fin.22.23bis.38.49; 10,25f;
         13,14.15.33; 14,3.19fin.20; 15,5.14.16; 16,27; 19,6

Lk 1:   22,70 / – / –

---

[59] Mayser nennt Umschreibungen des einfachen Verbs "ein charakteristisches Merkmal der spätgriechischen Sprache", das auch in den Papyri der ptolemäischen Zeit weit verbreitet ist (Mayser, Grammatik II 1. 123). Er führt auch Umschreibungen mit ἔχω auf (ebd. II 1. 124), allerdings keine mit ἁμαρτία.

[60] Zum Merkmal vgl. Boismard/Lamouille, Joh 493 (A 16), die aber nicht genauer umschreiben.

[61] Zum Merkmal vgl. Boismard/Lamouille, Joh 494 (A 44); 499 (B 3), die allerdings im Joh nur 18 Fälle erfassen (es fehlen Joh 4,32.38; 5,34; 8,49; 10,25f; 15,14; 16,27) und für das übrige NT nur auf Gal 4,12 verweisen.

Apg 1:   20,25

2 Kor 1:   12,11

Gal 1:   4,12

Durch die Setzung des Personalpronomens in der 1. Person Einzahl und in der 2. Person Mehrzahl wird die Aussage herausgehoben. Im Joh steht das ἐγώ Jesu oft dem ὑμεῖς der Gegner oder Jünger gegenüber. Trotz der sehr günstigen Statistik ist das Merkmal vorsichtig einzustufen, da es häufig die Person Jesu und seine christologische Würde hervorhebt und damit auch der theologischen Aussage dient.

Im Joh wird das Merkmal 7mal als ἐγώ ... καὶ ὑμεῖς näher bestimmt (8,38.49; 13,14.15; 14,3.19fin.20).[62] Dadurch wird der Unterschied Jesu zu Gegnern oder Glaubenden oder die Gemeinsamkeit mit letzteren verdeutlicht.

Ergebnis des hellenistischen Vergleichs
In der untersuchten hellenistischen Literatur findet sich das Merkmal in folgenden Schriften:

Epikt		(I 4,27)
Ign	4/Rz 7,9:	IgnEph 12,1bis; IgnRöm 2,1; 4,1
JosAs	2/Rz 2,3:	24,7f.14
VitAis	1/Rz 0,9:	7,5
TestXII	1/Rz 0,8:	TestLev 19,3

Das Merkmal ist bei 4(5) von 32 hellenistischen Autoren mit einer Relativzahl zwischen 0,8-7,9 belegt. Im NT findet es sich ausser im Joh in 4 Schriften je nur einmal. Die 25 Belege im Joh heben sich im hellenistischen wie ntl. Vergleich ganz markant ab. Dennoch haben wir das Merkmal aus inhaltlichen Gründen vorsichtig eingestuft.

B 33. μαρτυρέω περί τινος (persönlich)[63]

Joh 17:   1,7.8.15; 2,25; 5,31.32bis.36c.37.39fin; 7,7c; 8,13.14.18bis; 10,25fin; 15,26fin

1 Joh 2:   5,9.10

μαρτυρέω (aktiv) kommt im Joh 33mal vor;[64] es spielt hier eine entscheidende Rolle. Das ganze Ev. ist letztlich ein Zeugnis zugunsten der Sendung Jesu vom Vater und der Augenzeugenschaft Jesu für das, was er beim Vater gesehen und

---

[62] Von Boismard/Lamouille, Joh 494 (A 44) als eigenes Merkmal erfasst.

[63] Vgl. Boismard/Lamouille, Joh 492 (A 4).

[64] Vgl. Boismard/Lamouille, Joh 509 (C 58); ferner Nicol, Semeia 23 (Nr. 65). Er zieht allerdings μαρτυρέω mit μαρτυρία zusammen, was stilstatistisch unmöglich erscheint.

von ihm gehört hat (1,18; 3,11-13.31-36; 5,36-38; 6,46). In diesem Zusammenhang sind auch die 17 Fälle von μαρτυρέω περί τινος zu sehen.

Im Joh wurden die 3 Fälle mitgezählt, wo φῶς oder κόσμος im persönlichen Sinn Zielgegenstand des Zeugnisses ist: 1,7.8 (φῶς); 7,7 (κόσμος). Gutgriechisch wäre statt περί τινος die Ergänzung ὑπέρ τινος; dieses kommt aber mit μαρτυρέω im NT nicht vor. In Apg 22,18 findet sich 1mal μαρτυρία περί τινος. Als einziges gutes Gegenbeispiel zu unserem Merkmal in Joh ist 3,26 zu nennen, wo der Wemfall statt περί τινος steht. Das Merkmal ist stilstatistisch noch von einigem Gewicht, weil es in recht verschiedenen Aussagen vorkommt. Nicht nur der Vater legt Zeugnis ab für Jesus; auch andere Personen tun das. Auch die Werke Jesu und die Schrift legen Zeugnis für ihn ab. Jesus tut es auch für sich selbst, wenn auch nicht allein. Der Täufer legt auch Zeugnis ab über das Heilslicht (φῶς) und Jesus über die Welt = zu Ungunsten derer, die nicht an ihn glauben.

Ergebnis des hellenistischen Vergleichs
Das Merkmal ist bei 32 untersuchten hellenistischen Autoren nicht belegt. Im NT findet es sich nur im joh. Schrifttum, im Joh 17mal, im 1 Joh 2mal. Damit ist es im statistischen Vergleich vorzüglich ausgewiesen, wurde aber aus inhaltlichen Gründen dennoch vorsichtig eingeordnet. Die 2 Stellen im 1 Joh ergeben umgerechnet die Rz 14,4, was ganz in die Nähe der Belege im Joh kommt. Zusammen mit anderen Gemeinsamkeiten ergeben die genannten Stellen einen deutlichen Hinweis auf denselben Verfasser des Ev. und der Johbriefe.

B 34. εἰς τὴν ἑορτήν

Joh 7:   4,45; 7,8bis.10; 11,56; 12,12; 13,29

Diese Wendung findet sich im NT nur im Joh. Sie ist als Zielangabe (ausser 13,29) zwar naheliegend, aber es gäbe auch andere Formulierungsmöglichkeiten; man/frau vgl. z.B. Joh 12,20; Lk 2,41.42.

Zu beachten sind die folgenden erweiterten Verbindungen: ἔρχομαι εἰς τὴν ἑορτήν (4,45; 11,56; 12,12)[65], ἀναβαίνω εἰς τὴν ἑορτήν (7,8bis.10).

Da die Häufigkeit auch mit dem im Joh wichtigen Festrahmen zusammenhängt, ist das Merkmal vorsichtig einzuordnen.

Vgl. auch ἐν τῇ ἑορτῇ (M C 11).

Ergebnis des hellenistischen Vergleichs
Das Merkmal findet sich bei 32 untersuchten hellenistischen Autoren nur in einer Schrift:

Bell   1/Rz 0,3:   1,73

---

[65] Als Merkmal von Boismard/Lamouille, Joh 497 (A 111) eigens herausgestellt, aber wohl besser den anderen analogen Vorkommen zuzuordnen.

Im NT ist es im Joh 7mal belegt, sonst nicht. Trotz dieser vorzüglichen Vergleichslage haben wir das Merkmal aus inhaltlichen Gründen vorsichtig eingestuft.

B 35. ἤμελλεν / ἔμελλεν ἀποθνῄσκειν[66]

Joh 4:   4,47; 11,51; 12,33; 18,32

Diese Wendung findet sich im NT so nur im Joh. Ausser bei 4,47 ist immer vom Tod Jesu die Rede.
Als sprachliche Tauschmöglichkeit vgl. man/frau die Verwendung des Futurs
— dann würde aber die besondere Ausdruckskraft des Merkmals fehlen — oder
von τελευτάω (11mal im NT, im Joh 11,39; Lk 7,2 ἤμελλεν τελευτᾶν).
Im NT findet sich die analoge Wendung im Präsens (Röm 8,13). Im Joh liegt
2mal die Erweiterung σημαίνων ποίῳ θανάτῳ ἤμελλεν ἀποθνῄσκειν vor
(12,33; 18,32).

Ergebnis des hellenistischen Vergleichs
Das Merkmal findet sich bei 32 untersuchten hellenistischen Autoren nicht. Im
NT ist es allein im Joh belegt, und zwar 4mal. Obschon es im Vergleich ganz
deutlich heraustritt, haben wir es vorsichtig eingeordnet, da das Futur auch bei
anderen Verben gern mit μέλλω umschrieben wird, im Joh so noch 8mal.

**B 36. χαρά mit πληροῦμαι (Passiv) (die Freude wird/ist
vollendet)[67]**

Joh 4:   3,29; 15,11; 16,24; 17,13

1 Joh 1:   1,4

2 Joh 1:   12

Diese Verbindung ist so im NT nur im joh. Schrifttum zu finden[68], während sie
in anderer Form sonst noch belegt ist (Apg 13,52; Röm 15,13; Phil 2,2; 2 Tim
1,4)[69].

Ergebnis des hellenistischen Vergleichs
Das Merkmal ist bei 32 untersuchten hellenistischen Autoren nicht belegt. Im NT
findet es sich nur im joh. Schrifttum: im Joh 4mal, in 1 und 2 Joh je 1mal. Es
hebt sich also im Vergleich deutlich heraus. Dennoch wurde es aus inhaltlichen

---

[66] Zum Merkmal vgl. Boismard/Lamouille, Joh 496 (A 87).
[67] Zum Merkmal vgl.Boismard/Lamouille, Joh 494 (A 52); Neirynck, Jean 65 (Nr. 402)
verzeichnet die 3malige Perfektform von πληροῦμαι bei Joh 3,29; 16,24; 17,13.
[68] Vgl. Bauer/Aland, Wb. 1349.
[69] Ausser Phil 2,2 steht hier χαρά je im Genitiv, was bei den aufgelisteten joh. Fällen nicht
vorkommt.

Gründen vorsichtig eingestuft. Das 1malige Vorkommen im 1 und 2 Joh verweist zusammen mit anderen sprachlichen Gemeinsamkeiten auf denselben Verfasser der joh. Schriften.

B 37. λαμβάνω τινά = jemanden persönlich "aufnehmen" und so anerkennen[70]

Joh 7:   1,12; 5,43bis; 13,20quater

2 Joh (1):   (10)

Die Aussagekraft dieses Merkmals wird durch das an 2 Stellen im Joh zweimalige oder mehrmalige Vorkommen gemindert, aber durch die joh. Gegenbeispiele 1,11 (παραλαμβάνω) und 4,45 (δέχομαι); 3 Joh 9.10 (ἐπιδέχομαι) wie auch durch Mt 10,40 (die synopt. Par. zu Joh 13,20) verstärkt; vgl. auch Mt 18,5 und Gal 4,14b (je δέχομαι).

Ergebnis des hellenistischen Vergleichs
Das Merkmal findet sich bei 32 untersuchten hellenistischen Autoren nur in den folgenden 3 (4) Schriften:

Barn	1/Rz 2,4:	7,11fin
Herm	1/Rz 0,6:	88,8
Lukian	1/Rz 0,7:	ver.hist. I 33,22
SusDanBel		(Sus 2)

Sie weisen eine Relativzahl zwischen 0,6-2,4 auf. Im NT liegt das Merkmal nur im joh. Schrifttum vor: im Joh 7mal, im 2 Joh allenfalls 1mal. Das Stilmerkmal tritt also im Joh vergleichsweise noch deutlich heraus. Dennoch wird sein Wert durch die Verdichtung von 6 Vorkommen auf 2 Stellen — neben einer weiteren Stelle — etwas gemindert; vgl. aber oben die Angabe über die joh. Gegenbeispiele.

B 38. δαιμόνιον ἔχω (über Jesus gesagt)[71]

Joh 5:   7,20; 8,48.49.52; 10,20

Die Wendung findet sich bezogen auf andere Personen noch 3mal im NT: Mt 11,18 par. Lk 7,33 (Täufer); Lk 8,27 (ἔχων δαιμόνια). Aufgrund des ntl. Vergleichs ist die Wendung (über Jesus gesagt) demnach unter unserer Merkmale zu rechnen. Wegen der Dichte des Vorkommens in Joh 8 und aus inhaltlichen Gründen ist sie aber vorsichtig einzuordnen.

---

[70] Vgl. Boismard/Lamouille, Joh 493 (A 25).

[71] Vgl. zum Merkmal Boismard/Lamouille, Joh 506 (C 10), die nicht näher eingrenzen.

Zu sprachlichen Tauschmöglichkeiten vgl. Dschulnigg, Sprache 98f (M 25).210f (M 241). Im Joh findet sich 10,21 δαιμονιζόμενος (bezogen auf Jesus.

Ergebnis des hellenistischen Vergleichs
Das Merkmal ist in der untersuchten hellenistischen Literatur nicht belegt, was allerdings auch sachlich bedingt ist. Im NT findet es sich allein im Joh 5mal. Aus den oben genannten Gründen haben wir es vorsichtig eingestuft.

B 39. οὔπω ἐληλύθει[72]

Joh 4:   6,17; 7,30; 8,20; 11,30

Diese Verbindung findet sich im NT nur im Joh. Als sprachliche Tauschmöglichkeit vgl. man/frau die Verwendung von ἥκω anstelle von ἔρχομαι (Joh 2,4) oder οὔπω ἦλθεν (Offb 17,10). Zu beachten ist das 2malige ὅτι οὔπω ἐληλύθει ἡ ὥρα αὐτοῦ (Joh 7,30; 8,20).

Ergebnis des hellenistischen Vergleichs
Das Merkmal ist bei 32 untersuchten hellenistischen Autoren nicht belegt. Im NT findet es sich allein 4mal im Joh, womit es im Vergleich sehr deutlich hervortritt.

B 40. ταράσσομαι (Passiv) verbunden mit καρδία, πνεῦμα, ψυχή[73]

Joh 4:   12,27; 13,21; 14,1.27

Diese Verbindung findet sich so im NT nur im Joh. Als stilistische Tauschmöglichkeit vgl. die Vermeidung einer Ergänzung von ταράσσομαι (so Mk 6,50; Mt 2,3; 14,26; Lk 1,12; 24,38; 1 Petr 3,14).
Zu beachten ist die wörtliche gleiche Formulierung μὴ ταρασσέσθω ὑμῶν ἡ καρδία (Joh 14,1.27); daneben auch die Formulierung Joh 12,27 im Anschluss an LXX Ps 6,4f.

Ergebnis des hellenistischen Vergleichs
In der untersuchten hellenistischen Literatur findet sich das Merkmal in folgenden Schriften:

DionChr	1/Rz 0,4:	1,13
Epikt	1/Rz 0,4:	I 27,21
Bell	1/Rz 0,3:	1,81
TestXII	2/Rz 1,5:	TestDan 4,7; TestAss 6,5

---

[72] Zum Merkmal vgl. Boismard/Lamouille, Joh 495 (A 67), die allerdings auch Joh 2,4 und Offb 17,10 dazu rechnen.
[73] Vgl. zum Merkmal Aland, Konkordanz ταράσσω (unter b).

Es ist bei 4 von 32 untersuchten Autoren mit einer Relativzahl zwischen 0,3-1,5 belegt. Im NT findet es sich in keiner anderen Schrift als im Joh (4mal). Es ragt damit deutlich hervor.

B 41. τίθημι τὴν ψυχήν/ τὰς ψυχάς[74]

Joh 6 + (2):   10,11.15.17.(18bis); 13,37.38; 15,13

1 Joh 2:   3,16b.c.

5mal wird unsere Wendung durch ὑπέρ mit Genitiv erweitert: 10,11.15; 13,37.38; 15,13. Das ist auch in 1 Joh 3,16b.c der Fall. Anstelle von ὑπέρ wäre auch ἀντί möglich, wie Mk 10,45 par. Mt 20,28 zeigen. Dort ist das τίθημι übrigens durch δίδωμι ersetzt. In Apg 15,26 steht dafür ein παραδίδωμι, in 1 Thess 2,8 ein μεταδίδωμι. 2mal findet sich τὰς ψυχάς statt τὴν ψυχήν: 1 Joh 3,16c; Apg 15,26. In allen hier aufgezählten Fällen ist τὴν ψυχήν / τὰς ψυχάς immer mit dem Genitiv des persönlichen Fürworts verbunden ausser in 1 Joh 3,16c. In Joh 10,18 wird τὴν ψυχήν (μου) 2mal durch αὐτήν ersetzt.

Ergebnis des hellenistischen Vergleichs
Das Merkmal ist bei 32 untersuchten hellenistischen Autoren nicht belegt. Im NT findet es sich allein im joh. Schrifttum: 6 (8)mal im Joh, 2mal im 1 Joh. Damit ragt es im Vergleich ganz deutlich heraus. Dennoch haben wir es wegen der Dichte von 5 (7) Vorkommen in 10,11-18 und 13,37f vorsichtig eingeordnet. Die 2 Stellen im 1 Joh sprechen zusammen mit anderen sprachlichen Gemeinsamkeiten für denselben Verfasser der joh. Schriften.

B 42. ὥρα ἦν ὡς + Ordinalzahl[75]

Joh 3:   1,39; 4,6; 19,14

Diese Verbindung zur zeitlichen Einordnung des Erzählten begegnet im NT nur im Joh. 2mal wird die sechste Stunde (4,6; 19,14), 1mal die zehnte (1,39) angegeben.
Als sprachliche Tauschmöglichkeit vgl. eine Wendung mit περί (Mt 20,3.5.9; 27,46; Apg 10,9) oder ὡσεί (Lk 23,44; Apg 10,3) oder eine Schreibweise ohne Vergleichspartikel oder Vorwort (Joh 4,52; Mk 15,25.33.34; Apg 2,15).

Ergebnis des hellenistischen Vergleichs
Das Merkmal ist bei 32 untersuchten hellenistischen Autoren nicht belegt. Im NT findet es sich allein 3mal im Joh. Dadurch hebt es sich von allen anderen Schriften ab.

---

[74] Vgl. Boismard/Lamouille, Joh 493 (A 18).

[75] Zum Merkmal vgl. Teeple, Origin 256, der es der Zeichenquelle zuordnet; anders Boismard/Lamouille, Joh 498 (A 131), die es der Schicht II-B zuweisen.

B 43. ἁμαρτία (Einzahl) + pron. pers. im Genitiv Mehrzahl[76]

Joh 3:   8,21; 9,41; 15,22

Zur verbreiteten Verbindung ἁμαρτία in der Mehrzahl + Personalpronomen im
Genitiv Mehrzahl vgl. man/frau Joh 8,24bis= das joh. Gegenbeispiel zu B 43.

Ergebnis des hellenistischen Vergleichs
Das Merkmal ist bei 32 untersuchten hellenistischen Autoren nur in einer Schrift
belegt:

äthHen   1/Rz 1,9:   18,16

Im NT findet es sich allein im Joh 3mal. Es hebt sich so noch von allen untersuchten Vergleichsschriften ab.

B 44. λαλέω ἐκ[77]

Joh 3:   3,31; 8,44; 12,49

Mt 1:   – / – / 12,34

Lk 1:   – / – / 6,45

1 Joh 1:   4,5

Als sprachliche Tauschmöglichkeit vgl. die Verwendung von λέγω. Bei Joh
12,49 läge im Rahmen joh. Redeweise ἀπ' ἐμαυτοῦ näher (vgl. Joh 7,17.18;
14,10; 16,13 und M B 19).

Ergebnis des hellenistischen Vergleichs
Das Merkmal ist bei 32 untersuchten hellenistischen Autoren nicht belegt. Im NT
findet es sich ausserhalb des joh. Schrifttums nur 1mal im Mt/Lk (Par. Q). Im
Joh tritt es dagegen 3mal auf und unterscheidet sich dadurch von allen anderen
untersuchten Schriften. Dazu kommt noch 1 Stelle im 1 Joh, was zusammen mit
anderen sprachlichen Gemeinsamkeiten zwischen Joh und Johbr. für denselben
Verfasser spricht.

---

[76] Zum Merkmal vgl. ähnlich Boismard/Lamouille, Joh 495 (A 74), die ἁμαρτία "singulier +
possessif ou déterminatif" angeben und auch Joh 1,29 mitzählen.
[77] Zum Merkmal vgl. Boismard/Lamouille, Joh 503 (B 62).

V 45. ὃν (...) ὑμεῖς λέγετε ὅτι[78]

Joh 3: 8,54; 9,19; 10,36

Diese Verbindung findet sich so nur im Joh innerhalb des NT. Als sprachliche Tauschmöglichkeit vgl. man/frau die Vermeidung des Personalpronomens und des ὅτι. – Das Merkmal ist eine Erweiterung von ὑμεῖς λέγετε ὅτι (M B 11).

Ergebnis des hellenistischen Vergleichs
Das Merkmal ist bei 32 untersuchten hellenistischen Autoren nicht belegt. Im NT findet es sich allein 3mal im Joh, wodurch sich diese Schrift im Vergleich zu allen anderen auszeichnet.

B 46. ὃν / ἣν ὑμεῖς οὐκ οἴδατε[79]

Joh 3: 1,26; 4,32; 7,28

Diese Verbindung ist eine Erweiterung von ὑμεῖς οὐκ οἴδατε (vgl. M B 4).

Ergebnis des hellenistischen Vergleichs
Das Merkmal ist bei 32 untersuchten hellenistischen Autoren nicht belegt. Im NT tritt es allein 3mal im Joh auf; dieses hebt sich dadurch von allen Vergleichsschriften ab.

B 47. γογγύζω περί mit Genitiv[80]

Joh 3: 6,41.61; 7,32

Diese Verbindung findet sich im NT nur im Joh. 2mal folgt περὶ αὐτοῦ, womit Jesus gemeint ist (6,41; 7,32). Als sprachliche Tauschmöglichkeit vgl. man/frau θορυβέω (4mal im NT) und eine Verbindung mit θόρυβος (7mal im NT) und besonders γογγυσμός (4mal im NT, im Joh 7,12). Auch die Wahl des Vorworts κατά mit Genitiv (Mt 20,11) oder πρός mit Akkusativ (Lk 5,30) wäre möglich.

Ergebnis des hellenistischen Vergleichs
Das Merkmal kommt bei 32 untersuchten hellenistischen Autoren nicht vor. Im NT findet sich ausserhalb des Joh kein Beleg; im Joh tritt es dagegen 3mal auf. Dadurch zeichnet sich das Ev. gegenüber allen Vergleichsschriften aus.

---

[78] Zum Merkmal vgl. Boismard/Lamouille, Joh 497 (A 120).
[79] Zum Merkmal vgl. Boismard/Lamouille, Joh 497 (A 121).
[80] Zum Merkmal vgl. Boismard/Lamouille, Joh 497 (A 103).

B 48. ἵνα ... δι'αὐτοῦ / αὐτῆς (am Satzende)[81]

Joh 3: 1,7; 3,17; 11,4fin

1 Joh 1: 4,9

Dieser Verbindung findet sich so im NT nur im joh. Schrifttum. Sie hebt durch die Schlussstellung von δι'αὐτοῦ / αὐτῆς die Vermittlung der angestrebten Wirkung hervor. Als sprachliche Tauschmöglichkeit liesse sich δι'αὐτοῦ/ αὐτῆς auch vorziehen, was freilich die Aussagekraft der Wendung herabsetzen würde.

Ergebnis des hellenistischen Vergleichs
Das Merkmal findet sich bei 32 untersuchten hellenistischen Autoren nur in einer Schrift:

Philo 1/Rz 0,5: Flacc 97fin

Im NT tritt es allein im joh. Schrifttum auf: 3mal im Joh und 1mal im 1 Joh. Dadurch hebt sich das joh. Schrifttum von allen Vergleichsschriften ab.Die eine Stelle im 1 Joh weist zusammen mit anderen sprachlichen Gemeinsamkeiten von Joh und den Johbr. auf denselben Verfasser dieser Schriften.

B 49. σχίσμα (...) ἐγένετο / ἦν ἐν + Dativ[82]

Joh 3: 7,43; 9,16; 10,19

Diese Verbindung findet sich im NT so nur im Joh. Der 1 Kor bietet allerdings 3 ähnliche Formulierungen (1,10; 11,18; 12,25), die aber auch auf Tauschmöglichkeiten hinweisen: σχίσματα (1,10; 11,18), ὑπάρχω (11,18). Zu einer weiteren Tauschmöglichkeit mit σχίζομαι (Passiv) vgl. Apg 14,4; 23,7. Joh 7,43 und 10,19 sind mit ἐγένετο formuliert, die mittlere Stelle mit ἦν (9,16). 7,43 und 10,19 handeln von der Spaltung unter dem Volk und den Juden, 9,16 unter den Pharisäern. Anlass der Spaltung ist immer Jesus.

Ergebnis des hellenistischen Vergleichs
Das Merkmal findet sich bei 32 untersuchten hellenistischen Autoren nicht. Im NT tritt es nur im Joh auf, hier 3mal. Dadurch zeichnet sich das Joh vor allen Vergleichsschriften aus.

---

[81] Zum Merkmal vgl. Boismard/Lamouille, Joh 496 (A 84).

[82] Zum Merkmal vgl. Boismard/Lamouille, Joh 511 (C 85), die es allerdings offener fassen (σχίσμα ἐν) und auch die 3 Fälle im 1 Kor dazuzählen müssen. In dieser Abgrenzung käme das Merkmal nach unseren Kriterien nicht mehr in Frage.

B 50. ἦν (...) Ἰωάννης (...) βαπτίζων

Joh 3:   1,28; 3,23; 10,40

Diese Verbindung findet sich im NT nur im Joh. Anstelle der umschreibenden Konjugation wäre eine finite Form von βαπτίζω möglich (vgl. im Joh 3,22.23; 4,2).

Joh 10,40 schaut übrigens auf 1,28 zurück (vgl. besonders τὸ πρῶτον 10,40); die Formulierung lautet hier je ὅπου ἦν (ὁ) Ἰωάννης (...) βαπτίζων. Wiederum liegt ein deutlicher Hinweis auf eine die ganze Schrift gestaltende Redaktion vor, die von 10,40 über 3,23 auf 1,28 zurückblickt.

Ergebnis des hellenistischen Vergleichs
Das Merkmal tritt bei 32 untersuchten hellenistischen Autoren nicht auf, was aber teils auch sachlich bedingt ist. Im NT tritt es nur im Joh auf, hier 3mal. Damit hebt sich das Joh von allen Vergleichsschriften ab.

B 51. πῶς σὺ λέγεις[83]

Joh 3:   8,33; 12,34; 14,9

Diese Wendung findet sich im NT nur im Joh. Als sprachliche Tauschmöglichkeit vgl. die Vermeidung des Personalpronomens (Joh 6,42). Die Wendung ist aber vorsichtig einzuordnen, weil andere Verbindungen von πῶς und λέγω / εἶπον im NT belegt sind (Joh 3,12; Mk 12,26.35; Mt 7,4; Lk 6,42; 20,41; 1 Kor 14,16; 15,12), worunter allerdings auch Parallelen und indirekte Fragen stehen.

Ergebnis des hellenistischen Vergleichs
Das Merkmal findet sich bei 32 untersuchten hellenistischen Autoren nicht. Im NT tritt es allein 3mal im Joh auf; dieses zeichnet sich so im Vergleich zu allen untersuchten Schriften aus.

B 52. ἐν κρυπτῷ[84]

Joh 3:   7,4.10; 18,20

Diese Wendung ohne Artikel findet sich ntl. nur im Joh. Im übrigen NT ist nur ἐν τῷ κρυπτῷ belegt (Mt 6,4bis.6bis; Röm 2,29). Als weitere sprachliche Tauschmöglichkeit vgl. man/frau λάθρᾳ (4mal im NT; im Joh 11,28). Dem ἐν κρυπτῷ steht im Joh 2mal (ἐν) παρρησίᾳ gegenüber (7,4; 18,20), 1mal φανερῶς (7,10).

---

[83] Zum Merkmal vgl. Boismard/Lamouille, Joh 496 (A 96), die es allerdings weiter fassen und Par. im übrigen NT bei ihrer Abgrenzung nicht verzeichnen.

[84] Zum Merkmal vgl. Boismard/Lamouille, Joh 497 (A 114). Ruckstuhl, Einheit 202 hat es vorsichtigerweise ausgeschlossen.

Ergebnis des hellenistischen Vergleichs
Das Merkmal findet sich bei 32 untersuchten hellenistischen Autoren nur in einer
Schrift:

TestXII   1/Rz 0,8:   TestJud 12,5

Im NT ist es allein im Joh 3mal belegt, wodurch sich das Joh vor allen Vergleichsschriften auszeichnet.

B 53. διὰ τὸν φόβον τῶν 'Ιουδαίων[85]

Joh 3:   7,13; 19,38; 20,19

Diese Wendung findet sich ntl. nur im Joh. Wegen dessen Vorliebe für οἱ
'Ιουδαῖοι ist sie vorsichtig einzustufen.[86] Immerhin wäre auch ἀπὸ (τοῦ) φόβου
(Mt 14,26; 28,4; Lk 21,26) oder ἐν φόβῳ (2 Kor 7,1; Eph 5,21; 1 Petr 1,17;
3,2; Jud 23) möglich.

Ergebnis des hellenistischen Vergleichs
Das Merkmal ist bei 32 untersuchten hellenistischen Autoren nicht belegt,was
teils auch sachlich bedingt ist. Im NT findet es sich allein 3mal im Joh, was diese
Schrift im Vergleich auszeichnet.

B 54. σημαίνων ποίῳ θανάτῳ[87]

Joh 3:   12,33; 18,32; 21,19

σημαίνω ist im NT ein recht seltenes Wort. Ausserjoh. kommt es nur noch Apg
11,28; 25,27; Offb 1,1 vor. Als sprachliche Tauschmöglichkeiten stehen δηλόω,
ἐμφανίζω zur Verfügung (beide im NT; vgl. Konkordanz).

Die sprachliche Eigenart liegt darüber hinaus in der Verbindung von σημαίνω und
folgender indirekter Frage. Diese bezieht sich 2mal auf den Tod Jesu und lautet
hier je σημαίνων ποίῳ θανάτῳ ἤμελλεν ἀποθνήσκειν (12,33; 18,32), 1mal auf
den Tod des Petrus (21,19), wo die Einleitung τοῦτο δὲ εἶπεν sprachlich auf
12,33 verweist (τοῦτο δὲ ἔλεγεν). Dadurch erhält das Martyrium des Petrus ein
besonderes Gewicht, was auch durch die Aussage festgehalten wird, dass Petrus
darin Gott verherrlicht (δοξάζω; 21,19).

Ergebnis des hellenistischen Vergleichs
Das Merkmal ist bei 32 untersuchten hellenistischen Autoren nicht belegt. Im NT
ist es allein im Joh 3mal anzutreffen, wodurch sich das Ev. im Vergleich auszeichnet.

---

[85] Zum Merkmal vgl. Boismard/Lamouille, Joh 498 (A 131).
[86] Vgl. διὰ τὸν φόβον τοῦ βασανισμοῦ αὐτῆς (Offb 18,10.15).
[87] Zum Merkmal vgl. Boismard/Lamouille, Joh 498 (A 127).

B 55. Ἰούδας Σίμωνος Ἰσκαριώτου[88]

Joh 3:   6,71; 13,2.26

Eine zweifache Näherbestimmung zu Judas, dem Verräter, findet sich im NT nur im Joh. Verbreitet ist eine einfache mit Ἰσκαριώθ / Ἰσκαριώτης (Joh 12,4; Mk 3,19; 14,10; Mt 10,4; 26,14; Lk 6,16; 22,3) oder die Wendung Ἰούδας ὁ παραδιδοὺς αὐτόν (Joh 18,2.5; Mt 26,25; 27,3), Ἰούδας εἷς τῶν δώδεκα (Mk 14,43; Mt 26,47; Lk 22,47). Diese verschiedenen Möglichkeiten verdeutlichen und gewichten die oben herausgestellte Eigentümlichkeit des Joh.

Ergebnis des hellenistischen Vergleichs
Das Merkmal ist bei 32 untersuchten hellenistischen Autoren nicht belegt, was allerdings auch sachbedingt ist. Im NT finde es sich allein 3mal im Joh, wodurch sich diese Schrift im Vergleich auszeichnet.

B 56. Θωμᾶς (...) ὁ λεγόμενος Δίδυμος[89]

Joh 3:   11,16; 20,24; 21,2

Die griechische Uebersetzung des Namens Thomas ist sonst im NT nicht belegt; als Eigenname ist Didymos aber ausserhalb des NT zu finden[90]. Thomas wird im NT sonst nur in den Zwölferlisten erwähnt, tritt aber dann im Joh auffallend hervor; ausser an den oben erwähnten Stellen noch 4mal ohne Ergänzung (Joh 14,5; 20,26.27.28). Als sprachliche Tauschmöglichkeit vgl. man/frau ὃ λέγεται (Joh 19,17; 20,16; Apg 9,36 [erweitert]); ὃ ἑρμηνεύεται (Joh 1,42; 9,7; vgl. Hebr 7,2), auch Joh 5,2 (ἐπιλέγω).

Ergebnis des hellenistischen Vergleichs
Das Merkmal ist bei 32 untersuchten hellenistischen Autoren nicht belegt, was allerdings auch sachbedingt ist. Im NT findet es sich in keiner Schrift ausser 3mal im Joh; dieses hebt sich dadurch im Vergleich ab.

B 57. οὐ περὶ ... ἀλλὰ περί[91]

Joh 3:   10,33; 17,9.20

1 Joh 1:   2,2

---

[88] Zum Merkmal vgl. Boismard/Lamouille, Joh 496 (A 81), die allerdings etwas offener abgrenzen (Simon Iscariote) und den textkritisch fragwürdigen Fall Joh 12,4 dazuzählen.

[89] Boismard/Lamouille, Joh 497 haben Δίδυμος als Sprachmerkmal ausgesondert (A 105).

[90] Vgl. Bauer/Aland, Wb. 387.

[91] Zum Merkmal vgl. Boismard/Lamouille, Joh 496 (A 93).

Diese Verbindung tritt so nur im joh. Schrifttum auf. Joh 17,20 und 1 Joh 2,2
liegt sie leicht ergänzt vor: οὐ περὶ ... μόνον, ἀλλὰ καὶ περί. Die gewöhnliche
Verbindung οὐ ... ἀλλά ist demgegenüber im NT weit verbreitet und findet sich
auch häufig im Joh.[92]

Ergebnis des hellenistischen Vergleichs
Das Merkmal ist bei 32 untersuchten hellenistischen Autoren nicht belegt. Im NT
findet es sich nur im joh. Schrifttum: 3mal im Joh, 1mal in 1 Joh. Die joh.
Schriften heben sich dadurch im Vergleich ab; die sprachliche Uebereinstimmung
von Joh und 1 Joh hier spricht zusammen mit anderen Gemeinsamkeiten für denselben Verfasser beider Schriften.

B 58. οὐδέπω[93]

Joh 3:   7,39; 19,41; 20,9

Apg 1:   8,16

Zu sprachlichen Tauschmöglichkeiten vgl. οὔπω, das aber im Joh wieder besonders häufig vorkommt (M C 5). 7,39 stehen οὔπω und οὐδέπω im gleichen Satz.
In Hebr 11,7 kommt 1mal μηδέπω vor.

Ergebnis des hellenistischen Vergleichs
In der untersuchten hellenistischen Literatur findet sich das Merkmal in folgenden
Schriften:

Bell	2/Rz 0,6:	2,138.626
Iust	3/Rz 1,2:	39,2; 43,6fin; 83,4
Lukian	3/Rz 2,0:	ver.hist. I 8fin; II 27,19; Peregr 10,2
Nikol	2/Rz 1,0:	393,19; 401,32
Plut	1/Rz 0,5:	Thes 35,3

Das Merkmal liegt bei 5 von 32 hellenistischen Autoren mit einer Relativzahl zwischen 0,5-2,0 vor. Im NT findet es sich ausserhalb des Joh nur einmal in der
Apg, im Joh dagegen 3mal, womit sich das Joh noch vor allen Vergleichsschriften auszeichnet.

B 59. οὐ(δεὶς) μέντοι

Joh 4:   4,27; 7,13; 20,5; 21,4

---

[92] Vgl. Aland, Konkordanz οὐ unter h.
[93] Zum Merkmal vgl. Boismard/Lamouille, Joh 509 (C 55), die 2 Vorkommen im übrigen NT
annehmen. Vgl. ausser Apg 8,16 noch die textkritisch umstrittenen Stellen Lk 23,53; 1 Kor
8,2.

μέντοι kommt verneint nur im Joh vor; die Verneinung wird so hervorgehoben und verstärkt. μέντοι ohne Verneinung findet sich Joh 12,42; 2 Tim 2,19; Jak 2,8; Jud 8.

Ergebnis des hellenistischen Vergleichs
In der untersuchten hellenistischen Literatur findet sich das Merkmal in folgenden Schriften:

Arr	3/Rz 1,3:	I 20,6fin; III 3,3; 26,1
DionChr	9/Rz 3,5:	2,8.15.17fin.49.55; 3,136fin; 4,16; 7,128; 8,12
DionHal	6/Rz 3,0:	I 2,4; 11,1; 49,2; 76,2fin; II 2,4; 4,2fin
Epikt	2/Rz 0,8:	II 23,25.34fin
Bell	1/Rz 0,3:	1,543
Iust	2/Rz 0,8:	5,1fin; 67,4
Lukian	4/Rz 2,6:	somn. 15,10; ver.hist. I 29,28; 30,18; II 3,11
Nikol	2/Rz 1,0:	337,7; 396,8
Plut	2/Rz 0,9:	Sol 11,2; Popl 7,5fin

Das Merkmal ist bei 9 von 32 hellenistischen Autoren mit einer Relativzahl zwischen 0,3-3,5 belegt. Im NT findet es sich allein im Joh 4mal, womit sich das Joh noch knapp von den Vergleichsschriften mit den höchsten Relativzahlen abhebt.

B 60. τὸ πρῶτον (zuerst, zunächst)[94]

Joh 3:   10,40; 12,16; 19,39

Diese Verbindung findet sich so im NT nur im Joh. Als sprachliche Tauschmöglichkeit vgl. man/frau πρῶτον; es kommt im NT insgesamt 62mal vor, im Joh — von τὸ πρῶτον abgesehen —: 1,41; 2,10; 7,51; 15,18; 18,13.

Ergebnis des hellenistischen Vergleichs
In der untersuchten hellenistischen Literatur findet sich das Merkmal in folgenden Schriften:

Arr	4/Rz 1,8:	I 6,11; 16,2; II 11,4; III 1,1
DionChr	4/Rz 1,6:	1,1; 2,2.65; 7,129
DionHal	6/Rz 2,96:	I 11,4; 14,1; (16,1); 19,1; (22,2); 24,2fin; 56,4; 57,3
Epikt	1/Rz 0,4:	II 18,24
Bell	1/Rz 0,3:	2,114
VitAis	1/Rz 0,9:	56,9
Lukian	1/Rz 0,6:	Philops 13,7f
Nikol	1/Rz 0,5:	371,11
Philo	6/Rz 2,95:	VitCont 83; Flacc 87; LegGai 78; 94; 181; 227
Plut	5/Rz 2,3	Thes 10,4; 36,5; Sol 1,4; 14,3; 23,5
Polem		(B 65)

---

[94] Vgl. zum Merkmal Nicol, Semeia 23 (Nr. 58); Boismard/Lamouille, Joh 498 (A 126).

Das Merkmal ist bei 10 (11) von 32 hellenistischen Autoren mit einer Relativzahl zwischen 0,3-2,96 belegt (τὸ μὲν πρῶτον wurde nicht verrechnet). Im NT findet es sich allein im Joh 3mal. Das Joh übersteigt damit knapp die grössten Werte der Vergleichsschriften, welche das Merkmal enthalten.

B 61. πώποτε verbunden mit einer Verneinung[95]

Joh 4:   1,18; 5,37b; 6,35fin; 8,33b

Lk 1:   19,30c / – / –

1 Joh 1:   4,12

Gegenbeispiel οὐδέποτε: Joh 7,46; im übrigen NT 15 mal.

Ergebnis des hellenistischen Vergleichs
In der untersuchten hellenistischen Literatur findet sich das Merkmal in folgenden Schriften:

DionChr	8/Rz 3,1:	1,28; 3,15.(113); (4,51); 7,21.28bis.52.71fin; 9,4
JosAs	3/Rz 3,6:	2,1; 15,14; 16,11
Lukian	1/Rz 0,6:	Peregr 42,3
Nikol	2/Rz 1,0:	331,14; 425,22
Philod	1/Rz 1,5:	Fr 87,9f
Philo	2/Rz 1,0:	LegGai 11; 224
SusDanBel	2/Rz 2,5:	Sus 27; Bel 7

Das Merkmal ist bei 7 von 32 hellenistischen Autoren mit einer Relativzahl zwischen 0,6-3,6 belegt. Im NT findet es sich ausserhalb des joh. Schrifttums nur 1mal im Lk. Im Joh ist es 4mal belegt, im 1 Joh 1mal. Das Joh übersteigt knapp die höchsten Werte des Merkmals in der hellenistischen Literatur. Der eine Beleg im 1 Joh kann zusammen mit weiteren sprachlichen Gemeinsamkeiten zwischen 1 Joh und Joh auf denselben Verfasser dieser Schriften weisen.

B 62. πιάζω[96]

Joh 8:   7,30.32.44; 8,20; 10,39; 11,57; 21,3.10

Apg 2:   3,7; 12,4

2 Kor 1:   11,32

Offb 1:   19,20

---

[95] Vgl. Boismard/Lamouille, Joh 502 (B 44).
[96] Vgl. Boismard/Lamouille, Joh 506 (C 5).

Ausserjoh. wird statt πιάζω häufig κρατέω verwendet, vor allem synopt. Das ist jedenfalls ein naheliegendes Tauschwort für πιάζω, auch für den oder die Verfasser des Joh; denn sie kannten gewiss wenigstens eines der anderen Ev. Nur für Joh 21,3.10 war κρατέω keine Tauschmöglichkeit, da es nie für den Fang von Fischen verwendet wurde.

Ergebnis des hellenistischen Vergleichs
In der untersuchten hellenistischen Literatur findet sich das Merkmal nur in 3 Schriften:

Iust	1/Rz 0,4:	56,19
VitAis	1/Rz 0,9:	99,5
TestXII	7/Rz 5,4:	TestJud 2,2.3.6; TestNaph 5,2.3.6; TestGad 1,3

Die Relativzahl schwankt zwischen 0,4-5,4. Im NT ist das Merkmal ausserhalb des Joh in 3 Schriften 1-2mal belegt, im Joh dagegen 8mal. Das Merkmal hebt sich damit statistisch noch relativ deutlich ab, es muss aber wegen mehrerer Parallelfälle vorsichtig eingestuft werden.

B 63. ἐντολή mit folgendem ἵνα

Joh 3:	11,57; 13,34; 15,12
Apg 1:	17,15
1 Joh 2:	3,23; 4,21
2 Joh 1:	6

Als sprachliche Tauschmöglichkeit bietet sich z.B. die Verwendung von ὅπως an (im Joh nur 11,57, sonst aber gebräuchlich im NT). — 13,34 und 15,12 folgen je gleichlautend ἵνα ἀγαπᾶτε ἀλλήλους καθὼς ἠγάπησα ὑμᾶς. Da das ἐντολή-Thema im joh. Schrifttum wichtig ist, ist das statistisch sehr günstige Merkmal vorsichtig einzustufen.

Ergebnis des hellenistischen Vergleichs
Das Merkmal ist bei 32 untersuchten hellenistischen Autoren nur in einer Schrift belegt:

Herm	1/Rz 0,6:	36,10

Im NT findet es sich ausserjoh. nur 1mal in der Apg. Im Joh wird es 3mal, im 1 Joh 2mal und im 2 Joh 1mal verwendet. Damit hebt sich das joh. Schrifttum im Vergleich mit den anderen Schriften noch deutlich ab. Die sprachliche Gemeinsamkeit zwischen Joh und 1/2 Joh verweist zusammen mit andern Gemeinsamkeiten auf denselben Verfasser.

130

B 64. ἐντολὴν / -ὰς δίδωμι[97]

Joh 3:   11,57; 12,49; 13,34

1 Joh 1:   3,23

Als sprachliche Tauschmöglichkeit vgl. man/frau z.B. ἐντέλλομαι (im NT insgesamt 15mal, im Joh [8,5]; 14,31; 15,14.17), ἐπιτάσσω (im NT 10mal), προστάσσω (im NT 7mal), παραγγέλλω (im NT 32mal).
Da das ἐντολή-Thema im joh. Schrifttum wichtig ist, ist das statistisch sehr günstige Merkmal vorsichtig einzustufen.

Ergebnis des hellenistischen Vergleichs
Das Merkmal ist bei 32 untersuchten hellenistischen Autoren nur bei 2 Vertretern belegt:

| Bell | 2/Rz 0,6: | 1,209.441 |
| Nikol | 1/Rz 0,5: | 394,34 |

Im NT findet es sich nur im joh. Schrifttum: 3mal im Joh, 1mal im 1 Joh. Das joh. Schrifttum zeichnet sich dadurch vor den Vergleichsschriften aus; zusammen mit anderen sprachlichen Gemeinsamkeiten kann das Merkmal auf denselben Verfasser verweisen.

B 65. ἀποσυνάγωγος[98]

Joh 3:   9,22; 12,42; 16,2

Einem 2maligen ἀποσυνάγωγος γίνομαι (9,22; 12,42) geht je ὁμολογέω voran. Als sprachliche Tauschmöglichkeit bietet sich eine Formulierung mit συναγωγή (56mal im NT, im Joh 6,59; 18,20) und ἐκβάλλω (81mal im NT, im Joh 6mal; vgl. besonders 9,34f) an.
Das Wort ist nach Bauer/Aland[99] weder den Profanen noch der LXX bekannt. Dennoch muss es vorsichtig eingeordnet werden, da es im Johanneskreis ein geprägter Begriff gewesen sein könnte.

Ergebnis des hellenistischen Vergleichs
Das Merkmal ist bei den 32 untersuchten hellenistischen Autoren nicht belegt, was teils auch sachlich bedingt ist. Im NT findet es sich allein 3mal im Joh, das sich dadurch von den Vergleichsschriften abhebt.

---

[97] Zum Merkmal vgl. Boismard/Lamouille, Joh 495 (A 58), welche die v. 1. Joh 14,31 (N[26] ἐντέλλομαι) auch dazurechnen. — Mayser, Grammatik II 1. 123f vermerkt die Beliebtheit von Umschreibungen des einfachen Verbs im späten Griechisch, führt aber unter den Beispielen mit δίδωμι keinen Fall mit ἐντολή aus den Papyri der Ptolemäerzeit an.
[98] Zum Merkmal vgl. Boismard/Lamouille, Joh 497 (A 101)
[99] Vgl. Wb. 202.

5.2.3. Gruppe C der Stilmerkmale:

C 1 - C 62

C 1. πέραν (als Präposition) mit Genitiv[100]

Joh 8:   1,28; 3,26; 6,1.17.22.25; 10,40; 18,1

Mk 2:   – / 3,8; 10,1

Mt 3:   4,15 / 4,25; 19,1 / –

Als sprachliche Tauschmöglichkeit steht in einzelnen Fällen εἰς τὸ πέραν mit Genitiv (Mk 5,1; Lk 8,22).

Die folgenden Verbindungen liegen vor: πέραν τοῦ Ἰορδάνου (Joh 1,28; 3,26; 10,40; Mk 3,8; 10,1; Mt 4,15.25; 19,1)[101]; πέραν τῆς θαλάσσης (Joh 6,1.17.22.25).

πέραν τοῦ Ἰορδάνου ist verhältnismässig geläufig. Im Joh hat es aber nie die Bedeutung Peräa und ist einem breiteren Fächer des Gebrauchs von πέραν mit Genitiv zugeordnet. Dennoch ist die Präposition wegen der Häufung in Joh 6 vorsichtig einzuordnen.

C 2. ἐν (τῷ) σαββάτῳ

Joh 5:   5,16; 7,22.23bis; 19,31

Mt: 12,2 / – / –

Lk 2:   6,1.7 / – / –

Diese Wendung ist so im Joh 5mal belegt. Allerdings sind 3 Stellen benachbart (7,22f), was zu vorsichtiger Einstufung mahnt. Als Gegengewicht kann immerhin auf vielfältige sprachliche Tauschmöglichkeiten verwiesen werden, so (τῷ) σαββάτῳ (Mt 24,20; Lk 6,9; 13,14.15; 14,1.3; Apg 13,44), (ἐν) τοῖς σάββασιν (Mk 1,21; 2,23.24; 3,2.4; Mt 12,1.5.10.11.12; Lk 4,31; 6,2; 13,10, (ἐν) τῇ ἡμέρᾳ τῶν σαββάτων (Lk 4,16; Apg 13,14; 16,13), (ἐν) (τῇ) ἡμέρᾳ τοῦ σαββάτου (Lk 13,14.16; 14,5).[102]

Vergleicht man diese reiche Vielfalt sprachlicher Tauschmöglichkeiten, die im Joh nirgends belegt sind, dann ist dessen Beschränkung auf ἐν (τῷ) σαββάτῳ

---

[100] Zum Merkmal vgl. Boismard/Lamouille, Joh 504 (B 71), die wohl eine Stelle im Mt übersehen haben. — Mayser, Grammatik II 2. 533 belegt nur 1 Fall von πέραν mit Genitiv aus den Papyri der Ptolemäerzeit.

[101] Dies kann in einzelnen Fällen geradezu Peräa heissen; vgl. dazu Bauer/Aland, Wb. 1297.

[102] Vgl. dazu Dschulnigg, Sprache 130f.

noch auffallender. Dennoch muss das Merkmal vorsichtig eingeordnet werden, was gerade auch die analoge Formulierung Lk 6,6 (ἐν ἐτέρῳ σαββάτῳ) zeigt.

C 3. οὔπω γάρ[103]

Joh 3:   3,24; 7,39; 20,17

1 Kor 1:   3,2

Als sprachliche Tauschmöglichkeit bietet sich an: οὔπω δέ (Joh 11,30), ὅτι (...) οὔπω (Joh 7,8.30; 8,20).

C 4. οἴδαμεν (ohne Partikel) ὅτι[104]

Joh 8:   3,2; 4,42; 9,20.24.29.31; 16,30; 21,24

Mk 1:   – / 12,14

Mt 1:   – / 22,16 / –

Lk 1:   – / 20,21 / –

1 Kor 2:   8,1.4

1 Joh 6:   3,2.14; 5,15bis.18.19

Die Statistik ist für das joh. Schrifttum sehr günstig. Eine sprachliche Abwandlung mit zusätzlicher Partikel (δέ oder γάρ) wäre in einigen Fällen im Joh möglich. Sie findet sich im übrigen NT mehrfach, so οἴδαμεν δέ ὅτι (Röm 2,2; 3,19; 8,28; 1 Tim 1,8; 1 Joh 5,20), οἴδαμεν γάρ ὅτι (Röm 7,14; 8,22; 2 Kor 5,1). Dadurch wird die sprachliche Eigentümlichkeit des Joh noch deutlicher.

C 5. οὔπω[105]

Joh 11:   2,4; 3,24; 6,17; 7,6.8.30.39; 8,20.57; 11,30; 20,17

Mk 5:   4,40; 8,21; 11,2 / 8,17; 13,7

Mt 2:   – / 16,9; 24,6 / –

Lk 1:   23,53 / – / –

---

[103] Zum Merkmal vgl. Boismard/Lamouille, Joh 506 (B 99).

[104] Zum Merkmal vgl. Boismard/Lamouille, Joh 511 (E 4).

[105] Zum Merkmal vgl. Nicol, Semeia 24 (Nr. 70); Boismard/Lamouille, Joh 512 (F 12). Ruckstuhl, Einheit 202 hat es vorsichtigerweise ausgeschlossen.

1 Kor 2:   3,2; 8,2

Hebr 2:   2,8; 12,4

1 Joh 1:   3,2

Offb 2:   17,10.12

Als Gegenbeispiel findet sich im Joh 3mal οὐδέπω (M B 58). 2mal kommt im NT übrigens μήπω vor (Röm 9,11; Hebr 9,8).

2mal findet sich im Joh die gleichlautende Formulierung ὅτι οὔπω ἐληλύθει ἡ ὥρα αὐτοῦ (7,30; 8,20); sie trifft sich sprachlich und sachlich beinahe mit οὔπω ἥκει ἡ ὥρα μου (2,4) und steht inhaltlich 7,6.8 nahe, wo mit καιρός formuliert wird. Alle diese Formulierungen finden sich im NT nur im Joh, ebenso das 4fache οὔπω ἐληλύθει (6,17; 7,30; 8,20; 11,30).

C 6. μετὰ τοῦτο[106]

Joh 4:   2,12; 11,7.11; 19,28

Hebr 1:   9,27

Offb 1:   7,1

Den 4 Stellen im Joh stehen 8 Fälle von μετὰ ταῦτα ebenda gegenüber: 3,22; 5,1.14; 6,1; 7,1; 13,7; 19,38; 21,1. In allen diesen Fällen — mit Ausnahme von 13,7 — ist die Verbindung zum vorausgehenden Abschnitt recht locker; das μετὰ ταῦτα weist nicht auf eine unmittelbare zeitliche Folge hin. Gerade deswegen kennzeichnet es in 5,1; 6,1; 7,1; 21,1 und wohl auch in 3,22 je einen neuen Abschnitt. In 13,7 aber geht es um einen Gegensatz zwischen dem ἄρτι, das Jesus nennt, und einem nicht näher bestimmten späteren Zeitpunkt. Alle 4 Fälle von μετὰ τοῦτο zielen demgegenüber eher auf einen engen zeitlichen Anschluss zweier Handlungen. Das μετὰ τοῦτο kann deswegen joh. kaum einfach durch ein μετὰ ταῦτα ersetzt werden. — Das μετὰ τοῦτο in Hebr 9,27 dürfte vom Gericht als einem dem Tod des einzelnen Menschen unmittelbar folgenden Geschehen ausgesagt sein, während das einzige μετὰ ταῦτα dieses Briefs in 4,8 eindeutig von einem Ereignis lange Zeit nach Josua gemeint ist. Wenn dann in der Offb dem einzigen μετὰ τοῦτο in 7,1 insgesamt 9 μετὰ ταῦτα gegenüberstehen, wird man auch hier die Austauschbarkeit der beiden Wendungen eher als eine fernliegende Möglichkeit verstehen.

Aus dem Gesagten könnte man vielleicht ableiten, dass μετὰ τοῦτο an den joh. Stellen seines Vorkommens sachlich notwendig war und keine rein stilistische Vorliebe spiegelt. Allein der Evangelist hatte die Möglichkeit, anstelle

---

[106] Vgl. Boismard/Lamouille, Joh 496 (A 88). — Teeple, Origin, 253 weist unser Merkmal und das gegensätzliche μετὰ ταῦτα zwei verschiedene Schichten zu, — eine recht zweifelhafte Entscheidung.

von μετὰ τοῦτο andere Ausdrücke wie εἶτα, ἔπειτα, ὕστερον, τότε zu wählen oder dem Zusammenhang stilistisch einzupassen, alles Wörter, die im Joh vorkommen. Vor allem ἔπειτα war jedenfalls mit μετὰ τοῦτο voll auswechselbar, wie 11,7 zeigt, wo es mit μετὰ τοῦτο zu einem Pleonasmus verbunden ist.

C 7. ἐργάζομαι τὰ ἔργα[107]

Joh 3:   3,21; 6,28; 9,4

Diese Verbindung liegt so nur im Joh vor. Im übrigen NT findet sich nur ἐργάζομαι (τὸ) ἔργον (Mk 14,6; Mt 26,10; Apg 13,41; 1 Kor 16,10).

C 8 ὑπαντάω τινί (entgegengehen, begegnen; nicht im feindlichen Sinn)

Joh 4:   4,51; 11,20.30; 12,18

Mk 1:   – / 5,2

Mt 2:   28,9 / 8,28 / –

Apg 1:   16,16

Diese Verbindung findet sich im Joh vergleichsweise häufig. Als sprachliche Tauschmöglichkeiten kommen in Frage: die Vermeidung des Dativs (Lk 8,27), die Verwendung von ἀπαντάω (Mk 14,13; Lk 17,12), ferner auch ἐξέρχομαι εἰς ὑπάντησίν τινι / τινος (Joh 12,13; Mt 8,34; 25,1), ἐξέρχομαι εἰς ἀπάντησίν (τινος) (Mt 25,6), ἔρχομαι εἰς ἀπάντησίν τινι (Apg 28,15).
Im Joh ist Jesus 3mal Zielpunkt des Entgegengehens (11,20.30; 12,18; anders 4,51).

C 9. Ἑβραϊστί[108]

Joh 5:   5,2; 19,13.17.20; 20,16

Offb 2:   9,11; 16,16

Als sprachliche Tauschmöglichkeit vgl. man/frau τῇ Ἑβραΐδι διαλέκτῳ (Apg 21,40; 22,2; 26,14), γράμμασιν ... ἑβραϊκοῖς (Lk 23,38 v. 1.).

---

[107] Zum Merkmal vgl. Boismard/Lamouille, Joh 497 (A 112).

[108] Zum Merkmal vgl. Teeple, Origin 161. 256, der es der Redaktionsschicht zuweist, während Boismard/Lamouille, Joh 495 (A 56) es in die Schicht II - B einordnen.

C 10. (ἐν) τῇ ἐσχάτῃ ἡμέρᾳ[109]

Joh 7: 6,39.40.44.54; 7,37; 11,24; 12,48

Die Wendung wird hier in der Mehrzahl der Fälle für den eschatologischen Tag verwendet, und zwar mit Ausnahme von 12,48 immer in der Verbindung mit ἀνίστημι. Nur 1mal bezeichnet die Wendung den letzten Tag des Laubhüttenfestes (7,37).

Im eschatologischen wie im alltäglichen Sinn wird sonst im NT häufig von der ἡμέρα ἐκείνη gesprochen. Im Joh hat diese Wendung 4mal alltägliche Bedeutung (1,39; 5,9fin; 11,53; 20,19); 2mal wird sie ebenda auszeichnend gebraucht (14,20; 16,23), streng eschatologisch aber nie.

C 11. ἐν τῇ ἑορτῇ

Joh 4: 2,23; 4,45; 7,11; 12,20

Mk 1: – / 14,2

Mt 1: – / 26,5 / –

Diese Verbindung findet sich im NT ausser im Joh nur noch an einer synopt. Parallelstelle. Da die Häufigkeit auch mit dem im Joh wichtigen Festrahmen zusammenhängt, ist das Merkmal vorsichtig einzuordnen.

Als sprachliche Tauschmöglichkeit kommt z.B. die Vermeidung der Präposition in Frage (Lk 2,41).

Zu vergleichen ist auch das 7fache εἰς τὴν ἑορτήν (M B 34).

C 12. μένω + ἡμέρα

Joh 4: 1,39; 2,12; 4,40; 11,6

Apg 2: 9,43; 21,7

Im Joh liegt 4mal eine Angabe über das Bleiben "an jenem Tag" (1,39) oder mehr als einen Tag (2,12; 4,40; 11,6) vor; an 2 Stellen sind es zwei Tage (4,40; 11,6). Die Wendung braucht das joh Lieblingswort μένω (im Joh 40mal, in den Johbr 27mal).

Als sprachliche Tauschmöglichkeit bietet sich eine Verbindung von ἐπιμένω + ἡμέρα (Apg 10,48; 21,4.10; 28,12.14; Gal 1,18), oder διατρίβω + ἡμέρα an (Apg 16,12; 20,6; 25,6.14).

---

[109] Vgl. Boismard/Lamouille, Joh 493 (A 34).

C 13. οὖν narrativum in der Verbindung τότε οὖν[110]

Joh 4:   11,14; 19,1.16; 20,8

Im klassischen Griechisch heisst τότε "damals", "vordem"; gemeint ist zu einem Zeitpunkt der Vergangenheit aus der Sicht der Gegenwart. Ntl. heisst es meistens "dann", "darauf" vom Standpunkt eines vorhergehenden Geschehens aus. Die joh. Wendung τότε οὖν verstärkt auffälligerweise das einfache chronistische οὖν (narrativum) und kann mit "jetzt" wiedergegeben werden, das an die vorausgehende Zeit und das mit ihr verknüpfte ursächliche Geschehen anschliesst. In 11,14; 20,8 handelt es sich um ein "erst jetzt".

Ergebnis des hellenistischen Vergleichs
Das Merkmal ist bei 32 untersuchten hellenistischen Autoren in folgenden Schriften belegt:

DionChr	1/Rz 0,4:	6,20
DionHal		(II 6,1)
Iust	1/Rz 0,4:	56,19
Lukian	1/Rz 0,7:	Philops 25,8f
TestAbr	2/Rz 4,5:	9; 18

Bei 3 Schriften bleibt die Relativzahl deutlich unter 1, im verhältnismässig kurzen TestAbr steigt sie auf 4,5. Im NT ist das Merkmal allein im Joh belegt, und zwar 4mal. Da sich die 4 Vorkommen im Joh von allen verglichenen Schriften sehr deutlich abheben und nur das kurze TestAbr eine knapp grössere Relativzahl ergibt, haben wir das Merkmal nicht ganz ausgeschieden, sondern der C-Gruppe zugeordnet.

C 14. Ἱεροσόλυμα mit Artikel (τά)

Joh 4:   2,23; 5,2; 10,22; 11,18

Ausserjoh. hat Ἱεροσόλυμα nie den Artikel, die Tauschform Ἱερουσαλήμ, die sich im Joh nicht findet, nur äusserst selten. Τὰ Ἱεροσόλυμα weist deswegen auf eine stilistische Neigung des Verfassers, der ihr im Wechsel mit 1,19; 2,13; 4,20.21.45; 5,1; 11,55; 12,12 manchmal erliegt. Blass/Debrunner/Rehkopf, Grammatik 261,3 (mit Anm. 3) erklärt die Fälle 2,23 — nach 2,13-22 —; 5,2 — nach 5,1 — allerdings als erzählende Anaphora = Wiederaufnahme. Das ist möglich. Im Fall 2,23 legt aber der Evangelist im einleitenden Nebensatz auf die Umstände des Auftretens Jesu in Jerusalem ein auffallendes Gewicht, was die Setzung des Artikels im Rahmen einer stilistischen Neigung ebenso gut erklärt. Auch der anschliessende Hauptsatz entspricht dem Aussagewillen des Verfassers, dieses Auftreten und den äusseren Erfolg des ersten öffentlichen Wirkens Jesu in Jerusalem nachdrücklich hervorzuheben. Dass eine solche Wiederaufnahme kaum erzwingbar ist, zeigen aber auch Fälle wie Mt 21,10 nach 1-9; Apg 21,17 nach

---

[110] Vgl. in ds. Arb. 5.2.1: A 1 οὖν narrativum.

15; Gal 1,18 nach 17. Analog zum Wechsel zwischen Ἱεροσόλυμα ohne und mit Artikel lässt sich übrigens auch die Verwendung von Ἰησοῦς und ὁ Ἰησοῦς im Joh als stilistische Abwechslung verstehen (vgl. Blass/Debrunner/Rehkopf, Grammatik 260,1).

Neben Joh verwendet auch Mk statt Ἱερουσαλήμ nur die Form Ἱεροσόλυμα (ohne Artikel).

Ergebnis des hellenistischen Vergleichs
Das Merkmal ist bei 32 untersuchten hellenistischen Autoren in folgenden Schriften belegt:

Bell	15/Rz 4,2:	1,8.33.61.139.154.206.245.294; 2,218.237.313. 333 .338.516.648
Iust	4/Rz 1,6:	36,6; 40,4; 53,2bis
3 Makk	1/Rz 2,9:	3,16

Die Relativzahl dieser 3 Schriften bewegt sich zwischen 1,6-4,2. Im NT findet sich das Merkmal 4mal, nur in Joh. Es wird hellenistisch nur von Bell überboten, das mit einer Relativzahl von 4,2 ganz knapp höher liegt. Wegen dieses knappen Befundes haben wir das Merkmal nicht ganz ausgeschieden, sondern der C-Gruppe zugeordnet.

C 15. ὅπου ἦν / ἦσαν[111]

Joh 8:	1,28; 6,62; 7,42; 10,40; 11,32; 12,1; 18,1; 20,19
Mk 2:	2,4; 5,40 / –
Apg 1:	17,1

Die Verbindung ragt im statistischen Vergleich mit dem übrigen NT deutlich heraus. 2mal findet sich dieselbe Formulierung ὅπου ἦν (ὁ) Ἰωάννης (...) βαπτίζων (Joh 1,28; 10,40).

Sprachliche Tauschmöglichkeiten kommen vor: Joh 11,6; Mt 2,9; Lk 4,16.17; 23,53; Apg 1,13; 2,2; 4,31; 11,11; 12,12; 20,8; 27,8.

Ergebnis des hellenistischen Vergleichs
Das Merkmal ist bei 32 untersuchten hellenistischen Autoren in folgenden Schriften belegt:

ApkMos	5/Rz 16,8:	15; 22fin; 38; 42; 43
JosAs	3/Rz 3,6:	10,8; 14,14; 18,5
VitAis	3/Rz 2,7:	6,11; 45,10; 100,10
EvPetr	1/Rz 13,2:	51

---

[111] Zum Merkmal vgl. Boismard/Lamouille, Joh 507 (C 13), die aber Joh 7,42 übersehen haben.

Das Merkmal ist in 4 von 32 hellenistischen Schriften mit einer Relativzahl zwischen 2,7-16,8 vertreten. Im NT findet es sich ausser im Joh nur in 2 Schriften 1-2mal, im Joh aber 8mal. JosAs und VitAis bleiben deutlich unter der Dichte im Joh. Das EvPetr bietet zwar eine Relativzahl von 13,2, aber diese ist problematisch, da das Fragment sehr kurz und wohl vom Joh abhängig ist (vgl. 5.3. Exkurs Sprachmerkmale im EvPetr). So wird das Merkmal in seiner Häufigkeit nur von der ApkMos, einer relativ kurzen Schrift, übertroffen. Wir scheiden es deshalb nicht vollständig aus, sondern ordnen es der Gruppe C zu.

C 16. ἦν δέ / ἦσαν δέ + Zeitangabe[112]

Joh 8:   5,9; 6,4; 7,2; 9,14; 11,55; 13,30; 18,28; 19,14a

Mk 2:   14,1; 15,25 / –

Lk 1:   21,37 / – / –

Apg 1:   12,3

Diese Verbindung findet sich im Joh vergleichsweise häufig. Sie lautet 2mal ἦν δέ σάββατον (Joh 5,9; 9,14), 3mal ἦν δέ ἐγγύς + Festangabe (Joh 6,4; 7,2; 11,55).
  Im Joh ist ausserdem noch auf 5,5 zu verweisen, im Lk steht 13,10 nahe. Sprachlich könnte eine andere Wortstellung gewählt, das δέ ausgelassen oder ersetzt werden (Joh 1,39; 2,13; 4,6fin; 10,22).

Ergebnis des hellenistischen Vergleichs
Das Merkmal ist bei 32 untersuchten hellenistischen Autoren nur im EvPetr 2mal belegt (EvPetr 15; 58). Im NT liegt es ausserhalb des Joh in drei Schriften 1-2mal vor, im Joh aber 8mal. Das Joh hebt sich so deutlich von allen Vergleichsschriften ab. Nur das kurze Fragment des EvPetr mit 2 Stellen ergäbe eine Relativzahl von 26,4. Diese ist aber wegen der Kürze der Vergleichsbasis und der Abhängigkeit dieser Schrift vom Joh problematisch (vgl. 5.3. Exkurs Sprachmerkmale im EvPetr). Da aber dennoch 2 Stellen vorliegen, ordnen wir das im übrigen statistisch sehr günstige Merkmal vorsichtigerweise der Gruppe C zu.

C 17. ἴδε / ἴδετε neben einem anderen Imperativ

Joh 5:   1,46; 4,29; 7,52; 11,34; 20,27

Mk 1:   6,38 / –

Mt 1:   28,6 / – / –

---

[112] Zum Merkmal vgl. Boismard/Lamouille, Joh 506 (C 4), die im übrigen NT Lk 21,37 nicht gezählt haben.

Lk 1:   24,39 / – / –

Apg 1:   13,41

Ntl. ist das Merkmal vergleichsweise häufig belegt. 2mal kommt ein ἔρχου καὶ ἴδε (Joh 1,46); 11,34) vor.
    Ohne zweiten Imperativ findet sich ἴδε / ἴδετε noch mehrmals im NT: Mk 13,1; 15,4; Röm 11,22; Gal 6,11; 1 Joh 3,1. Joh hat auch eine Vorliebe für ἴδε als erstarrte Partikel (siehe Konkordanz).

Ergebnis des hellenistischen Vergleichs
In der untersuchten hellenistischen Literatur kommt das Merkmal in folgenden Schriften vor:

ApkMos	2/Rz 6,7:	32fin; 35
Epikt	1/Rz 0,4:	I 17,16
äthHen	2/Rz 3,9:	2,2; 3,1
Ign		(IgnSm 3,2)
Iust	2/Rz 0,8:	22,4; 38,4
1 Clem	1/Rz 1,5:	14,5
VitAis	2/Rz 1,8:	39,6; 77,2
EvPetr		(56)
SusDanBel	2/Rz 2,5:	Dan 9,18; Bel 19

Das Merkmal ist bei 7 (9) hellenistischen Autoren mit einer Relativzahl zwischen 0,4-6,7 belegt. Im NT liegt es ausserhalb des Joh in 4 Schriften je 1mal vor, im Joh dagegen 5mal. Damit überragt das Merkmal im Joh statistisch alle verglichenen Schriften mit Ausnahme der verhältnismässig kurzen ApkMos mit der Relativzahl 6,7. Wir haben aufgrund dieses Befundes das Merkmal nicht ganz ausgeschlossen, sondern es der C-Gruppe zugeordnet.

C 18. ἐρωτάω mit folgendem ἵνα[113]

Joh 5:   4,47; 17,15.20f; 19,31.38

Mk 1:   7,26 / –

Lk 2:   7,36; 16,27 / – / –

2 Joh 1:   5

Als sprachliche Tauschmöglichkeit bietet sich ἐρωτάω mit folgendem ὅπως (Lk 7,3; 11,37; Apg 23,20) oder mit folgendem Infinitiv an (Joh 4,40; Lk 5,3; 8,37;

---

[113] Zum Merkmal vgl. Van Belle, Parenthèses 138 (Nr. 174 I), der aber das übrige NT nicht anführt. — Mayser Grammatik II 1.243 belegt einen Fall aus Papyri der Ptolemäerzeit. — 1 Thess 4,1 darf wohl ausgeschlossen werden, da dort nach ἐρωτάω noch παρακαλέω folgt und das ἵνα davon oder von beiden abhängig sein wird.

Apg 3,3; 10,48; 16,39; 18,20; 23,18; 1 Thess 5,12). Anstelle von ἐρωτάω wäre auch αἰτέω verwendbar (vgl. Konkordanz).

Ergebnis des hellenistischen Vergleichs
Das Merkmal ist bei 32 untersuchten hellenistischen Autoren nur in den folgenden Schriften belegt:

äthHen		(13,4)
Herm	9/Rz 5,1:	2,1; 10,3; 18,2; 22,7; 57,5; 66,1.6; 79,6; 88,9
VitAis	1/Rz 0,9:	18,6
Oen	1/Rz 1,9:	362b

Das Merkmal ist in 3 (4) Schriften mit einer Relativzahl zwischen 0,9-5,1 vertreten. Im NT findet es sich ausserjoh. nur im Mk (1mal) und Lk (2mal). Im Joh ist es 5mal belegt, im 2 Joh 1mal. Es ist also im Joh deutlich häufiger als in allen anderen Vergleichsschriften; nur Herm übersteigt das Joh ganz knapp mit der Relativzahl 5,1. Wir haben das Merkmal deshalb nicht ganz ausgeschieden, sondern in die C-Gruppe versetzt.

C 19. ἐάν (μή) τις (τίς dem Verb oder Hilfsverb immer vorauslaufend)[114]

Joh 18 (+ 1):   3,3c.5c; 6,51b; 7,17.37b; 8,51b.52d; 9,22d.31b; 10,9b; 11,9c. 10.57b; 12,26cbis.47; (13,20b); 14,23b; 15,6

Mk 2:   – / 11,3; 13,21

Mt 3:   22,24 / 21,3; 24,23 / –

Lk 3:   16,30.31 / 19,31 / –

1 Kor 3:   5,11; 8,10; 10,28

Kol 1:   3,13

1 Tim 1:   1,8

2 Tim 1:   2,21

Jak 1:   5,19

1 Joh 4:   2,1.15; 4,20; 5,16

Offb 3:   3,20; 22,18.19

---

[114] Vgl. Boismard/Lamouille, Joh 508f (C 48).

Ergebnis des hellenistischen Vergleichs
In der untersuchten hellenistischen Literatur findet sich das Merkmal in folgenden Schriften:

Barn	1/Rz 2,4:	19,1
CorpHerm	1/Rz 0,8:	16,3
Diod	2/Rz 1,0:	I 40,5; 92,4
DionChr	6/Rz 2,4:	6,57; 7,37.109fin; 8,17.18; 10,14
Herm	13/Rz 7,4:	21,2; 29,2.9; 31,6; 36,8; 38,9; 53,7; 64,4; 68,5.7; 73,5; 105,6.8
Ign	3/Rz 5,9:	IgnEph 5,2; 14,2fin; IgnPhld 6,1
JosAs	1/Rz 1,2:	23,12
Bell	3/Rz 0,8:	(1,620); 2,372.389.415
Iust	2/Rz 0,8:	47,1; 102,3
1 Clem		(32,1)
3 Makk	1/Rz 2,9:	2,30
MusR	2/Rz 2,8:	44,26f; 138,8f
Nikol	6/Rz 3,1:	384,8.28.31; 385,5; 386,22.27
Philod	1/Rz 1,5:	Tod XXXV
Polyk	2/Rz 27,3:	I 1; II 3,3
TestXII	9/Rz 6,9:	TestSim 3,5; TestJud 14,3; TestDan 4,3; TestGad 7,1.4; TestJos 7,8; TestBenj 4,4ter

Das Merkmal ist bei 15 (16) von 32 hellenistischen Autoren mit einer Relativzahl zwischen 0,8-7,4 belegt, wenn man vom Sonderfall der sehr kurzen Polykarpbriefe absieht, wo 2 Stellen begegnen, was eine Relativzahl von 27,3 ergibt. Im NT findet es sich ausserhalb des joh. Schrifttums in 9 Schriften zwischen 1-3mal, im Joh dagegen 18mal und im 1 Joh 4mal. Alle Vergleichsschriften weisen also deutlich weniger Fälle auf als das Joh; nur die sehr kurzen Polyk machen eine Ausnahme. Da hier die Relativzahl nicht unproblematisch ist, haben wir das Merkmal nicht ganz ausgeschlossen, sondern es in die C-Gruppe eingeordnet.

C 20. ἐρωτάω (fragen)[115]

Joh 15 [+ 1]:	1,19.21.25; 5,12; [8,7]; 9,2.15.19.21; 16,5.19.23.30; 18,19.21bis
Mk 2:	4,10; 8,5 / –
Mt 3:	16,13; 19,17 / – / 21,24
Lk 5:	9,45; 19,31; 22,68; 23,3 / – / 20,3
Apg 1:	1,6

---

[115] Zum Merkmal vgl. Boismard/Lamouille, Joh 509 (C 52).

Das Wort findet sich im Joh in dieser Bedeutung vergleichsweise häufig. Die Synoptiker verwenden dafür lieber ἐπερωτάω, das auch im Joh 2mal belegt ist (9,23; 18,7). Als sprachliche Tauschmöglichkeit vgl. man/frau weiter auch πυνθάνομαι (im Joh 4,52; 13,24). Häufung und Nähe der Stellen in Kap. 1, 9 und 18 des Joh verlangen eine vorsichtige Einstufung, ebenso die Bemerkung von Mayser, dass ἐρωτάω in der Bedeutung fragen in den ptolemäischen Papyri häufig sei[116].

C 21. σύ dem Verb nachgestellt

Joh 8:   1,21; 4,19; 6,30; 8,48; 12,34; 17,5; 18,37; 19,9

Lk 3:   17,8; 19,42; 23,40 / – / –

Apg 3:   11,14; 13,33; 16,31

Hebr 2:   1,5; 5,5

Offb 1:   2,15

Das Personalpronomen σύ (im Nominativ) ist dem Verb im Joh vergleichsweise häufig nachgestellt. Als sprachliche Tauschmöglichkeit bietet sich die im NT gebräuchlichere Voranstellung von σύ an, die auch im Joh weit überwiegt (hier rund 50mal).

Die Fälle Apg 13,33; Hebr 1,5; 5,5 sind wörtliches Zitat aus LXX Ps 2,7, wodurch ihr Gewicht vermindert wird. Dennoch bleibt das Stilmerkmal vorsichtig einzustufen, da die Häufigkeit im Joh auch mit der Vorliebe zur Verwendung des Personalpronomens zusammenhängt.

C 22. εἰμί / γίνομαι μαθητής[117]

Joh 7:   8,31; 9,27.28bis; 13,35; 15,8; 19,38

Lk 3:   14,26.27.33 / – / –

Apg 1:   9,26

Auf eine sprachliche Tauschmöglichkeit weist Mt 27,57 hin, eine Stelle, die zu Joh 19,38 parallel ist.

Wegen der Nähe von 3 Stellen Joh 9,27f und aus inhaltlichen Gründen ist die Wendung vorsichtig einzuordnen.

---

[116] Vgl. Mayser, Grammatik II 2.322.
[117] Zum Merkmal vgl. Boismard/Lamouille, Joh 508 (C 39).

C 23. ῥαββί / ῥαββουνί als Anrede Jesu[118]

Joh 8:   1,38.49; 3,2; 4,31; 6,25; 9,2; 11,8; 20,16

Mk 4:   9,5; 10,51; 11,21 / 14,45

Mt 2:   26,25 / 26,49 / –

Als sprachliche Tauschmöglichkeit vgl. man/frau die inhaltlich gleichwertige Anrede Jesu als διδάσκαλε, die bei den Synoptikern oft verwendet wird, im Joh aber nur in der Übersetzung von ῥαββί / ῥαββουνί (1,38; 20,16); ferner auch das 7malige ἐπιστάτα im Lk (vgl. eine Konkordanz).

Die Bezeichnung Jesu als διδάσκαλος findet sich ausserdem noch 4mal im Joh (3,2; 11,28; 13,13.14). Zu beachten ist, dass im Joh auch der Täufer mit ῥαββί angesprochen wird (3,26).

C 24. νόμος + Ergänzung zum Geltungsbereich[119]

Joh 5:   7,51; 8,17; 10,34; 15,25; 18,31

Apg 2:   18,15; 23,29

Im Joh übernimmt die Aufgabe, den Geltungsbereich des Gesetzes näher zu bestimmen, fast immer ein Personalpronomen im Genitiv. Eine Ausnahme macht Joh 8,17.

Die Formulierung ist verhältnismässig unauffällig, wo sie von Aussenstehenden gebraucht wird (Joh 18,31; Apg 18,15; 23,29). An den übrigen Stellen markiert sie eine Distanz zu den Juden, die das Gesetz gegen Jesus missbrauchen (am wenigsten Joh 7,51). Damit liegt sie in der Linie der Beurteilung der Juden im Joh und ist dementsprechend vorsichtig einzuordnen.

C 25. ἔχειν ἐν ἑαυτῷ[120]

Joh 5:   5,26bis.42; 6,53; 17,13

Mk 2:   9,50 / 4,17

---

[118] Zum Merkmal vgl.Fortna, Gospel 217, der allerdings unzulässig Joh 3,26 mitverrechnet. Als Sprachmerkmal für die Semeia-Quelle ist es freilich unbrauchbar, da es auch im übrigen Joh vorkommt (vgl. zur Kritik Ruckstuhl, Einheit 323). Für die Semeia-Quelle bucht es auch Teeple, Origin 143.258 als Sprachkennzeichen. — Etwas anders definiert (Rabbi vocatif) verzeichnen es auch Boismard/Lamouille, Joh 508 (C 35); zu Korrekturen vgl. Neirynck, Jean 63 (Nr. 360).

[119] Zum Merkmal vgl. Boismard/Lamouille, Joh 502 (B 43), die es als "Loi (nomos) + terme marquant l'appartenance" beschreiben. Sie haben im übrigen NT Apg 23,29 übersehen.

[120] Zum Merkmal vgl. Boismard/Lamouille, Joh 507 (C 27).

144

Mt 1:   – / 13,21 / –

2 Kor 1:   1,9

1 Joh 1:   5,10

Als sprachliche Tauschmöglichkeit lässt sich ἔχειν ἐν αὐτῷ verwenden. Im Joh hat die Wendung ἔχειν ζωὴν ἐν ἑαυτῷ (5,26bis; 6,53) grosses Gewicht.

C 26. τηρέω τὸν λόγον (Einzahl)[121]

Joh 7:   8,51.52.55; 14,23; 15,20bis; 17,6

1 Joh 1:   2,5

Offb 2:   3,8.10

Diese Wendung findet sich im NT insgesamt 8mal im joh. Schrifttum. An den einzelnen Stellen ist entweder vom Wort Jesu oder Gottes die Rede, 1mal aber auch vom Wort der Jünger (15,20fin).
   Daneben sind 3 ntl. Stellen mit τηρέω τοὺς λόγους zu verzeichnen (Joh 14,24; Offb 22,7.9).
   Das Wort Jesu ist im Joh von hoher Bedeutung, und mehrere Stellen der Wendung liegen nahe beieinander. Deshalb ist die Verbindung als Stilmerkmal vorsichtig einzustufen.

C 27. ποιέω + pron. reflex. im Akkusativ (= sich zu etwas machen) + Attribut[122]

Joh 5:   5,18; 8,33; 10,33; 19,7.12

Diese Verbindung kommt ntl. nur im Joh vor. Sie dient hier zur Formulierung der Anklage der Gegner Jesu, dass dieser eigenmächtig göttlichen Anspruch erhebe. Damit steht sie in einem theologisch bedeutsamen Feld des Ev. Man darf aber nicht übersehen, dass das Attribut, das den hohen Anspruch Jesu zum Ausdruck bringt, an jeder der 5 aufgelisteten Stellen anders lautet. Die Vermutung, dass hier derselbe Verfasser im Rahmen der gleichen stilistischen Figur seine Vorliebe zur Abwechslung ins Spiel bringt, lässt sich kaum abweisen. Dementsprechend dürfte die Einstufung des Merkmals hier richtig sein.

---

[121] Zum Merkmal vgl. Boismard/Lamouille, Joh 493 (A 23), die auch die pluralische Fassung dazuzählen.
[122] Zum Merkmal vgl. Boismard/Lamouille, Joh 495 (A 71).

C 28. πόθεν + εἰμί[123]

Joh 7:   2,9; 7,27bis.28; 9,29.30; 19,9

Mt 1:   21,25 / – / –

Lk 2:   13,25.27 / – / –

Diese Wendung hängt im Joh ausser in 2,9 mit der theologisch bedeutsamen Frage nach der Herkunft Jesu zusammen. Als Gegenbeispiel ist 8,14bis anzuführen, wo πόθεν mit ἔρχομαι verbunden ist (vgl. dazu Joh 3,8, wo nach der Herkunft des Windes gefragt wird). Wegen des erwähnten Zusammenhangs und der Nähe von insgesamt 5 Stellen in Joh 7 und 9 ist das Merkmal vorsichtig einzuordnen.

C 29 οἶδα mit indirekter Frage verbunden[124]

Joh 22:   2,9; 3,8; 4,10; 5,13; 6,6.64; 7,27.28; 8,14bis; 9,21bis.25.29.30; 12,35; 13,18; 14,5; 15,15; 16,18; 20,2.13

Mk 7:   9,6; 13,33; 14,40 / 1,24; 10,38; 13,35; 14,68

Mt 4:   – / 20,22; 24,42; 26,70 / 24,43

Lk 5 (6):   13,25.27; 20,7; [23,34] / 4,34 / 12,39

Apg 2:   7,40; 19,32

Röm 2:   8,27; 11,2

1 Kor 4:   1,16; 7,16bis; 14,16

Eph 2:   1,18; 6,21

Kol 1:   4,6

1 Thess 1:   4,2

2 Thess 1:   3,7

1 Tim 1:   3,15

2 Tim 1:   3,14

1 Joh 1:   2,11

---

[123] Zum Merkmal vgl. Boismard/Lamouille, Joh 508 (C 40). Der Fall Mk 12,37 ist anders zu werten und somit nicht zu zählen (vgl. auch Bauer/Aland, Wb. 1364).
[124] Zu den Stellen vgl. Aland, Konkordanz unter οἶδα b.

Offb 1:   2,13

Diese Verbindung ist im Joh im Vergleich mit dem übrigen NT verhältnismässig häufig. Im Joh ist das mit οἶδα verbundene Fragewort in 12 Fällen ποῦ oder πόθεν (2,9; 3,8; 7,27.28; 8,14bis; 9,29.30; 12,35; 14,5; 20,2.13).[125]

C 30. ποῦ ὑπάγω[126]

Joh 7:   3,8; 8,14bis; 12,35; 13,36; 14,5; 16,5

1 Joh 1:   2,11

Diese Verbindung ist im NT nur im joh. Schrifttum zu finden. An den meisten Stellen ist das Scheiden Jesu im Blick (vgl. M C 33), auf das sich mehrfach die Jüngerfrage bezieht (13,36; 14,5; 16,5). Aber dies ist nicht immer der Fall (3,8; 12,35; 1 Joh 2,11). Trotz der vorzüglichen Statistik wird man das Merkmal mit einiger Vorsicht einordnen müssen, dies aus inhaltlichen Gründen und wegen des Zusammentreffens von 2 Vorkommen in 8,14.

C 31. οὐχ'ὅτι ..., ἀλλ'ὅτι

Joh 2:   6,26; 12,6

2 Kor 1:   7,9

1 Joh 1 (+ 1):   (2,21); 4,10

Die Zahl der 2 Fälle aus dem Joh, die unseren statistischen Mindestanforderungen nicht genügt, wird ergänzt durch den sicheren Beleg aus dem 1 Joh. Zudem fällt die paulinische Parallele nicht ins Gewicht, da ein einziges Beispiel in einer Schrift fragwürdig ist, wenn eine stilistische Gewohnheit des Verfassers nachgewiesen werden soll. Auch wird im Fall von 2 Kor 7,9 gerade deutlich, dass eine solche Gewohnheit nicht in Frage kommt; denn Paulus wiederholt das ὅτι in 2 Kor 1,24; 3,5 nicht, obschon es hier wiederholt werden könnte.

C 32. οὗτός ἐστιν ἀληθῶς ὁ + christologischer Titel

Joh 3:   4,42; 6,14; 7,40

Diese Verbindung findet sich so im NT nur im Joh, 2mal mit προφήτης (6,14; 7,40), 1mal mit σωτὴρ τοῦ κόσμου (4,42).

---

[125] Von Boismard/Lamouille, Joh 503 (B 52) als eigenes Sprachmerkmal erfasst.
[126] Zum Merkmal vgl. Boismard/Lamouille, Joh 493 (A 29).

Als sprachliche Tauschmöglichkeit kommt eine Umstellung von Wörtern in Frage (Mk 15,39; Mt 14,33; 27,54).

Die Verbindung ist aus inhaltlichen Gründen vorsichtig einzuordnen. Ausserdem knüpft sie — abgesehen von ἀληθῶς — offenkundig an eine urchristliche Bekenntnisformel an.[127]

C 33. a. ὑπάγω; b. πορεύομαι; c. ἀπέρχομαι; d. ἀφίημι;
e. μεταβαίνω
(alle Ausdrücke metaphorisch vom Scheiden Jesu im Tod)

a. Joh 17:   7,33; 8,14bis.21bis.22; 13,3.33.36bis; 14,4.5.28; 16,5bis.10.17

Mk 1:   – / 14,21

Mt 1:   – / 26,24 / –

b. Joh 6:   14,2.3.12.28; 16,7.28

Lk 1:   22,22 / – / –

c. Joh 2:   16,7bis

d. Joh 1:   16,28

e. Joh 1:   13,1

Gesamtzahl Joh: 27

Alle 5 hier aufgeführten Ausdrücke weisen auf den Tod, durch den Jesus aus dieser Welt scheidet, um in das Jenseits des Vaters zurückzukehren. Sie unterscheiden kaum zwischen dem Tod Jesu und seiner Auferstehung, sowenig dies etwa in 13,31-33 der Fall ist. Deswegen kann 1 Petr 3,22, wo, wie sich aus 21 ergibt, das πορευθεὶς εἰς οὐρανόν nur die Erhöhung Jesu im Zug seiner Auferstehung anzeigt, nicht als Parallele zum joh πορεύεσθαι gelten.

Stilkritisch gesehen entscheidet für uns selbstverständlich nicht die Zahl der angeführten Stellen über den Wert des Merkmals. Ihr Gewicht hängt auch von der Wiederholung der gleichen Ausdrücke in einem engeren Zusammenhang ab; es wird dadurch geringer.

Unsere Zusammenstellung verschiedener Ausdrücke zu einem einzigen Merkmal rechtfertigt sich, weil sie einer anerkannten und oft verwirklichten Neigung im vierten Ev. entspricht, im gleichen oder weiteren Zusammenhang für gleiche oder verwandte Aussagen zwei oder mehr Tauschformen zu verwenden. In unserem Fall verstärkt die auffallende und gelungene Abwechslung die Wahrscheinlichkeit, dass hier keine Nachahmer am Werk waren, sondern der gleiche Urheber.

---

[127] Vgl. dazu Ruckstuhl, Jesus 32f.

Unter den Stellen zu a. fallen die Vorkommen mit ὑπάγω πρός τινα auf. 7,33; 16,5 steht ὑπάγω πρὸς τὸν πέμψαντά με, 16,10.17: ὑπάγω πρὸς τὸν πατέρα, 13,3: πρὸς τὸν θεὸν ὑπάγει. Als Tauschmöglichkeit dazu vgl. ὑπάγω ἐπί τινα (Lk 12,58), vor allem aber πορεύομαι πρὸς τὸν πατέρα (Joh 14,12.28; 16,28; anders 20,17). In den Beispielen mit πρὸς τὸν πατέρα fällt das Fehlen der Genitivergänzung μου auf (anders Lk 15,18). Diese fehlt nach πατήρ im Joh allerdings auch sonst nicht selten, wo man sie erwarten könnte.

C 34. οὐ δύναμαι (...) ποιεῖν (...) οὐδέν[128]

Joh 4:   5,19.30; 9,33; 15,5

Diese Verbindung findet sich im NT nur im Joh. Sie ist an allen Stellen theologisch befrachtet: Jesus kann ohne Gott nichts tun (5,19.30; 9,33); die Jünger können ohne Jesus nichts tun (15,5). Darum ist sie vorsichtig einzustufen.

Sprachlich ausgezeichnet ist die knappe Formulierung mit doppelter Verneinung. Vergleichbar ist eine ähnliche Formulierung in Mk 6,5.

C 35. ζωὴν δίδωμι[129]

Joh 3:   6,33; 10,28; 17,2

Apg 1:   17,25

1 Joh 2:   5,11.16

Diese Wendung tritt im joh. Schrifttum ganz deutlich hervor. Da sie mit dem theologisch wichtigen Begriff (ewiges) Leben verbunden ist, ist sie vorsichtig einzustufen. Sprachlich liesse sie sich durch ζωοποιέω (Joh 5,21bis; 6,63) umschreiben.

---

[128] Zum Merkmal vgl. Boismard/Lamouille, Joh 495 (A 76).

[129] Zum Merkmal vgl. Boismard/Lamouille, Joh 502 (B 39). — Mayser, Grammatik II 1.123f vermerkt die Beliebtheit von Umschreibungen des einfachen Verbs in der spätgriechischen Sprache, führt aber kein Beispiel unserer Umschreibung mit δίδωμι in den ptolemäischen Papyri auf.

C 36. (ἐ)μέ und ὑμᾶς (gegenüberstehend aufeinander bezogen)[130]

Joh 8:   7,7; 12,30; 15,9.16.18.20; 16,27; 20,21

Mt 1:   10,40[131] / – / –

Lk 1:   10,16[132] / – / –

Diese Gegenüberstellung entspricht jener von ἐγώ und ὑμεῖς (M B 32); die Personalpronomina stehen aber hier im Akkusativ.

C 37. τελειόω τὸ ἔργον / τὰ ἔργα[133]

Joh 3:   4,34; 5,36; 17,4

Diese Wendung kommt ntl. nur im Joh vor. Ihre Bedeutung als Stilmerkmal wird gemindert durch ihre Verflechtung mit dem Sendungsauftrag Jesu und seinem Heilswirken. Als Verb wäre auch πληρόω (im NT insgesamt 87mal, im Joh 15mal), τελέω (im NT 28mal, im Joh nur 19,28.30), ἐκτελέω (im NT 2mal) verwendbar gewesen. Durch diese Möglichkeit einer freieren Gestaltung ist die Wendung als Stilmerkmal eingeschränkt brauchbar.

C 38. πιστεύω ὅτι (dass)[134]

Joh 14:   4,21; 6,69; 8,24; 9,18; 11,27.42; 13,19; 14,10.11; 16,27.30; 17,8.21; 20,31

Mk 2:   11,23.24 / –

Mt 1:   9,28 / – / –

Lk 1:   1,45 / – / –

Apg 2:   9,26; 27,25

Röm 2:   6,8; 10,9

1 Thess 2:   4,14

---

[130] Zum Merkmal vgl.Boismard/Lamouille, Joh 500 (B 12).
[131] Mt 10,40 und Lk 10,16 könnten als Par. der Q-Ueberlieferung gewertet werden. Wir verzichten darauf wegen der grossen Unterschiede des Spruches an den beiden Stellen.
[132] S. Anm. 131.
[133] Zum Merkmal vgl. Boismard/Lamouille, Joh 499 (A 159), die es allerdings enger fassen (τελειόω τὸ ἔργον) und so nur Joh 4,34; 17,4 zählen können.
[134] Zum Merkmal vgl. Boismard/Lamouille, Joh 508 (C 43), die im Joh 4,21 nicht zählen und im übrigen NT 2 Fälle übersehen haben.

150

Hebr 1:   11,6

Jak 1:   2,19

1 Joh 2:   5,1.5

Diese Verbindung ist im Joh zwar häufig, aus inhaltlichen Gründen ist sie aber
vorsichtig einzuordnen.

C 39. πιστεύω εἰς τι(να)[135]

Joh 36:   1,12c; 2,11c.23b; 3,16c.18bis.36; 4,39; 6,29c.35d.40b;
            7,5.31.38.39b.48; 8,30; 9,35.36fin; 10,42; 11,25c.26.45fin.48b;
            12,11fin.36b.37fin.42.44bis.46b; 14,1bis.12; 16,9; 17,20b

Mk [1]:   – / [9,42]

Mt 1:   – / 18,6 / –

Apg 3:   10,43fin; 14,23fin; 19,4c

Röm 1:   10,14

Gal 1:   2,16b

Phil 1:   1,29b

1 Petr 1:   1,8b

1 Joh 3:   5,10bis.13b

Die 4 Fälle mit πιστεύω εἰς τι im Joh — εἰς τὸ ὄνομα: 1,12; 2,23; 3,18c; εἰς
τὸ φῶς: 12,36 — umschreiben nur das personale εἰς τινα; vgl. demgegenüber
1 Joh 5,10fin: πιστ. εἰς τ. μαρτυρίαν.
Im Joh wird unterschieden der Glaube, der die Botschaft Jesu annimmt, weil
er dem Verkünder Jesus glaubt (πιστεύω τινί), dass er die Wahrheit spricht,
und der Glaube, der an Jesus glaubt (εἰς τινα), weil er versteht, dass der
entscheidende Inhalt und das Ziel der Botschaft Jesu wie auch des Glaubens
seine Person ist. Um das auszusagen, verwendet Joh manchmal auch πιστεύω
ὅτι, so 6,69; 8,24; 11,27; 13,19c; 20,31. 7mal erscheint unser Merkmal als
part. praes. im Nominativ Einzahl: 6,35; 7,38; 11,25.26.; 12,44.46; 14,12; es
hat immer den Artikel und ist umfassend zu verstehen, was in 11,26 und 12,46
durch ein πᾶς hervorgehoben wird. Auffällig sind auch die 7 Beispiele der
berichtenden Aussage: πολλοί (...) ἐπίστευσαν εἰς αὐτόν (Jesus): 2,23; 4,39;
7,31; 8,30; 10,42; 11,45; 12,42; sie kommt nur im Joh vor.

---

[135] Vgl. Boismard/Lamouille, Joh 502 (B 51).

Ausserjoh. finden sich als Gegenbeispiele zu πιστεύω εἰς τινα auch Stellen mit ἐπί τινα : Mt 27,42; Apg 9,42; 11,17; 16,31; 22,19; Röm 4,5.24. 3 von 4 Stellen mit ἐπί und dem Dativ der Person statt εἰς τινα oder ἐπί τινα führen wörtlich Jes LXX 28,16fin an, nämlich Röm 9,33; 10,11; 1 Petr 2,6.

C 40. ζωὴν ἔχω[136]

Joh 14:   3,15.16.36; 5,24.26bis.39.40; 6,40.47.53.54; 10,10; 20,31

Mt 1:   19,16 / – / –

1 Joh 4:   3,15; 5,12bis.13

Diese Verbindung wird im joh Schrifttum hoch geschätzt. Da sie mit dem theologisch wichtigen Begriff (ewiges) Leben verbunden ist, ist sie trotz hervorragender Statistik vorsichtig einzuordnen. Immerhin liesse sie sich durch das Verb ζῶ ersetzen, das im NT weit verbreitet ist und auch im Joh 17mal verwendet wird; zu vergleichen ist im Joh auch das einmalige ὁράω ζωήν (3,36).

Man/frau vgl. auch ζωὴν δίδωμι (M C 35) und die Erweiterung von ἔχω ζωήν durch αἰώνιον, die 8 der 14 Fälle im Joh betrifft: Joh 3,15.16.36; 5,24.39; 6,40.47.54.

C 41. ὁ πέμψας με (und analoge Formulierungen)[137]

Joh 26 (+ 1): 1,(22).33; 4,34; 5,23fin.24.30fin.37; 6,38.39.44; 7,16.18.28.33;
               8,16.18.26.29; 9,4; 12,44.45.49; 13,16.20; 14,24; 15,21; 16,5

Diese Formulierung findet sich im ganzen übrigen NT nicht. Sie hat zwar meist theologisches Gewicht, indem sie auf Gott als den verweist, der Jesus gesandt und mit seiner Vollmacht ausgestattet hat. Aber dies ist nicht immer der Fall (vgl. 1,22; 7,18; 13,16); zudem kann sie auch den Täufer als Gottes Gesandten erklären (1,33).

Sprachliche Tauschmöglichkeiten wären gegeben durch finite Formulierung des Verbs oder die Verwendung anderer Verben wie ἀποστέλλω (häufig im NT, auch im Joh), ἐξαποστέλλω (vgl. eine Konkordanz).

---

[136] Zum Merkmal vgl. Boismard/Lamouille, Joh 499 (B 2). — Mayser, Grammatik II 1. 123f vermerkt die Beliebtheit von Umschreibungen des einfachen Verbs in der spätgriechischen Sprache, führt aber kein Beispiel unserer Umschreibung in den ptolemäischen Papyri unter ἔχω auf.

[137] Zum Merkmal vgl. Nicol, Semeia 24 (Nr. 81), der aber unzutreffend 31 Vorkommen im Joh angibt und nicht wertet, dass es im übrigen NT nicht belegt ist; ferner Boismard/Lamouille, Joh 492 (A 3), die gesamthaft 24 Fälle im Joh aufweisen, da sie nur jene rechnen, die von Gott sprechen und Joh 9,4 übersehen haben. — Man wird mit Norden, Theos 382 Anm. 1 urteilen, dass die Formulierung unseres Merkmals "zu der für diese Schrift typischen Monotonie der Phraseologie" gehört.

Eindrücklich und gewichtig sind die folgenden Verbindungen: τὸ θέλημα τοῦ πέμψαντός με (4,34; 5,30; 6,38.39), ὁ πέμψας με πατήρ (5,37; 8,16.18; 12,49; 14,24).

C 42. ἔργον (Wunder)[138]

Joh 17:	5,20.36bis; 7,3.21; 9,3.4; 10,25.32bis.33.37.38; 14,10.11.12; 15,24
Mt 1:	11,2 / – / –
Apg (2):	(13,41bis)
Hebr 1:	3,9
Offb 1:	15,3

ἔργον in der Bedeutung Wunder ist ein Lieblingsbegriff des Joh. Da er gerade auch für den Aufweis der Christologie des vierten Ev. von erheblichem Gewicht ist, muss er als Stilmerkmal vorsichtig eingestuft werden. Zudem stehen mehrere Vorkommen nahe beieinander, wie vor allem 10,32-38; 14,10-12). Dies alles schwächt die Aussagekraft des Merkmals.

Im Gegenzug ist aber darauf zu verweisen, dass für Wunder im NT andere Ausdrücke gängig sind (δύναμις, τέρας) und dass im Joh vor allem σημεῖον neben ἔργον als Leitbegriff häufig ist. Σημεῖον ist in dieser Bedeutung im Rahmen des ganzen NT allerdings weit gebräuchlicher, während ἔργον (Joh) im ntl. Vergleich deutlich herausragt. Das Wort könnte aber als theologischer Leitbegriff im joh. Kreis verbreitet gewesen sein; darum bleibt eine vorsichtige Einordnung geboten.

Im Joh wird der Ausdruck in dieser Bedeutung meist in der Mehrzahl gebraucht, nur 3mal liegt die Einzahl vor: Joh 7,21; 10,32.33. Im NT ist noch auf die Doppelung (ἐν) ἔργῳ καὶ λόγῳ (auch in der Mehrzahl) zu verweisen, in der ἔργον der Bedeutung Wunder nahekommt: Lk 24,19; Apg 7,22; Röm 15,18.

---

[138] Zum Merkmal vgl. Boismard/Lamouille, Joh 500 (B 4), die im übrigen NT Apg 13,41; Hebr 3,9 nicht anführen.

C 43. ποιέω σημεῖον / σημεῖα (als Ausdruck für Wunder alleinstehend)[139]

Joh 13:   2,23; 3,2; 4,54; 6,2.14.30; 7,31; 9,16; 10,41; 11,47; 12,18.37; 20,30

Apg 1:   8,6

Offb 4:   13,13.14; 16,14; 19,20

Diese Verbindung ragt im Joh im Vergleich mit dem übrigen NT deutlich heraus. Ihre Güte als Stilmerkmal wird dadurch vermindert, dass σημεῖον eine leitende Bezeichnung der Wunder im Joh ist. Als Gegengewicht ist darauf zu verweisen, dass für Wunder im NT auch andere Ausdrücke verwendet werden: δύναμις (Mk 6,2.5; 9,39; Mt 7,22; 11,20.21.23; 13,54.58; Lk 10,13; 19,37 u.a.), τέρας (Joh 4,48; Mk 13,22; Mt 24,24; Apg 2,19.22.43; 4,30; 5,12; 6,8; 7,36; 14,3; 15,12; Röm 15,19; 2 Kor 12,12; 2 Thess 2,9; Hebr 2,4). Ausserdem braucht das Joh ἔργον 17mal in der Bedeutung Wunder (M C 42).

Im NT finden sich ferner anstelle von ποιέω auch andere Verben im Zusammenhang von σημεῖον, so δίδωμι (Mk 8,12; 13,22; Mt 24,24; Lk 11,29; Apg 2,19), γίνομαι (Apg 2,43; 4,16.22.30; 5,12; 8,13; 14,3), κατεργάζομαι (2 Kor 12,12).

Abschliessend ist darauf zu verweisen, dass der atl. geprägte Doppelausdruck σημεῖα καὶ τέρατα in der Apg noch 3mal mit ποιέω verbunden ist (Apg 6,8; 7,36; 15,12).

C 44. a. εἶναι ἐκ (im übertragenen Sinn); b. γεννηθῆναι ἐκ

a. Joh 17:   3,31bis; 8,23quater.44.47bis; 10,26; 15,19bis; 17,14bis.16bis; 18,37fin

Gal 1:   3,10

1 Joh 11+(1): 2,19ter; 3,8.10.12; 4,(1).4.5.6bis; 5,19

3 Joh 1   11

Als Fälle, die dieses Merkmal aufweisen, wurden nur jene aufgeführt, die das εἶναι ἐκ von Personen aussagen. In allen diesen Fällen geht es um das Geprägtsein menschlichen Wesens, menschlicher Eigenart und menschlichen Verhaltens durch die Herkunft dieser Personen und ihren Ursprung (gewöhnlich in einem analogen oder übertragenen Sinn). Analoge Aussagen werden aber auch von der

---

[139] Zum Merkmal vgl. Boismard/Lamouille, Joh 505 (B 81), die es weniger genau fassen und so in der Apg 3 Fälle mehr zu verzeichnen haben. Gegenüber Boismard/Lamouille ist im Joh auf die Stelle 2,11 zu verzichten, wo sich ποιέω auf ἀρχή bezieht.

Lehre Jesu (Joh 7,17), vom Reden des Menschen (Mt 5,37b), vom königlichen Herrschen Jesu (Joh 18,36), vom Gesetz (Gal 3,12), von der Liebe des Glaubenden (1 Joh 4,7a) gemacht. Sie können als Gegenbeispiele zu den angeführten Fällen unseres Merkmals aus Joh gelten und als Tauschmöglichkeiten verstanden werden, personales Geprägtsein und Verhalten anders auszusagen.

Unter den joh. Beispielen sind vor allem die syntagmatischen Verbindungen erwähnenswert: εἶναι ἐκ τῆς γῆς (3,31bis); εἶναι ἐκ τῶν κάτω, ἐκ τῶν ἄνω (8,23b); εἶναι ἐκ τοῦ κόσμου (8,23cbis; 15,19bis; 17,14bis.16bis); εἶναι ἐκ τοῦ θεοῦ (8,47bis).

b. Joh 6:   1,13; 3,5.6bis.8fin; 8,41

1 Joh 9:   2,29; 3,9bis; 4,7; 5,1bis.4.18bis

Auch in der Aussage vom Gezeugtsein der Christen aus Gott, kommt die gleiche Anschauung zur Geltung wie in der Rede von ihrem Sein aus Gott. Das Gezeugtsein aus Gott hat eine Verwandlung der Menschen, die zum Glauben kommen, zur Folge. Wer aus Gott gezeugt ist, handelt, wenn und insoweit er sich dem Einfluss des göttlichen Geistes überlässt, aus dem er gezeugt ist, nicht mehr aus seiner irdischen Weltlichkeit und Verkehrtheit heraus (= joh. Fleisch). Dieser Gedankengang wird vor allem entfaltet in den Stellen aus 1 Joh.

Wichtig sind hier vor allem die Wendungen: γεννηθῆναι ἐκ τοῦ θεοῦ (Joh 1,13); γεννηθῆναι εκ τοῦ πνεύματος (3,5.6.8).

Gesamtzahl Joh: 23.

C 45. ἀμὴν ἀμήν[140]

Joh 25:   1,51; 3,3.5.11; 5,19.24.25; 6,26.32.47.53; 8,34.51.58; 10,1.7; 12,24; 13,16.20.21.38; 14,12; 16,20.23; 21,18

Das einfache ἀμήν zur Einleitung einer direkten Rede Jesu findet sich häufig synopt. (vor allem im Mt), das doppelte ἀμὴν ἀμήν mit der gleichen Aufgabe nur im Joh; dort aber fehlt das einfache ἀμήν.

---

[140] Vgl. Boismard/Lamouille, Joh 492 (A 2).

C 46. τηρέω τὰς ἐντολάς[141]

Joh 4:   14,15.21; 15,10bis

Mt 1:   19,17 / – / –

1 Joh 5:   2,3.4; 3,22.24; 5,3

Offb 2:   12,17; 14,12

Diese Wendung ist zwar im joh. Schrifttum beliebt. Dennoch dürfte sie sachlich naheliegend sein (vgl. 1 Kor 7,19) und ganz im Horizont jüdischen Denkens stehen. Vgl. ausserdem noch 1 Tim 6,14 (τηρέω τὴν ἐντολήν)[142].

Als sprachliche Tauschmöglichkeit kommt in Frage die Verwendung von φυλάσσω (Joh 12,47; Mk 10,20par; Lk 11,28; Apg 7,53; 21,24; Röm 2,26; Gal 6,13).

C 47. αἰτέω τι

Joh 4:   14,13.14; 15,16; 16,23

Mk 1:   6,23 / –

Mt 1:   20,20 / – / –

1 Joh 1:   5,14

Diese Verbindung ist im joh. Schrifttum vergleichsweise häufig. Als sprachliche Tauschmöglichkeit kommt die Vermeidung von τί (Joh 11,22; 1 Joh 3,22; Mk 6,22; 10,35) in Frage.

Im Joh beachte man/frau das 2malige ὅ τι ἄν αἰτήσητε (14,13; 15,16).

Die Thematik um das Bittgebet im Namen Jesu dürfte im Joh bewusst auf die Abschiedsreden beschränkt sein (vgl. αἰτέω 14,13.14; 15,7.16; 16,23.24bis. 26).

---

[141] Zum Merkmal vgl. Boismard/Lamouille, Joh 503 (B 56), die im übrigen NT auch 1 Tim 6,14 dazuzählen.

[142] Allerdings mit anderer Bedeutung von ἐντολή (Auftrag); anders Bauer/Aland, Wb. 543f; vgl. Brox, Pastoralbriefe 217.

C 48. (ὁ) ἄλλος μαθητής / οἱ ἄλλοι μαθηταί[143]

Joh 8:   18,15.16[144]; 20,2.3.4.8.25; 21,8

Als sprachliche Tauschmöglichkeit ist besonders die Verwendung von ἕτερος zu vergleichen (insgesamt 99mal im NT, im Joh 19,37). An Stellen, wo der Vorzugsjünger gemeint ist, wäre auch die Umschreibung mit "der Jünger, den Jesus liebte" (vgl. M C 61) möglich gewesen. Joh 20,25 und 21,8 zeigen jedoch, dass die Verbindung nicht auf die Bezeichnung des Vorzugsjüngers beschränkt ist, was ihren Wert erhöht. Vgl. auch die Formulierung ἄλλοι ἐκ τῶν μαθητῶν in 21,2.
Die Nähe mehrerer Stellen (18,15f; 20,2-4) verlangt trotz vorzüglicher Statistik eine vorsichtige Einordnung.

Ergebnis des hellenistischen Vergleichs
Das Merkmal ist bei den 32 untersuchten hellenistischen Autoren nicht belegt, was teilweise auch sachbedingt ist. Im NT findet es sich allein 8mal im Joh. Es ist also statistisch vorzüglich ausgewiesen. Dennoch ordnen wir es vorsichtigerweise der Gruppe C zu, da es auch inhaltlich belastet ist und mehrere Stellen benachbart sind.

C 49. ἀπέρχομαι πρός τινα[145]

Joh 4:   4,47; 6,68; 11,46; 20,10

Mk 2:   3,13; 14,10 / –

Lk 1:   24,12 / – / –

Offb 1:   10,9

Als sprachliche Tauschmöglichkeit kommt in Frage ἐπί τινα (Joh 19,33), in 4,47; 11,46 auch ἔρχομαι (sehr häufig im NT wie im Joh).

Ergebnis des hellenistischen Vergleichs
Das Merkmal ist bei 32 untersuchten hellenistischen Autoren nur in 2 Schriften belegt:

JosAs	2/Rz 2,4:	15,9; 21,2
TestAbr	3/Rz 6,8:	1; 7; 8

---

[143] Zum Merkmal vgl. Boismard/Lamouille, Joh 493 (A 31), die Joh 18,15, die erste Nennung ohne Artikel, nicht mitzählen; vgl. auch Neirynck, Jean 46 (Nr. 33).
[144] Hier ὁ μαθητὴς ὁ ἄλλος.
[145] Zum Merkmal vgl. Boismard/Lamouille, Joh 509 (C 65).

Im NT findet es sich ausserhalb des Joh in 3 Schriften 1-2mal, im Joh dagegen 4mal. Das Merkmal ist also in den meisten Vergleichsschriften nicht vertreten, in 4 weniger dicht als im Joh, im TestAbr aber häufiger. Da ein Einzelfall vorliegt, haben wir das Merkmal nicht vollständig ausgeschieden, sondern es der C-Gruppe zugeordnet.

C 50. εἰς τὰ ἴδια[146]

Joh 3:   1,11; 16,32; 19,27

Apg 1:   21,6

Als sprachliche Tauschmöglichkeit wäre ausser in Jh 1,11 εἰς τὸν ἴδιον οἶκον/τοὺς ἰδίους οἴκους oder εἰς τὸν οἶκον αὐτοῦ/εἰς τὴν οἰκίαν αὐτοῦ verwendbar.

Ergebnis des hellenistischen Vergleichs
Das Merkmal ist bei 32 untersuchten hellenistischen Autoren nur in 2 Schriften belegt:

Bell	1/Rz 0,3:	1,666
3 Makk	3/Rz 8,8:	6,27.37; 7,8

Im NT findet es sich 1mal in der Apg und 3mal im Joh. Das Joh zeichnet sich also mit 3 Stellen vor allen Vergleichsschriften mit Ausnahme des verhältnismässig kurzen 3 Makk aus, wo ebenfalls 3 Stellen vorliegen, was aber eine Relativzahl von 8,8 ergibt. Da das 3 Makk die einzige Ausnahme ist, haben wir das Merkmal nicht ganz ausgeschlossen, sondern der C-Gruppe zugeordnet.

C 51. νίπτω[147]

Joh 13:   9,7bis.11bis.15; 13,5.6.8bis.10.12.14bis

Mk 1:   7,3 / –

Mt 2:   6,17; 15,2 / – / –

1 Tim 1:   5,10

---

[146] Zum Merkmal vgl. Boismard/Lamouille, Joh 505 (B 92).
[147] Zum Merkmal vgl. Boismard/Lamouille, Joh 503 (B 57).

Als sprachliche Tauschmöglichkeiten kommen in Frage: λούω (im NT 5mal, im Joh 13,10), πλύνω (3mal im NT), ἀπονίπτω (Mt 27,24). Alle Vorkommen verdichten sich im Joh auf Kap. 9 und 13. Die eine Stelle 1 Tim 5,10 gibt uns keine klärende Auskunft über eine stilistische Gewohnheit des Verfassers. Wegen der Häufung der Vorkommen im Joh in den genannten Kap. ist das Merkmal dennoch vorsichtig einzustufen.

Die Wendung νίπτω τοὺς πόδας (Joh 13,5.6.8.10.12.14bis) verdient Aufmerksamkeit; vgl. 1 Tim 5,10.

C 52. καρπὸν φέρω[148]

Joh 8:   12,24; 15,2ter.4.5.8.16

Als sprachliche Tauschmöglichkeiten sind zu nennen: καρπὸν/καρποὺς ποιέω (Mt 3,8.10; 7,17bis.18bis.19; 12,33bis; 13,26; 21,43; Lk 3,8.9; 6,43bis; 8,8; 13,9; Offb 22,2), καρπὸν δίδωμι (Mk 4,7.8; Mt 13,8), καρπὸν ἀποδίδωμι (Hebr 12,11; Offb 22,2), καρποφορέω (Mk 4,20.28; Mt 13,23; Lk 8,15; Röm 7,4.5; Kol 1,6.10).

Trotz sehr günstiger Statistik und verschiedener Tauschmöglichkeiten ist die Wendung vorsichtig einzuordnen, da ausser 12,24 alle Stellen in Joh 15 stehen. Es bleibt aber beachtlich, dass im Joh keine der im NT vielfältig verwendeten anderen Möglichkeiten genutzt wird.

C 53. ὁ τρώγων[149]

Joh 5:   6,54.56.57.58; 13,18

Als sprachliche Tauschmöglichkeit sei das im NT häufig verwendete ἐσθίω genannt (insgesamt 158mal), das auch im Joh 15mal belegt ist; ausserdem auch βιβρώσκω (Joh 6,13).

τρώγω erscheint am Ende der Rede Joh 6 als Tauschwort zu ἐσθίω, allerdings wohl auch mit leichter inhaltlicher Verschiebung zu "zerbeissen, kauen", die mitgehört werden kann oder soll[150]. Dadurch verliert das Stilmerkmal an Gewicht, ebenso auch durch die Nähe der Stellen in 6,54-58, neben die aber immerhin noch 13,18[151] tritt.

---

[148] Zum Merkmal vgl. Boismard/Lamouille, Joh 493 (A 24).

[149] Zum Merkmal vgl. Boismard/Lamouille, Joh 502 (B 47), die aber τρώγω definieren und Mt 24,38 dazuzählen.

[150] Vgl. Ruckstuhl, Einheit 263f.

[151] Abweichend von LXX Ps 40,10; vgl. Ruckstuhl, Einheit 263.

Als Hinweis auf eine Redaktionsschicht im Joh ist τρώγω nicht verwendbar, da auch inhaltliche und stilistische Gründe (Abwechslung) für dieses Wort sprechen können[152].

3mal liegt die Verbindung ὁ τρώγων μου τὴν σάρκα / τὸν ἄρτον vor (Joh 6,54.56; 13,18).

C 54. ἀνοίγω (τοὺς) ὀφθαλμούς[153]

Joh 8 (9): 9,(10).14.17.21.26.30.32; 10,21; 11,37

Mt (2): (9,30); (20,33)

Apg 3: 9,8.40; 26,18

Als sprachliche Tauschmöglichkeiten kommen in Frage: διανοίγω (Lk 24,31), ὄμμα (Mk 8,23; Mt 20,34), ἀναβλέπω (25mal im NT, im Joh 9,11.15.18bis), βλέπω (häufig im NT, im 9. Kap. des Joh VV. 7.15.19.21.25.39ter.41).

Die Wendung ist vorsichtig einzustufen, da 7 Vorkommen aus Joh 9 stammen und die übrigen 2 Fälle sich darauf zurückbeziehen.

C 55. ὀψάριον[154]

Joh 5: 6,9.11; 21,9.10.13

Joh 21,8-10 zeigt durch die unterschiedslose Verwendung von ἰχθύς und ὀψάριον für die eben gefangenen Fische im Netz, dass ὀψάριον für den Erzähler nur ein Tauschwort für ἰχθύς ist. Das Mahl des Auferstandenen in 21,12-14 weist auch unverkennbar auf einen Zusammenhang mit der Speisungserzählung in Joh 6,1-13 hin, wo die δύο ὀψάρια deutlich Fische meinen, nicht nur "Zukost"; vgl. die synopt. Par. dazu, wo von δύο ἰχθύες oder ἰχθύδια ὀλίγα die Rede ist.

---

[152] Gegen Teeple, Origin 160. 255; vgl. dazu schon die Einwände von Ruckstuhl, Einheit 263f gegen Jeremias, Literarkritik 44.

[153] Zum Merkmal vgl. Boismard/Lamouille, Joh 505 (B 86), deren Angaben zum übrigen NT allerdings nicht genau sind (vgl. auch Neirynck, Jean 47 [Nr. 43]).

[154] Vgl. Boismard/Lamouille, Joh 495 (A 69).

C 56. πλοιάριον[155]

Joh 3 [+ 1]:   6,22.[23].24; 21,8

Mk 1:   3,9 / –

Als sprachliche Tauschmöglichkeit ist besonders das häufige und im Joh gleichwertig verwendete πλοῖον (im Joh 8mal, vgl. Konkordanz) zu nennen. Als Stilmerkmal ist πλοιάριον nicht günstig wegen der Nähe der Stellen im 6. Kap. Zu seinen Gunsten bleibt aber der auffallende Tatbestand zu vermerken, dass das Joh nur in 2 Abschnitten (Joh 6 und 21) von (einem) Boot(en) spricht und beiderorts neben πλοῖον auch das Tauschwort πλοιάριον braucht. Mk, Mt und Apg verwenden πλοῖον häufiger und bei mehreren Gelegenheiten; dennoch findet sich bei ihnen das Tauschwort πλοιάριον abgesehen von Mk 3,9 nicht.

C 57. ἄγωμεν

Joh 4:   11,7.15.16; 14,31

Mk 2:   1,38 / 14,42

Mt 1:   – / 26,46 / –

Diese Aufforderung in der 1. Person Mehrzahl findet sich ntl. im Joh 4mal. Da 3 Stellen in Joh 11 stehen und 2 davon benachbart sind (11,15.16), ist das Stilmerkmal vorsichtig einzuordnen.

C 58. Eigenname + (ὁ) ἀπό + Ortsname[156]

Joh 6:   1,44.45; 11,1; 12,21; 19,38; 21,2

Mk 2:   1,9 / 15,43

Mt 1:   21,11 / – / –

Lk 1:   – / 23,50f / –

Apg 1:   10,38

---

[155] Zum Merkmal vgl. Boismard/Lamouille, Joh 509 (C 56), die im Joh 6,23.24; 21,8 angeben und im übrigen NT 2 Vorkommen zählen. Die Unterschiede hängen mit textkritisch verschiedenen Urteilen zusammen; wir stützen uns auf N[26]. — Ruckstuhl, Einheit 202 hat das Merkmal vorsichtigerweise ausgeschlossen.

[156] Zum Merkmal vgl. Van Belle, Parenthèses 127 (Nr. 50 I), der allerdings das übrige NT nicht anführt.

Diese Verbindung findet sich so im Joh vergleichsweise häufig. Ausser in Joh 1,45 und Lk 23,50f folgt die Näherbestimmung je gleich auf den Eigennamen. Mt 27,57 stellt den Eigennamen nach und weist so auf eine Tauschmöglichkeit hin. Dennoch ist die Verbindung, weil sachlich naheliegend, vorsichtig einzuordnen.

C 59. Ortsname + τῆς Γαλιλαίας[157]

Joh 5:   2,1.11; 4,46; 12,21; 21,2

Mk 1:   1,9 / –

Mt 1:   21,11 / – / –

Für sprachliche Tauschmöglichkeiten kann Lk 1,26; 4,31 verglichen werden. Möglich wäre auch ἐν τῇ Γαλιλαίᾳ (Joh 7,1.9; Mk 15,41; Mt 17,22; Lk 24,6). Im Joh steht ausser 12,21 immer Κανὰ τῆς Γαλιλαίας. Da die Verbindung ziemlich naheliegt, ist sie vorsichtig einzustufen.

C 60. ὁ ἄρχων τοῦ κόσμου[158]

Joh 3: 12,31; 14,30; 16,11

Der Teufel erscheint im NT und in frühjüdischen Schriften unter einer Fülle von Namen.[159] Hier sollen wenigstens eine Reihe auch im NT vorkommender Bezeichnungen aufgeführt werden: διάβολος (im Joh 6,70; 8,44; 13,2), Σατᾶν/Σατανᾶς (im Joh 13,27), ὁ πονηρός (1 Joh 2,13.14; 3,12; 5,18), (ὁ) ἄρχων τῶν δαιμονίων, ὁ ἄρχων τῆς ἐξουσίας τοῦ ἀέρος (Eph 2,2), ὁ θεὸς τοῦ αἰῶνος τούτου (2 Kor 4,4).

Auch das in den Ignatius-Briefen mehrfach auftretende ὁ ἄρχων τοῦ αἰῶνος τούτου ist erwähnenswert (IgnEph 17,1; 19,1; IgnMagn 1,2; IgnTrall 4,2; IgnRöm 7,1; IgnPhld 6,2).

Die Bezeichnung unseres Merkmals liegt im Joh wegen der Vorliebe für die Verwendung von κόσμος zwar nahe, ist aber wegen der Vielfalt von sprachlichen Tauschmöglichkeiten, die zum Teil auch im Joh genutzt werden, doch beachtlich.

---

[157] Zum Merkmal vgl. Van Belle, Parenthèses 128 (Nr. 70 II), der allerdings nur τῆς Γαλιλαίας definiert (damit Joh 6,1 dazugewinnt) und die Vorkommen im übrigen NT nicht aufführt.

[158] Zum Merkmal vgl. Teeple, Origin 153. 258; Boismard/Lamouille, Joh 497 (A 102).

[159] Vgl. dazu z.B. Schnackenburg, Joh II 490 mit Anm. 1.

C 61. ὁ μαθητὴς (...) ὃν ἠγάπα / ἐφίλει

Joh 4:   19,26; 20,2; 21,7.20

Diese Verbindung findet sich nur im Joh. Analog dazu ist Joh 13,23; von dieser Stelle leiten sich alle 4 Fälle des Merkmals ab; auf sie weist 21,20 ausdrücklich hin. — Joh 20,2 nutzt echt joh. eine sprachliche Tauschmöglichkeit zur gewöhnlichen Formulierung; vgl. 21,15-17.

Jesus liebt den einen Jünger in auszeichnender Weise. Nicht umsonst steht ὁ Ἰησοῦς in 20,2; 21,7.20 in Schlussstellung wie schon 13,23 (mit Wiederaufnahme des sozusagen unmittelbar vorausgehenden τοῦ Ἰησοῦ).

Dieser Vorzugsjünger ist die wichtigste Gestalt des Jüngerkreises Jesu im Joh. Darum die Einstufung des Merkmals gegen Schluss der Liste C.

C 62. ἐρωτάω περί τινος (für jemanden bitten)[160]

Joh 4:   16,26; 17,9bis.20

Lk 1:   4,38 / – / –

Als sprachliche Tauschmöglichkeit kommt die Verwendung einer anderen Präposition (ὑπέρ) oder eines anderen Verbs (αἰτέω, δέομαι, εὔχομαι: in absteigender Häufigkeit alle im NT belegt; vgl. eine Konkordanz) in Frage.

Dieselbe Wendung findet sich noch 3mal im NT in der Bedeutung "fragen über" (Joh 18,19; Mt 19,17; Lk 9,45).

---

[160] Zum Merkmal vgl. Boismard/Lamouille, Joh 503 (B 59).

5.3. Exkurs: Sprachmerkmale im EvPetr

Im relativ kurzen Fragment des EvPetr von etwa 1'170 Wörtern finden sich mehrere Sprachmerkmale des Joh. Die meisten treten zwar nur 1mal auf; rechnet man diese Einzelvorkommen aber wie gewöhnlich auf die Länge des Joh um, ergibt sich die Vergleichszahl 13,2. Unter dieser Voraussetzung wären die folgenden Sprachkennzeichen im EvPetr häufiger als im Joh belegt: B 12 (13,2/5), B 21 (13,2/8), B 26 (13,2/7), C 15 (13,2/8).[161] Sie müssten also nach unseren Kriterien aus der Liste der sprachlichen Besonderheiten des Joh gestrichen werden.

Allerdings wirft das EvPetr die Frage auf, wie weit ein relativ kurzes Fragment stilstatistisch verwertbar ist. Insbesondere ein einmaliges Auftreten eines Stilkennzeichens des Joh könnte auch zufällig sein. Der Verfasser des EvPetr hat es möglicherweise in den verlorenen Teilen seiner Schrift nicht weiter verwendet. Die Umrechnung eines Einzelvorkommens auf den Umfang des Joh kann unter diesen Voraussetzungen zu einem falschen Bild führen. Das statistische Verfahren steht bei Schriften von ungefähr dem gleichen oder grösseren Umfang wie das Joh auf sichererem Boden als bei vergleichsweise sehr kurzen Schriften oder Schriftfragmenten.

Das Gewicht der Vorkommen von Sprachkennzeichen des Joh im EvPetr wird durch eine andere Überlegung weiter vermindert. Man wird mit anderen davon ausgehen dürfen, dass der Verfasser des EvPetr alle kanonischen Evv. gekannt und sie wohl gedächtnismässig benützt hat.[162] Er dürfte demnach bei aller Freiheit seiner Formulierung mehrfach auch von sprachlichen Bildungen des vierten Ev. beeinflusst worden sein. Allerdings ist dies beim Vorliegen unserer Sprachmerkmale wohl nur 2mal in unmittelbarer Abhängigkeit von der entsprechenden Formulierung im Joh geschehen. So wird sich Σίμων Πέτρος (M A 13) in EvPetr 60 dem Doppelnamen in Joh 21,2f verdanken[163] und τίνα ζητεῖτε (M B 12) in EvPetr 56 der Formulierung Joh 20,15[164]. Bei den anderen Vorkommen ist mit weit mittelbarerer Beeinflussung durch die Sprache unseres Ev. zu rechnen. Sie hat sich unter dieser Voraussetzung eher zufällig am entsprechenden Ort niedergeschlagen und ist nicht auf eine bestimmte (Parallel-)Stelle zurückzuführen.

Beide Überlegungen erlauben, das Gewicht von Sprachmerkmalen, die nur 1mal im EvPetr begegnen, erheblich einzuschränken. Diese Einzelvorkommen

---

[161] In Klammern jeweils zuerst die relative Zahl der Vorkommen im EvPetr, dann die Zahl der Belege des Joh.

[162] Vgl. zu dieser Auffassung Vielhauer, Geschichte 645; Schneemelcher, Apokryphen I 182f (mit Forschungsgeschichte; lehnt die Hypothese der Unabhängigkeit des EvPetr von den kanonischen Evv., wie sie Denker und anders Köster vertreten, vorsichtig ab); Vaganay, Evangile 43-82. — Zu den Gründen für die Kenntnis des Joh näherhin Vaganay, Evangile 59-65. Diese sind nicht zwingend, machen die Kenntnis des Joh aber doch wahrscheinlicher als das Gegenteil.

[163] Vgl. zu dieser Annahme auch Vaganay, Evangile 63.338. Der Doppelname Simon Petrus fällt insgesamt 5mal in Joh 21 (V. 2.3.7.11.15).

[164] Vgl. die abweichenden Formulierungen ohne τίνα bei Mk 16,6; Mt 28,5; Lk 24,5. Auch Vaganay, Evangile 328 verweist hier auf Joh 20,15.

sind zur Kenntnis zu nehmen, sie können aber ein Sprachmerkmal des Joh nicht widerlegen, wenn es allen anderen Vergleichsschriften statistisch standhält.

Etwas gewichtiger sind demgegenüber die je 2 Belege der Sprachmerkmale A 1a und C 16 im EvPetr.[165] Sie ergeben wegen der Kürze des EvPetr die Vergleichszahl 26,4 zum Joh. Diese wird, selbst wenn man sie trotz der zuvor geäusserten Bedenken zum vollen Wert nehmen wollte, bei A 1a durch die 112 Vorkommen im Joh mehrfach überboten.bei C 16 liegen demgegenüber im Joh nur 8 Belege vor. Wir haben dieses Sprachmerkmal deshalb trotz aller zuvor erhobenen Einschränkungen vorsichtigerweise der C-Gruppe zugeordnet.

5.4. Uebersichtslisten aller erarbeiteten Stilmerkmale des Joh

GRUPPE A

1. οὖν narrativum
2. ἀπεκρίθη (asyndetisch/οὖν) (αὐτῷ/αὐτοῖς) ([ὁ] Ἰησοῦς/andere Namen/ Hauptwort oder Ersatzfürwort) zur Einleitung direkter Rede
3. ἀπεκρίθη (asyndetisch/οὖν) καὶ εἶπεν (+ analoge finite Formen) zur Einleitung direkter Rede
4. λέγει/λέγουσιν (nur 3. Person Gegenwart) (asyndetisch/ οὖν) + Dativobjekt + Satzgegenstand; zur Einleitung direkter Rede
5. μὴ (fragend) καὶ + pron. pers.
6. Eigenname verbunden mit οὖν + Partizip + finites Verb
7. Asyndeton epicum
8. καθὼς ..., καί (= οὕτως)
9. ὁ ἐλθών / οἱ ἐλθόντες als Attribut
10. οὖν ... καὶ + finites Verb ... καὶ + finites Verb (bei gleichem Satzgegenstand)
11. Nachgestelltes pron. poss. mit Artikel (ἡ χαρὰ ἡ ἐμή)
12. παρρησία im Dativ ohne Präposition, Artikel und Attribut
13. Σίμων Πέτρος
14. ἵνα / ὅτι epexegeticum
15. ἐκεῖνος / κἀκεῖνος als Wiederaufnahme des vorausgehenden Satzgegenstands
16. ἔρχομαι ἵνα (final)
17. ὁ τόπος ὅπου
18. ὁ λόγος (...) ὃν εἶπεν
19. οὐ ..., ἀλλ' ἵνα (elliptisch)
20. ἐστὶν / ἦν γεγραμμένον(α)
21. ἦν δὲ (καί) / ἦσαν δέ + unmittelbar folgendes Hauptwort als Satzgegenstand

---

[165] A 1a liegt EvPetr 43.49; C 16 in EvPetr 15.58 vor.

22. ἤμην + dazugehöriges Adverb des Orts (ausgen. ὅπου ἦν)
23. Ersatz einer Mehrzahl von Personen durch die Einzahl des Neutrums
24. ἄλλοι (δὲ) ἔλεγον
25. ἐγγὺς ἦν / ἦν ... ἐγγύς
26. Hauptwort mit Artikel, ohne weitere Ergänzung, als Attribut verwendet

GRUPPE B

1. ἐκεῖνος / ἐκείνη als personale Einzahlform, für sich allein
   stehend, weder durch Attribut ergänzt noch attributiv gebraucht
2. τοῦτο / ταῦτα (ohne Ergänzung, rückbezüglich) + nachfolgendes
   verbum dicendi
3. οὐ (μή) ..., ἐάν μή ...
4. ὑμεῖς οὐκ οἴδατε / ἡμεῖς οὐκ οἴδαμεν
5. πιστεύω (glauben) + διά (zur Angabe des Grundes oder der
   Vermittlung)
6. πῶς δύναμαι (unmittelbar aufeinanderfolgend, Gegenwartsform) mit
   folgendem Infinitiv
7. μικρός von der Zeit gesagt
8. ἐντεῦθεν (örtlich)
9. ἐκ partitivum (zur Unterscheidung einer gesellschaftlichen Gruppe und
   eines Teils daraus)
10. ἔρχομαι ἐκ
11. ὑμεῖς λέγετε ὅτι
12. τί / τίνα ζητεῖς / ζητεῖτε (ohne Ergänzung)
13. pron. pers. im Genitiv Mehrzahl vor ἡ καρδία / τὴν καρδίαν
    (Einzahl)
14. κραυγάζω
15. ὥρα mit gen. poss. des entsprechenden Fürworts (persönlich oder
    sachbezogen)
16. a. ὥρα ἵνα; b. ὥρα ὅτε; c. ὥρα ἐν ᾗ
17. σκοτία statt σκότος
18. Wiederaufnahme
19. ἀπ' ἐμαυτοῦ / ἀπὸ σεαυτοῦ / ἀφ' ἑαυτοῦ
20. οὐ μή ... εἰς τὸν αἰῶνα
21. γινώσκω mit folgender indirekter Frage
22. ζητέω ἀποκτεῖναι
23. οἱ ἀρχιερεῖς καὶ οἱ Φαρισαῖοι
24. εἰ ... νῦν δέ
25. διὰ τοῦτο + λέγω + ὅτι
26. εἰστήκει / εἱστήκεισαν
27. ἵνα ὁ λόγος (...) πληρωθῇ (in wechselnder Stellung)
28. ἵνα ἡ γραφὴ πληρωθῇ (in dieser Abfolge)
29. εἰμὶ (...) ἐν τῷ τόπῳ (räumlich, ohne Ergänzung)

30. ἁμαρτίαν ἔχω
31. λελάληκα ὑμῖν (in der Rede Jesu)
32. ἐγώ und ὑμεῖς (aufeinander bezogen)
33. μαρτυρέω περί τινος (persönlich)
34. εἰς τὴν ἑορτήν
35. ἤμελλεν / ἔμελλεν ἀποθνῄσκειν
36. χαρά mit πληροῦμαι (Passiv) (die Freude wird/ist vollendet)
37. λαμβάνω τινά = jemanden persönlich "aufnehmen" und so anerkennen
38. δαιμόνιον ἔχω (über Jesus gesagt)
39. οὔπω ἐληλύθει
40. ταράσσομαι (Passiv) verbunden mit καρδία, πνεῦμα, ψυχή
41. τίθημι τὴν ψυχήν/ τὰς ψυχάς
42. ὥρα ἦν ὡς + Ordinalzahl
43. ἁμαρτία (Einzahl) + pron. pers. im Genitiv Mehrzahl
44. λαλέω ἐκ
45. ὃν (...) ὑμεῖς λέγετε ὅτι
46. ὃν / ἦν ὑμεῖς οὐκ οἴδατε
47. γογγύζω περί mit Genitiv
48. ἵνα ... δι' αὐτοῦ / αὐτῆς (am Satzende)
49. σχίσμα (...) ἐγένετο / ἦν ἐν + Dativ
50. ἦν (...) Ἰωάννης (...) βαπτίζων
51. πῶς σὺ λέγεις
52. ἐν κρυπτῷ
53. διὰ τὸν φόβον τῶν Ἰουδαίων
54. σημαίνων ποίῳ θανάτῳ
55. Ἰούδας Σίμωνος Ἰσκαριώτου
56. Θωμᾶς (...) ὁ λεγόμενος Δίδυμος
57. οὐ περὶ ..., ἀλλὰ περί
58. οὐδέπω
59. οὐ(δεὶς) μέντοι
60. τὸ πρῶτον (zuerst, zunächst)
61. πώποτε verbunden mit einer Verneinung
62. πιάζω
63. ἐντολή mit folgendem ἵνα
64. ἐντολὴν / -ὰς δίδωμι
65. ἀποσυνάγωγος

GRUPPE C

1 πέραν (als Präposition) mit Genitiv
2. ἐν (τῷ) σαββάτῳ
3. οὔπω γάρ
4. οἴδαμεν (ohne Partikel) ὅτι
5. οὔπω

6. μετὰ τοῦτο
7. ἐργάζομαι τὰ ἔργα
8 ὑπαντάω τινί (entgegengehen, begegnen; nicht im feindlichen Sinn)
9. Ἑβραϊστί
10. (ἐν) τῇ ἐσχάτῃ ἡμέρᾳ
11. ἐν τῇ ἑορτῇ
12. μένω + ἡμέρα
13. οὖν narrativum in der Verbindung τότε οὖν
14. Ἱεροσόλυμα mit Artikel (τά)
15. ὅπου ἦν / ἦσαν
16. ἦν δέ / ἦσαν δέ + Zeitangabe
17. ἴδε / ἴδετε neben einem anderen Imperativ
18. ἐρωτάω mit folgendem ἵνα
19. ἐὰν (μή) τις (τὶς dem Verb oder Hilfsverb immer vorauslaufend)
20. ἐρωτάω (fragen)
21. σύ dem Verb nachgestellt
22. εἰμὶ / γίνομαι μαθητής
23. ῥαββί / ῥαββουνί als Anrede Jesu
24. νόμος + Ergänzung zum Geltungsbereich
25. ἔχειν ἐν ἑαυτῷ
26. τηρέω τὸν λόγον (Einzahl)
27. ποιέω + pron. reflex. im Akkusativ (= sich zu etwas machen) + Attribut
28. πόθεν + εἰμί
29. οἶδα mit indirekter Frage verbunden
30. ποῦ ὑπάγω
31. οὐχ 'ὅτι ..., ἀλλ' 'ὅτι
32. οὗτός ἐστιν ἀληθῶς ὁ + christologischer Titel
33. a. ὑπάγω; b. πορεύομαι; c. ἀπέρχομαι; d. ἀφίημι;
    e. μεταβαίνω
    (alle Ausdrücke metaphorisch vom Scheiden Jesu im Tod)
34. οὐ δύναμαι (...) ποιεῖν (...) οὐδέν
35. ζωὴν δίδωμι
36. (ἐ)μέ und ὑμᾶς (gegenüberstehend aufeinander bezogen)
37. τελειόω τὸ ἔργον / τὰ ἔργα
38. πιστεύω ὅτι (dass)
39. πιστεύω εἴς τι(να)
40. ζωὴν ἔχω
41. ὁ πέμψας με (und analoge Formulierungen)
42. ἔργον (Wunder)
43. ποιέω σημεῖον / σημεῖα (als Ausdruck für Wunder alleinstehend)
44. a. εἶναι ἐκ (im übertragenen Sinn); b. γεννηθῆναι ἐκ
45. ἀμὴν ἀμήν
46. τηρέω τὰς ἐντολάς
47. αἰτέω τι
48. (ὁ) ἄλλος μαθητής / οἱ ἄλλοι μαθηταί
49. ἀπέρχομαι πρός τινα

50. εἰς τὰ ἴδια
51. νίπτω
52. καρπὸν φέρω
53. ὁ τρώγων
54. ἀνοίγω (τοὺς) ὀφθαλμούς
55. ὀψάριον
56. πλοιάριον
57. ἄγωμεν
58. Eigenname + (ὁ) ἀπὸ + Ortsname
59. Ortsname + τῆς Γαλιλαίας
60. ὁ ἄρχων τοῦ κόσμου
61. ὁ μαθητὴς (...) ὃν ἠγάπα / ἐφίλει
62. ἐρωτάω περί τινος (für jemanden bitten)

5.5. Abschliessender Rückblick auf das statistische Vergleichsverfahren

Wir geben uns im folgenden kurz Rechenschaft über die Zuverlässigkeit des statistischen Vergleichsverfahrens aufgrund der innerntl. Untersuchung. Dazu listen wir zunächst jene Sprachmerkmale auf, die wir aufgrund des weiteren Vergleichs mit hellenistischen Schriften ausscheiden (vgl. 5.5.1) oder schlechter bewerten mussten (vgl. 5.5.2). In einem dritten Punkt ziehen wir daraus einige Folgerungen.

5.5.1. Aufgrund des Vergleichs mit hellenistischen Schriften ausgeschiedene Merkmale

Wir haben die folgenden Sprachmerkmale bei der Ueberprüfung an 32 untersuchten hellenistischen Autoren ausgeschlossen, weil sie dort in mehr als einer Schrift häufiger belegt waren:
οὖν narrativum mit unmittelbar vorausgehendem Partizip: 8mal im Joh
οὖν narrativum mit vorangestelltem Pronomen demonstrativum: 5mal im Joh
οὐ μὴ ..., ἀλλά: 3mal im Joh
ὁμοῦ: 3mal im Joh
μετ' ἀλλήλων: 3mal im Joh

5.5.2. Aufgrund des Vergleichs mit hellenistischen Schriften in die C-Gruppe versetzte Merkmale

Wir haben die folgenden Sprachmerkmale bei der Ueberprüfung an 32 untersuchten hellenistischen Autoren in die C-Gruppe versetzt, weil sie in einer

Vergleichsschrift häufiger als im Joh belegt waren (zur Dokumentation vgl. die Einzelangaben bei den Merkmalen):

C 13. τότε οὖν (narrativum): 4mal im Joh
C 14. Ἱεροσόλυμα mit Artikel (τά): 4mal im Joh
C 15. ὅπου ἦν / ἦσαν: 8mal im Joh
C 16. ἦν δέ / ἦσαν δέ + Zeitangabe: 8mal im Joh
C 17. ἴδε / ἴδετε neben einem anderen Imperativ: 5mal im Joh
C 18. ἐρωτάω mit folgendem ἵνα: 5mal im Joh
C 19. ἐάν (μή) τις (τὶς dem Verb oder Hilfsverb immer vorauslaufend): 18mal im Joh
C 49. ἀπέρχομαι πρός τινα: 4mal im Joh
C 50. εἰς τὰ ἴδια: 3mal im Joh

5.5.3. Zur Auswertung

Wir haben ursprünglich insgesamt 105 Merkmale aufgrund des innerntl. statistischen Vergleichs in die A und B-Gruppe aufgenommen. Davon mussten wir 3 (5)[166] ganz ausscheiden und 9 in die C-Gruppe zurückversetzen.[167] Es haben sich also nur 3 (5) Sprachkennzeichen als ziemlich wertlos und 9 als zu gut eingeschätzt erwiesen. Dieses Ergebnis ist von einiger Bedeutung. Es zeigt nämlich, dass Sprachmerkmale, die allein aufgrund des innerntl. Vergleichs erhoben werden, jedenfalls Aussicht haben, auch einen weit über das NT hinausgehenden Vergleich gut oder wenigstens eingeschränkt zu bestehen. Allerdings muss dieser innerntl. statistische Vergleich mindestens den von uns festgesetzten Kriterien genügen.

Wie unsere Zusammenstellung zeigt, sind bei einer über das NT hinausgehenden Untersuchung am ehesten kleinzahlige Merkmale gefährdet. Immerhin liegen auch 3 Merkmale mit 8 Stellen vor. Hier war der innerntl. Vergleich bei C 15 und 16 recht gut, bei οὖν narrativum mit unmittelbar vorausgehendem Partizip war auch der Vergleich aufgrund des NT schon knapp ausgegangen. C 19 bietet sogar 18 Stellen im Joh, aber der innerntl. Vergleich hat uns von Anfang an zu einer vorsichtigen Einstufung dieses Merkmals veranlasst.[168]

Die anhand von 32 hellenistischen Autoren durchgeführte Ueberprüfung von Sprachmerkmalen des Joh, die wir aufgrund eines innerntl. Vergleichs mit allen anderen ntl. Schriften gewonnen haben , ergibt also folgendes *Resultat*:

— Die aufgrund des innerntl. Vergleichs erhobenen Sprachmerkmale halten grossmehrheitlich einer weiteren Ueberprüfung stand. Dieses Ergebnis würde sich wohl nur unwesentlich verändern, wenn man die Ueberprüfung noch auf

---

[166] Die beiden οὖν narrativa waren keine eigenen Merkmale, sondern ursprünglich Untergruppen von A 1.
[167] Ausserdem haben wir bei 2 Merkmalen (A 21, B 9) aufgrund des Vergleichs mit hellenistischen Schriften eine Differenzierung in zwei verschiedene Positionen aufgegeben.
[168] Bei 76 Positionen nahm es den 74. Platz der früheren B-Liste ein.

wesentlich mehr hellenistische Schriften ausdehnte oder bei sehr umfangreichen Werken die gesamte Schrift untersuchte.

— Unsere Ueberprüfung erlaubte eine zuverlässigere Einordnung und gütemässige Bewertung der Sprachmerkmale.

— Relativ kleinzahlige Sprachmerkmale sind bei einer Ueberprüfung allenfalls am ehesten gefährdet.

— Das Ergebnis dürfte auch für die Erhebung von Sprachmerkmalen anderer ntl. Schriften zutreffen.

— Sprachmerkmale von ntl. Schriften können demnach mit einem verhältnismässig kleinen Risikofaktor aufgrund eines innerntl. Vergleichs erhoben werden. Wird dieser Vergleich nach strengen Kriterien durchgeführt, ist er ziemlich zuverlässig.

— Dieses Ergebnis ist von einiger Tragweite, da damit der Aussagewert sprachlicher Untersuchungen aufgrund des innerntl. Vergleichs grundsätzlich bestätigt wird.

— Es kann der diesbezüglichen Forschungsarbeit neue Impulse verleihen, da der innerntl. Vergleich noch mit angemessenem Arbeitsaufwand zu leisten ist, während der Vergleich über das NT hinaus sehr beschwerlich und arbeitsintensiv ist, es sei denn, das Computerzeitalter erschliesse auch hier bald neue und leichtere Wege.

5.6. Anhang: Auffallend ganz oder fast ganz fehlende Wörter und Verbindungen im Joh

5.6.1. Bedeutung und Darstellung "negativer Besonderheiten" des Joh

Schon Schweizer hat seiner Liste von sprachlichen Eigentümlichkeiten des Joh einige "negative Charakteristika" angefügt.[169] Es sind dies Wörter und sprachliche Bildungen, die im Joh auffallend ganz oder fast ganz fehlen, während sie in anderen Schriften des NT ziemlich häufig auftreten. Ein solches Fehlen eines bestimmten Wortes könnte zwar auch Zufall sein. Wenn es aber in den gattungsmässig primär vergleichbaren Schriften des NT — bei den Synoptikern und in der Apg — gerne verwendet wird, zeigt dies, dass es auch im Joh durchaus zu erwarten wäre. Wenn es hier ganz oder fast ganz fehlt, dann ist dies wohl ein Anzeichen, dass der Verfasser des Joh es aus verschiedenen Gründen nicht verwendet hat.

Aufgrund derartiger fehlender sprachlicher Besonderheiten lässt sich zwar die sprachliche Einheit des Joh nicht positiv aufweisen. Stellt man sie aber neben die vorhandenen Sprachkennzeichen des vierten Ev., können sie von der negativen Seite her den Schluss auf die sprachliche Einheit des Joh zusätzlich bekräftigen. Wäre nämlich das Joh aus verschiedenen Quellen zusammengestellt und/oder

---

[169] Vgl. Schweizer, Ego 97f.

von verschiedenen Bearbeitern überarbeitet, dann wären durchgehend fehlende Wörter weniger zu erwarten.

Bei den "negativen Besonderheiten" des Joh sind anders als bei den Sprachkennzeichen inhaltlich wichtige Wörter besonders aussagekräftig, wenn ihre Verwendung möglich und zu erwarten wäre. Ihr Fehlen lässt in diesem Fall besonders aufhorchen.

Wir stellen unter 5.6.2. die "negativen Sprachmerkmale" zusammen und führen neben den Angaben zum Joh und 1-3 Joh die Synoptiker und die Apg einzeln auf, da das Vorkommen in diesen Schriften besonders wichtig ist. Die übrigen Schriften des NT fassen wir in eine Gesamtzahl zusammen und vermerken am Schluss noch die Gesamtsumme des Vorkommens im NT. Die Stellen der einzelnen Schriften sind aufgrund der Aland-Konkordanz erhoben und über sie auch meistens leicht zu bestimmen.

Die Liste enthält die guten "negativen Eigentümlichkeiten" von Schweizer, dann jene, die Ruckstuhl über seinen Vorgänger hinaus gesammelt hat und ausserdem noch einige neue.[170] Wir haben diese neugefundenen fehlenden Wörter allerdings nicht systematisch erarbeitet. Die Liste liesse sich also gewiss noch verlängern. Doch haben wir auf eine eingehende Durcharbeitung der Konkordanz im Blick auf fehlende Wörter und Verbindungen verzichtet, weil ihnen ohnehin nur eine Hilfsfunktion zukommt.

Wir bieten die Wörter/Verbindungen der Liste in alphabetischer Reihenfolge.[171] Die folgenden Beispiele sind besonders gut: ἀποκριθεὶς εἶπεν, γραμματεύς, δύναμις, κηρύσσω, παραβολή, παρακαλέω, πίστις, προσευχή/προσεύχομαι, ὑπό mit Genitiv. Demgegenüber sind ἕτερος, ὅπως und ὄχλοι ausgesprochen schwach, weil sie im Mk je nur einmal vorliegen.

---

[170] Vgl. die Zusammenstellung bei Schweizer, Ego 97f und Ruckstuhl, Einheit 205; ausserdem die allgemeinen Erwägungen bei Ruckstuhl, Einheit 193.
[171] In der Mk-Kolonne stehen Fälle aus dem längeren Mk-Schluss [16,9-20] in eckigen Klammern.

5.6.2 Liste von ganz oder fast ganz fehlenden Wörtern und Verbindungen im Joh

	Joh	1-3Joh	Mt	Mk	Lk	Apg	Rest NT	Total NT
ἀποκριθεὶς εἶπεν usw.	0	0	45	17	37	6	0	105
ἄρχομαι ποιεῖν usw.	1	0	12	26	27	6	1	73
γραμματεύς	0	0	22	21	14	4	2	63
δύναμις	0	0	12	10	15	10	72	119
ἕ(ι)νεκεν (-κα)	0	0	7	5	5	3	6	26
ἕτερος	1	0	10	[1]	32	17	37	98
ἕως als Präposition	0	0	21	6	10	13	8	58
κηρύσσω	0	0	9	12+[2]	9	8	21	61
(μετανοέω	0	0	5	2	9	5	13	34
(μετάνοια	0	0	2	1	5	6	8	22
ὀλίγος	0	0	6	4	6	10	14	40
ὅπως	1	0	17	1	7	14	13	53
ὄχλοι	1	0	31	1	16	7	1	57
παρά mit Akkusativ	0	0	7	7	13	8	24	59
παραβολή	0	0	17	13	18	0	2	50
παρακαλέω	0	0	9	9	7	22	62	109
παρέρχομαι	0	0	9	5	9	2	4	29
πίστις	0	1	8	5	11	15	203	243
πρεσβύτερος	0	2	12	7	5	18	22	66
(προσευχή	0	0	2	2	3	9	20	36
(προσεύχομαι	0	0	15	10	19	16	25	85
πρόσωπον	0	0	10	3	13	12	38	76
ὑπό mit Akkusativ	1	0	5	3	7	3	32	51
ὑπό mit Genitiv	1	2	23	8+[1]	24	38	72	169
ὥστε	1	0	15	13	4	8	42	83

5.7. Anhang B: **Die Liste der Stilmerkmale des Joh nach Schweizer/Ruckstuhl verglichen mit der hier erarbeiteten neuen Liste[172]**

5.7.1. Aufgrund der von uns angewandten strengeren Kriterien für die Aufnahme sprachlicher Eigentümlichkeiten des Joh in die neue Liste der Stilmerkmale des Joh haben wir folgende 9 Merkmale der Liste Schweizer/Ruckstuhl ganz fallengelassen:

3. ἄν = ἐάν
10. Ungewöhnliche Wörtertrennungen
21. παροιμία = Rätselrede
27. γύναι als Anrede der Mutter Jesu
28. φανερόω rückbezüglich
35. ἀνθρακιά
36. ἐκ τούτου
37. πάλιν + δεύτερος
38. ἑλκύω

5.7.2. 41 Merkmale der Liste Schweizer/Ruckstuhl haben wir auch in unsere neue Liste aufgenommen, teilweise allerdings mit erheblichen Veränderungen. Wir führen diese Merkmale hier an, indem wir die Nummer der Liste Schweizer/Ruckstuhl voranstellen und sie mit der entsprechenden Nummer und Gruppeneinteilung der neuen Liste gleichsetzen:

1	= C	13		25	= B	41
2	= A	1		26	= B	59
4	= C	14		29	= C	33
5	= A	14		30	= B	33
6	= A	7		31	= B	19
7	= B	18		32	= C	10
8	= A	11		33	= B	61
9	= A	26		34	= B	7
11	= A	23		39	= C	55
12	= A	8		40	= C	45
13	= A	19		41	= C	33
14	= C	31		42	= C	39
15	= B	16		43	= C	6
16	= A	3		44	= B	3
17	= B	1		45	= B	9
18	= B	15		46	= C	44
19	= A	12		47	= C	19
20	= B	20		48	= B	8
22	= B	17		49	= B	16
23	= B	37		50	= B	62
24	= A	13				

---

[172] Vgl. Ruckstuhl, Einheit 203-205; 292-303.

6. AUSWERTUNG DER GESAMMELTEN STILMERKMALE DES JOH

6.1. Verteilübersicht über die Stilmerkmale des Joh

6.1.1. Vorbemerkungen

Wie schon unter 2.4.1. gesagt wurde, ist die erste Aufgabe, die sich für die Auswertung der von uns gesammelten Stilmerkmale des Joh stellt, eine Uebersicht über ihre Verteilung in den einzelnen Kapiteln des Ev. anzufertigen, die Vers um Vers alle vorkommenden Merkmale aufzeichnet; sie werden entsprechend den Gruppen A / B / C erfasst, in die sie von uns eingeteilt wurden. Diese Verteilübersicht ermöglicht zunächst einen raschen Ueberblick über die ungefähre Dichte und Regelmässigkeit des Vorkommens unserer Stilmerkmale im Joh.

Im Zug dieser Aufzeichnung treffen in vielen Versen verschiedene Merkmale zusammen, die von den Literarkritikern Becker, Boismard/Lamouille und Fortna in unterschiedlicher Weise entweder der gleichen oder verschiedenen literarischen Schichten zugewiesen wurden. Die Enden eines kleineren oder grösseren Bogens (⌒⌣) verbinden in dieser Uebersicht jene Merkmale, die nach allen drei Kritikern derselben literarischen Schicht zugewiesen wurden; ein Querstrich (/) trennt jene Merkmale, die von einem oder mehreren dieser Kritiker auf verschiedene literarische Schichten verteilt wurden. Diese Zuweisungen spielen bei der späteren Vernetzung unserer Merkmale eine entscheidende Rolle; nur Merkmale aus der gleichen angenommenen Schicht werden in diesem Verfahren von uns miteinander verbunden.

Das dritte in unserer Verteilübersicht verwendete Zeichen ist der nach rechts gerichtete Pfeil. Er kommt nur in der Gruppe A der aufgeführten Merkmale vor, weist aber immer entweder auf eine Verbindung eines oder mehrerer Merkmale A mit einem oder mehreren Merkmalen der Gruppe B im gleichen Vers oder zeigt mit dem Klammerausdruck (keine) an, dass die Merkmale A und B im gleichen Vers nicht der gleichen literarischen Schicht zugewiesen werden. Genauere Unterscheidungen werden jeweils angegeben.

Die oben angeführten Zeichen finden sich nur bei Merkmalen der Gruppen A und B, weil nur sie anschliessend dem weiteren Verfahren der Vernetzung unterzogen werden. Nur für die Vernetzung der Merkmale A und B werden alle Fälle ausgeschieden, in denen die genannten Literarkritiker innerhalb von einzelnen Versen des Ev. Trennungslinien literarischer Schichten angenommen haben.

6.1.2. Uebersicht über die Verteilung der Stilmerkmale im Joh

Kap.	Vers	Gruppe A	Gruppe B	Gruppe C
1	1		18	
	2			
	3			
	4			
	5		17bis	
	6			
	7	16 -->(keine)	5./33./48	
	8	19 -->(alle)	1.33	
	9			
	10			
	11			50
	12		37	39
	13			44
	14			
	15		33	
	16			
	17			
	18	15 -->(alle)	1.61	
	19			20
	20			
	21			20.21
	22	1		(41)
	23			
	24		9	
	25			20
	26	7 -->(keine)	4.46	
	27			
	28		50	1.15
	29			
	30			
	31	16		

Kap.	Vers	Gruppe A	Gruppe B	Gruppe C
	32			
	33	15 -->(B1)	1	41
	34			
	35		26	
	36			
	37			
	38		12	23
	39	1.7.10 -->(alle)	42	12
	40	7.13		
	41			
	42	7		
	43			
	44	21		58
	45	7		58
	46	4		17
	47	7		
	48	3.4.7		
	49	2.7		23
	50	3.7		
	51			45
2	1	22		59
	2			
	3			
	4	[4]	15	5
	5			
	6	22		
	7	4		
	8			
	9			28.29
	10			
	11			39.59

Kap.	Vers	Gruppe A	Gruppe B	Gruppe C
	12			6.12
	13	25		
	14			
	15			
	16		8	
	17	7./20		
	18	1.3		
	19	3.7		
	20	1		
	21		1	
	22	1.18 --> (alle)	2	
	23	26		11.14.39.43
	24			
	25		21.33	
3	1	21 --> (B9)	9	
	2		3	4.23.43
	3	3.7 --> (alle)	3	19.45
	4		6	
	5	2.7 --> (alle)	3	19.44.45
	6	23bis		44bis
	7			
	8			29.30.44
	9	3.7 --> (alle)	6	
	10	3.7		
	11			45
	12		18	
	13			
	14			
	15			40
	16			39.40
	17		48	

Kap.	Vers	Gruppe A	Gruppe B	Gruppe C
	18			39bis
	19	14		
	20	16 -->(B 18) ⎤	18 ⎤	
	21	16 -->(B 18) ⎦	18 ⎦	7
	22			
	23	21./22. --> (A 21-B 50)	50	
	24			3.5
	25	1 --> (B 9)	9	
	26			1
	27	3.7 --> (alle)	3	
	28		1	
	29	11 --> (B 36)	36	
	30		1	
	31		10.18.44	44bis
	32		18 ⎤	
	33		18 ⎦	
	34			
	35			
	36			39.40
4	1	1		
	2			
	3			
	4			
	5	1		
	6	1./6./7./22 -->(A7-B42)	42	
	7	4.7		
	8			
	9	1./4		
	10	3.7		29
	11	[4]		
	12			

Kap.	Vers	Gruppe A	Gruppe B	Gruppe C
	13	3.7		
	14		20	
	15			
	16			
	17	3.4.7		
	18		2	
	19	4		21
	20	17 -->(B 11)	11	
	21	4 -->(B 16)	16	38
	22			
	23		16	
	24			
	25	4 --> (B1)	1	
	26	4		
	27		12.59	
	28	1.10		
	29			17
	30	7		
	31			23
	32		4.32.46	
	33	1		
	34	4.14		37.41
	35		11	
	36			
	37	14		
	38		32	
	39		5	39
	40	1		12
	41		5	
	42		5	4.32
	43			
	44			

Kap.	Vers	Gruppe A	Gruppe B	Gruppe C
	45	1 --> (B 34)	34	11
	46	1		59
	47		35	18.49
	48	1 --> (B 3)	3	
	49			
	50	4./7.18		
	51			8
	52	1bis		
	53	1		
	54		10	43
5	1			
	2			9.14
	3			
	4			
	5	21.22		
	6			
	7	2.7		
	8	4		
	9	21		16
	10	1		
	11	15 --> (B 1)	1	
	12	7		20
	13		29	29
	14			
	15	7		
	16			2
	17			
	18		22	27
	19	1.3 --> (keine)	1.3.19	34.45
	20			42
	21			

Kap.	Vers	Gruppe A	Gruppe B	Gruppe C
	22			
	23			41
	24			40.41.45
	25		16	45
	26			25bis.40bis
	27			
	28		16	
	29			
	30	11bis --> (B 19)	19	34.41
	31		18.33	
	32		18.33bis	
	33			
	34		2.32	
	35		1	
	36		33	37.42bis
	37	15 --> (alle)	1.33.61	41
	38		1	
	39		33	40
	40	16		40
	41			
	42			25
	43		1.37bis	
	44		6	
	45			
	46		1	
	47			
6	1			1
	2			43
	3			
	4	25		16
	5			

Kap.	Vers	Gruppe A	Gruppe B	Gruppe C
	6		2	29
	7	2.7		
	8	4.13		
	9			55
	10	1.21 --> (alle)	29	
	11	1		55
	12			
	13	1		
	14	1		32.43
	15	1./6./16		
	16			
	17		17.39	1.5
	18			
	19			
	20			
	21	1		
	22	22		1.56
	23	7.17 --> (alle)	10	[56]
	24	1		56
	25			1.23
	26	3.7		31.45
	27	26		
	28	1		7
	29	3.7.14 --> (alle)	1	39
	30	1		21.43
	31	20		
	32	1		45
	33			35
	34	1		
	35		61	39
	36			
	37	23		

Kap.	Vers	Gruppe A	Gruppe B	Gruppe C
	38	11		41
	39	14.23bis -->(A14.23-B9)	9	10.41
	40	14		10.39.40
	41	1 --> (B 47)	47	
	42			
	43	3.7		
	44		3	10.41
	45	20		
	46		18	
	47			40.45
	48			
	49			
	50	14		
	51			19
	52	1 --> (B 6)	6	
	53	1 --> (keine)	3	25.40.45
	54			10.40.53
	55			
	56			53
	57	8.15 --> (alle)	18	53
	58			53
	59		2	
	60	(1) --> (B 9)	9	
	61		47	
	62			15
	63		31	
	64			29
	65		3.25	
	66		[9]	
	67	1.5		
	68	2.7.13		49
	69			38

Kap.	Vers	Gruppe A	Gruppe B	Gruppe C
	70	2.7		
	71		55	
7	1		22	
	2	25.26		16
	3	1 --> (B 8)	8	42
	4		52	
	5			39
	6	1./4./11bis		5
	7		33	36
	8		32.34bis	5
	9		2	
	10		34.52	
	11	1 --> (B 1)	1	11
	12	24		
	13	12 --> (alle)	53.59	
	14			
	15	1		
	16	1.3		41
	17		19.21	19
	18		19	41
	19		9.22	
	20	2.7 --> (alle)	22.38	
	21	3.7		42
	22			2
	23			2bis
	24			
	25	1 --> (B 22)	22	
	26	12		
	27		21	28bis.29
	28	1 --> (alle)	4.19.46	28.29.41
	29			

Kap.	Vers	Gruppe A	Gruppe B	Gruppe C
	30	1 --> (alle)	15.39.62	5
	31		9	39.43
	32	7 --> (alle)	23.47.62	
	33	1 --> (keine)	7	33.41
	34		32	
	35	1		
	36	18 --> (B 32)	32	
	37		26	10.19
	38			39
	39		2.58	3.5.39
	40	1 --> (keine)	9	32
	41	7.24 --> (alle)	10	
	42			15
	43	1 --> (B 49)	49	
	44		62	
	45	1 --> (B 23)	23	
	46	2.7		
	47	1.2.5		
	48			39
	49			
	50	9		
	51		3.21	24
	52	3.5.7		17
	53			
8	1			
	2			
	3			
	4			
	5			
	6		2	
	7			20

Kap.	Vers	Gruppe A	Gruppe B	Gruppe C
	8			
	9			
	10			
	11			
	12	1 --> (keine)	17	
	13	1 --> (B 33)	33	
	14	3.7 --> (alle)	4.33	29bis.30bis.33bis
	15		⎧ 18.32	
	16	11 --> (B 18)	⎩ 18	41
	17	11		24
	18		18.33bis	41
	19	1.2.7		
	20		15.39.62	5
	21	1 --> (alle)	32.43	33bis
	22	1 --> (B 32)	32	33
	23		32bis	44quater
	24	1		38
	25	1		
	26		2	41
	27	7		
	28	1 --> (keine)	2.19	
	29			41
	30		2	39
	31	1./11		22
	32			
	33	7 --> (alle)	51.61	
	34	2.7		
	35			
	36			
	37	11 --> (B 22)	22	
	38		32	
	39	3.4.7 --> (alle)	24	

Kap.	Vers	Gruppe A	Gruppe B	Gruppe C
	40		22.24.31	
	41	[1]		44
	42		1.19	
	43	11bis		
	44	26 --> (alle)	1.44	44
	45			
	46			
	47			44bis
	48	3.7 --> (alle)	38	21
	49	2.7 --> (alle)	32.38	
	50			
	51		20	19.26.45
	52	[1]	20./38	19.26
	53			27
	54	2.7 --> (keine)	11.45	
	55			26
	56	11		
	57	1		5
	58			45
	59	1		
9	1			
	2			20.23
	3	2.7./19		42
	4			7.41.42
	5			
	6		2	
	7	1.10		51bis
	8	1		
	9	7bis.24bis --> (alle)	1	
	10	1		(54)
	11	2 --> (B 1)	1	51bis

Kap.	Vers	Gruppe A	Gruppe B	Gruppe C
	12		1	
	13	7		
	14	21		16.54
	15	1		20.51
	16	1./24 --> (A24-B6.49)	6.49	43
	17	1		54
	18	1		38
	19		11.45	20
	20	1.3		4
	21		4	20.29bis.54
	22		2.65	19
	23		25	
	24	1		4
	25	1.2 --> (alle)	1	29
	26	1		54
	27	2./5./7		22
	28		18	22bis
	29			4.28.29
	30	3.7.14 --> (alle)	4	28.29.54
	31			4.19
	32			54
	33			34
	34	3.7		
	35	7		39
	36	3 --> (B 1)	1	39
	37	15 --> (B 1)	1	
	38			
	39	16		
	40	5.7 --> (alle)	9	
	41		24.30.43	

Kap.	Vers	Gruppe A	Gruppe B	Gruppe C
10	1	15 --> (B 1)	1	45
	2			
	3			
	4		18 ⎫	
	5		18 ⎬	
	6		21	
	7	1		45
	8			
	9			19
	10	16bis		40
	11		41	
	12			
	13			
	14			
	15		41	
	16			
	17		41	
	18		19.(41bis)	
	19		49	
	20		9.38	
	21	7.24		54
	22	7		14
	23			
	24	1.12		
	25	2.7 --> (A2.7-B33)	33./32 ⎫	42
	26	11 --> (B 9)	9./32 ⎬	44
	27	11		
	28		20	35
	29	23		
	30			
	31			
	32	2.7		42bis

Kap.	Vers	Gruppe A	Gruppe B	Gruppe C
	33	2.7 --> (alle)	57	27.42
	34	2.7./20		24
	35			
	36		11./45	
	37			42
	38		18	42
	39	[1]	62	
	40	17 --> (alle)	50.60	1.15
	41			43
	42			39
11	1	21		58
	2	21		
	3	1		
	4		48	
	5			
	6	1		12
	7			6.57
	8	4		23
	9	2.7		19
	10			19
	11		2	6
	12	1		
	13	26		
	14	12		13
	15	22		57
	16	1 --> (B 56)	56	57
	17			
	18	21.22.25		14
	19	16 --> (keine)	9	
	20	1		8
	21	1.22		

Kap.	Vers	Gruppe A	Gruppe B	Gruppe C
	22			
	23	4		
	24	4		10
	25			39
	26		20	39
	27			38
	28		2	
	29		1	
	30	17 --> (alle)	29.39	5.8
	31	1		
	32	1./6./22		15
	33	1./(10) ⎫		
	34	(10) ⎭		17
	35	7		
	36	1		
	37			54
	38	1./6./21		
	39	4		
	40	4		
	41	1		
	42			38
	43		2./14	
	44	4./7		
	45	(1).9 --> (alle)	9	39
	46			49
	47	1 --> (keine)	23	43
	48			39
	49		4	
	50			
	51		2.19.35	
	52			
	53	1		

Kap.	Vers	Gruppe A	Gruppe B	Gruppe C
	54	1./2		
	55	25		16
	56	1 --> (B 34)	34	
	57		21.23.62.63.64	19
12	1	1		15
	2	1		
	3	1./6		
	4			
	5			
	6			31
	7	1		
	8			
	9	1.16 --> (alle)	9	
	10			
	11			39
	12	9 --> (B 34)	34	
	13		14	
	14	20		
	15			
	16	20 --> (B 60)	60	
	17	1		
	18			8.43
	19	1		
	20	21		11
	21			58.59
	22	7bis		
	23		16	
	24			45.52
	25			
	26	11		19bis
	27		40	

Kap.	Vers	Gruppe A	Gruppe B	Gruppe C
	28	1 --> (B 10)	10	
	29	1.7.24		
	30	3.7		36
	31			60
	32			
	33		2.35.54	
	34	1.2 --> (alle)	51	21
	35	1 --> (keine)	7.17bis.18 ⎫	29.30
	36		2. 18 ⎬	39
	37			39.43
	38	18 --> (B 27)	27	
	39			
	40		13	
	41		2	
	42		9.65	39
	43			
	44			39bis.41
	45			41
	46	16 --> (B 17)	17	39
	47	16bis --> (keine)	3	19
	48	15		10
	49		44.64	41
	50			
13	1	26 --> (keine)	15./16	33
	2		55	
	3			33
	4			
	5			51
	6	1.13		51
	7	3.7		
	8	4.7 --> (alle)	3.20	51bis

Kap.	Vers	Gruppe A	Gruppe B	Gruppe C
	9	4.13		
	10	4		51
	11		25	
	12	1.[10] --> (A1-B21)	21	51
	13			
	14		32	51bis
	15	8 --> (B 32)	32	
	16			41.45
	17			
	18	19 --> (B 28)	28	29.53
	19			38
	20		37quater	41.45
	21		2./40	45
	22	7		
	23	7		
	24	1.13		
	25		1	
	26	2.7 --> (alle)	1.55	
	27	1.4 --> (alle)	1	
	28		21	
	29	(4)	34	
	30	21 --> (B 1)	1	16
	31	1 --> (B 18)	18	
	32			
	33	8 --> (keine)	7.32	33
	34		63.64	
	35	14		22
	36	2.4.7.13		30.33bis
	37	4 --> (B 41)	41	
	38	2.7 --> (alle)	41	45

Kap.	Vers	Gruppe A	Gruppe B	Gruppe C
14	1		13./18./40	39bis
	2			33
	3		32	33
	4			33
	5	4 --> (B 6)	6	29.30.33
	6	4		
	7			
	8	4		
	9	4 --> (B 51)	51	
	10		19	38.42
	11		5.18	38.42
	12	15		33.39.42.45
	13			47
	14			47
	15	11		46
	16			
	17			
	18			
	19		7.32	
	20		18.32	
	21	15 --> (B 1)	1	46
	22	4		
	23	3.7		19.26
	24			41
	25		2.31	
	26	15 --> (B 1)	1	
	27	11 --> (alle)	13.40	
	28			33bis
	29			
	30	19⎫		60
	31	19⎭-> (keine)	8	57

Kap.	Vers	Gruppe A	Gruppe B	Gruppe C
15	1			
	2		18	52ter
	3		31	
	4		3bis.18.19	52
	5		32	34.52
	6			19
	7			
	8	14		22.52
	9	8.11 --> (alle)	18	36
	10		18	46bis
	11	11 --> (alle)	2.31.36	
	12	11 --> (B 63)	63	
	13	14 --> (B 41)	41	
	14		32	
	15			29
	16		32	36.47.52
	17			
	18			36
	19			44bis
	20	18		26bis.36
	21			41
	22		24.30.43	
	23			
	24		24.30	42
	25		27	24
	26	15 --> (alle)	1.33	
	27			
16	1		2.31	
	2		16.65	
	3			
	4		2/bis./15./31	

Kap.	Vers	Gruppe A	Gruppe B	Gruppe C
	5		9	20.30.33bis.41
	6		2.13.31	
	7		3	33ter
	8		1	
	9			39
	10			33
	11			60
	12			
	13		1.19	
	14		1	
	15		25	
	16		7bis	
	17	1--> (alle)	7bis.9	33
	18	1 --> (B 7)	7	29
	19	7.14 --> (alle)	7bis	20
	20			45
	21		15	
	22		13	
	23			20.45.47
	24		36	
	25	12 --> (alle)	2.16.31	
	26			62
	27		18./32	36.38
	28		18	33bis
	29			
	30			4.20.38
	31	2.7		
	32		16	50
	33		2.31	

Kap.	Vers	Gruppe A	Gruppe B	Gruppe C
17	1		2.18	
	2	23		35
	3	14		
	4			37
	5			21
	6			26
	7			
	8			38
	9		57	62bis
	10		18	
	11		18	
	12		9.28	
	13	11 -->(alle)	2.36	25
	14			44bis
	15			18
	16		18	44bis
	17	11		
	18	8		
	19			
	20		5.57	⎧18.39.62
	21			⎩18.38
	22			
	23		18	
	24	11.23		
	25			
	26			
18	1	26 --> (keine)	2	1.15
	2			
	3	1./6 --> (keine)	23	
	4	1./6 --> (A1-B12)	12	
	5	2.7 --> (keine)	26	

Kap.	Vers	Gruppe A	Gruppe B	Gruppe C
	6	1		
	7	1 --> (B 12)	12	
	8	2.7		
	9	18 --> (alle)	9.27	
	10	1.6.10.13.21		
	11	1		
	12	1./10 ⎤		
	13	10 ⎦		
	14	21		
	15	13		48
	16	1.10 --> (alle)	26	48
	17	1.4.5./26-->(alle, exkl.A26)	1.9	
	18	21 --> (B 26)		
	19	1		20
	20	2.7./12 --> (A12-B52)	52	
	21			20bis
	22		2	
	23	2.7		
	24	1		
	25	1./5./7./13.21 -->(A7-B1.9)	1.9	
	26			
	27	7		
	28	1		16
	29	1		
	30	3.7		
	31	1		24
	32	18 --> (alle)	27.35.54	
	33	1./10		
	34	2.7 --> (alle)	2.19	
	35	2.7.11		
	36	2.7.11quater --> (alle)	8.18.24	
	37	1./2.7./16		21.44

200

Kap.	Vers	Gruppe A	Gruppe B	Gruppe C
	38	4 --> (B 2)	2	
	39	14		
	40	1.21 --> (alle)	14	
19	1			13
	2			
	3			
	4			
	5	1		
	6	1./4 --> (A 4-B 14)	14./32	
	7	2.7		27
	8	1		
	9			21.28
	10	1.4		
	11	2.7 --> (alle)	30	
	12		14	27
	13	1./6		9
	14	21 --> (B 42)	42	16
	15	1.2.4.7 --> (alle)	14	
	16	1		13
	17	(17)		9
	18	(17) --> (B 8)	8bis	
	19	20		
	20	1.17./20./22.25		9
	21	1 --> (B 1)	1	
	22	2.7		
	23	1./21		
	24	1 --> (B 28)	28	
	25		26	
	26	1.6		61
	27			50
	28			6

Kap.	Vers	Gruppe A	Gruppe B	Gruppe C
	29	1./7		
	30	1		
	31	1		2.18
	32	1		
	33			
	34			
	35		1	
	36		28	
	37			
	38	1 --> (keine)	53	18.22.58
	39	9 --> (B 60)	60	
	40	1		
	41	17 --> (alle)	29.58	
	42	22.25		
20	1		17	
	2	1.10.13		29.48.61
	3	1		48
	4			48
	5		59	
	6	1./10./13		
	7			
	8	9.10		13.48
	9		58	
	10	1		49
	11	1 --> (keine)	26	
	12			
	13			29
	14		2	
	15	4 --> (A4-B12)	1./12	
	16	4 --> (keine)	1	9.23
	17	4		3.5

Kap.	Vers	Gruppe A	Gruppe B	Gruppe C
	18	7 --> (keine)	2	
	19		53	15
	20	1 --> (keine)	2	
	21	1.8		36
	22		2	
	23			
	24		56	
	25	1 --> (B 3)	3	48
	26	7.22		
	27			17
	28	3.7		
	29	4		
	30	20		43
	31			38.40
21	1			
	2	13.22 --> (keine)	9.56	58.59
	3	4.7.13 --> (alle)	62	
	4		59	
	5	1.2.4.7		
	6	1		
	7	1/bis./6./13		61
	8	22		48.56
	9	1		55
	10	4 --> (B 62)	62	55
	11	1.13		
	12	4		
	13	7		55
	14			
	15	1.(4).13		
	16			
	17	[4].7		

Kap.	Vers	Gruppe A	Gruppe B	Gruppe C
	18			45
	19		2bis.45	
	20			61
	21			
	22	4		
	23	1		
	24			4
	25			

6.2. Schaubilder zur Vernetzung der Stilmerkmale im Joh

6.2.1. Vorbemerkungen

Aufgrund der Verteilübersicht 6.1.2. wird jetzt die Vernetzung der Stilmerkmale untereinander in den einzelnen Versen des Joh durch Verbindungslinien sichtbar dargestellt. Je ein Schaubild für die Merkmalgruppen A und B zeigt einerseits die Verbindung zweier Merkmale im gleichen Vers, die einmal in diesem Vers oder zusätzlich nochmals oder mehrmals in je anderen Versen vorkommt. Beide Schaubilder zeigen anderseits auf, wie die verschiedenen einfachen Verbindungen sich mit je anderen Merkmalen nach verschiedenen Richtungen fortpflanzen und so ein weites Netz von Verknüpfungen über das ganze Ev. hin aufbauen.

Diese ausgedehnte Vernetzung unserer Merkmale auf verschiedenen Seitenlinien, sozusagen auf Umwegen, ist eine greifbare Wirklichkeit und darf nicht übersehen und vernachlässigt werden, auch wenn wir in der Auswertung der beiden Schaubilder mehr auf die unmittelbaren Verbindungen zwischen den einzelnen Merkmalen A und/oder B achten. Im Zug dieser Auswertung wird vielfach auch auf die Querverbindungen zwischen den Merkmalen A und B Gewicht gelegt. Auch sie spielen eine erhebliche Rolle in unserem Zusammenhang. Leider war es unmöglich, in einem weiteren Schaubild auch diese Querverbindungen sichtbar darzustellen, da dies graphisch kaum mehr geleistet werden kann.

6.2.2. SCHAUBILD A ZUR VERBINDUNG UND VERNETZUNG DER
STILMERKMALE DER GRUPPE A

Legende:
-------------------- = ein Zusammentreffen im selben Vers
_____ = zwei Zusammentreffen in je einem andern Vers

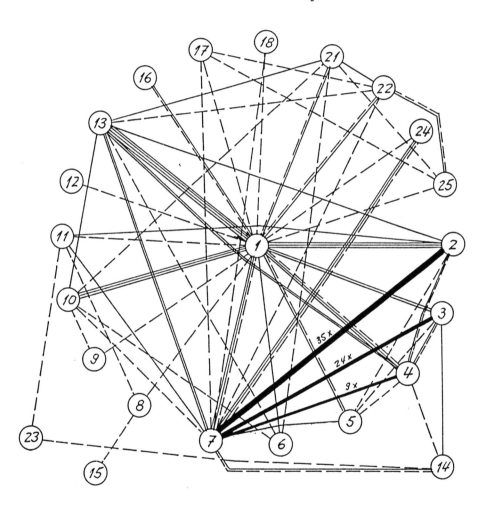

206

6.2.3. SCHAUBILD B ZUR VERBINDUNG UND VERNETZUNG DER STILMERKMALE DER GRUPPE B

Legende:

\--------------------- = ein Zusammentreffen im selben Vers

_____ = zwei Zusammentreffen in je einem anderen Vers

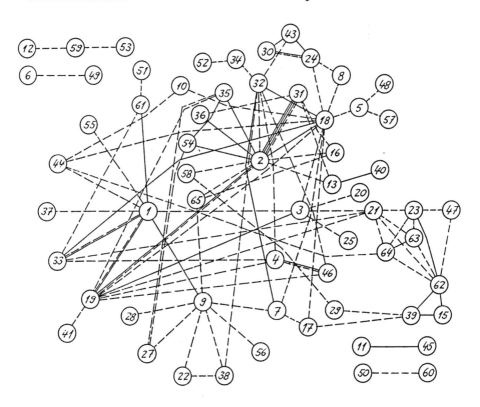

6.2.4. Ergebnisse und Folgerungen aus Schaubild A

6.2.4.1. In diesem Schaubild sind zunächst alle unmittelbaren Zusammentreffen von Stilmerkmalen der Gruppe A im gleichen Vers dargestellt. Wie oben gesagt, wurden alle Fälle ausgeschlossen, wo Becker und/oder Boismard/Lamouille und/ oder Fortna[1] solche Merkmale innerhalb eines gleichen Verses nicht derselben literarischen Schicht zuordnen, also hier verschiedene Stufen der Textwerdung annehmen.

Die verbleibenden unbestrittenen Treffnisse sind immer noch eindrücklich genug. Die Mehrzahl der Merkmale A ist mehrfach bis häufig in einem gleichen Vers unmittelbar mit anderen Merkmalen A verbunden, aber auch mit allen Merkmalen der Gruppe vernetzt, die darüber hinaus an jene unmittelbar oder mittelbar angeschlossen sind. In diesem Netz lassen sich in keiner Art und Weise Gruppen von untereinander unverbundenen Merkmalen A ausmachen, die in die Richtung von 2 oder mehreren Urhebern weisen könnten. Das Schaubild nötigt vielmehr dazu, auf einen einzigen Verfasser zu schliessen, der das ganze Ev. insgesamt mit seiner sprachlichen Eigenart geprägt hat. Achtet man auf die Güte der in Gruppe A gesammelten Merkmale, ist dieser Schluss sehr wahrscheinlich.

6.2.4.2. Wir dürfen allerdings nicht übersehen, dass 3 Merkmale der Gruppe A in keinem Vers ihres Vorkommens mit anderen unbestritten verbunden sind. Es handelt sich um A 19, 20 und 26, die im Schaubild A nicht auftreten.

A 19. οὐ ..., ἀλλ' ἵνα (elliptisch) kommt im Joh nur 4mal vor, davon 3mal in direkter Rede. Angesichts dieses kleinzahligen Vorkommens und der starken Eingrenzung auf die direkte Rede ist das Fehlen in unserem Schaubild kaum auffällig. Zudem ist aber A 19 3mal unbestritten und unmittelbar mit Merkmalen der Gruppe B im gleichen Vers verbunden (B 1, 28, 33). A 19 ist also dennoch eindeutig in die Sprache des vierten Ev. eingebunden und hier auch vernetzt.

A 20. ἐστὶν / ἦν γεγραμμένον(-α) findet sich 9mal im Joh. Es ist nirgends unbestritten mit anderen A-Merkmalen und nur 1mal mit einem Merkmal der Gruppe B unbestritten und unmittelbar verbunden (B 60). Dieser Tatbestand fällt zunächst auf, auch deswegen, weil B 60 innerhalb der B-Gruppe auch nur einfach mit B 50 verbunden ist, im übrigen aber nicht.[2] Allerdings weisen B 60 und B 50 ihrerseits mehrere Verbindungslinien zu anderen A-Merkmalen auf[3], so dass A 20 doch nicht vereinzelt dasteht.

A 26. Hauptwort mit Artikel, ohne weitere Ergänzung, als Attribut verwendet findet sich 8mal im Joh. Es ist nie unbestritten mit einem anderen A-Merkmal, doch 2mal unmittelbar mit einem Merkmal der Gruppe B verbunden (B 1, 44). Diese sind ihrerseits fest mit vielen B-Merkmalen wie auch A-Merkmalen verbunden und vernetzt, so dass die Vereinzelung von A 26 aufgehoben wird.

---

[1] Man vgl. dazu Becker, Joh; Boismard/Lamouille, Joh; Fortna, Gospel (1989).
[2] Vgl. Schaubild zur Gruppe B.
[3] Vgl. dazu die Folgerungen zur Gruppe B bei 6.2.5.2.

6.2.4.3. Schaubild A zeigt weiter, dass 2 Merkmale der Gruppe A nur 1mal unmittelbar mit einem Merkmal der gleichen Gruppe A verbunden sind (A 12, 15). Dies ist im Vergleich zur Einbindung der anderen Merkmale wenig.

A 12.παρρησίᾳ im Dativ ohne Vorwort, Artikel und Attribut findet sich 7mal im Joh. Es ist unmittelbar nur 1mal mit A 1 verbunden. Darüber hinaus ist es aber unmittelbar fest verknüpft mit Merkmalen aus der Gruppe B, so je 1mal im gleichen Vers mit B 2, 16, 31, 52, 53, 59 und über diese mittelbar mit weiteren A-Merkmalen. Die verhältnismässige Vereinzelung von A 12 unter den A-Merkmalen wirft also keine schwierigen Fragen auf.

A 15. ἐκεῖνος / κἀκεῖνος als Wiederaufnahme des vorausgehenden Satzgegenstandes kommt 12mal im Joh vor. Es ist unmittelbar nur 1mal mit A 8 verbunden. Unbestritten findet es sich aber je im gleichen Vers mehrfach mit B-Merkmalen unmittelbar verknüpft, so mit B 1 (9mal), 18, 33 (2mal), 61 (2mal). Das Schaubild B macht deutlich, dass das weitgehend nur als Redemerkmal auftretende A 15[4] derart fest in die Sprache des Evangelisten eingefügt ist.

6.2.4.4. Abschliessend erwähnen wir noch kurz 5 weitere A-Merkmale, die nur 2mal oder 3mal mit weiteren A-Merkmalen unmittelbar verbunden sind. Das ist schon ein günstigeres Verhältnis als in den zuvor angeführten Fällen, aber im Vergleich mit der Mehrzahl der unbestrittenen Verbindungen in der Gruppe A immer noch wenig.

A 8. καθὼς ... καί (= οὕτως) ist unbestritten nur je 1mal mit A 1 und A 11 verbunden, darüber hinaus noch 1mal mit A 15, das aber seinerseits keine unmittelbare weitere A-Verbindungslinie aufweist. A 8 kommt aber nur 6mal im Joh vor und ist ein reines Redemerkmal, was seine Anwendungsmöglichkeit spürbar einschränkt. Zudem liegen 3 unbestrittene und unmittelbare Verbindungen zu B-Merkmalen vor, so 2mal zu B 18 und 1mal zu B 32.

A 9. ὁ ἐλθών / οἱ ἐλθόντες als Attribut ist unbestritten nur je 1mal mit A 1 und A 10 unmittelbar verbunden. Es findet sich allerdings nur 5mal im Joh. Es weist aber 3 weitere unmittelbare Verbindungen zu B-Merkmalen auf, so je 1mal zu B 9, 34, 60.

A 18. ὁ λόγος (...) ὃν εἶπεν ist nur je 1mal mit A 1 und A 7 unmittelbar verknüpft. Im Joh kommt es 7mal vor und weist mehrere gute Treffnisse mit B-Merkmalen im gleichen Vers auf, so mit B 2, 9, 27 (3mal), 32, 35, 54.

A 23. Ersatz einer Mehrzahl von Personen durch die Einzahl des Neutrums ist je 1mal mit A 11 und 14 verbunden. Es findet sich 8mal in 6 verschiedenen Versen des Joh und ist ein reines Redemerkmal. Zu den Merkmalen der Gruppe B liegt nur 1 Verbindungslinie mit B 9 vor.

A 16. ἔρχομαι ἵνα (final) ist 3mal unmittelbar mit A 1 verbunden. Es findet sich immerhin 15mal in 13 Versen des Joh, und zwar überwiegend in direkter Rede.[5] Zu B-Merkmalen liegen 3 Verbindungslinien vor (B 9, 17, 18).

---

[4] Abgesehen von 1,18 wird die sprachliche Bildung A 15 11mal in direkter Rede verwendet.
[5] Von 15 Vorkommen 11mal in direkter Rede.

6.2.4.5. Wir haben im Schaubild A festgestellt, dass 3 Merkmale der Gruppe A hier fehlten, während 2 Merkmale nur je 1mal, 5 andere dagegen 2mal oder 3mal mit anderen A-Merkmalen zusammen auftraten. Gründe für diese Mangelerscheinung waren teilweise das kleinzahlige Auftreten solcher Merkmale im Joh und/oder ihr mehr oder weniger enger Zusammenhang mit dem Redestoff des Ev. Im übrigen konnten wir aber in allen Fällen unmittelbare Verbindungen zu Merkmale der Gruppe B geltend machen, so dass die Einbindung der oben erwähnten Merkmale A in die geprägte Sprache des Ev. nirgends fragwürdig wurde. Unser unter 6.2.4.1. gezogene Schluss auf einen einzigen Verfasser des Joh konnte so nicht entkräftet werden. Die Verbindung der A-Merkmale des Joh unter sich wie anderseits auch mit den B-Merkmalen weist auf ihre enge Verzahnung im unverwechselbaren Sprachgefüge des Joh, auf einen einzigen Urheber der sprachlichen Sonderprägung des vierten Ev.

6.2.5. Ergebnisse und Folgerungen aus Schaubild B

6.2.5.1. Analog zu Schaubild A sind in Schaubild B zunächst alle unmittelbaren Zusammentreffen von Stilmerkmalen der Gruppe B im gleichen Vers dargestellt. Auch hier wurden alle Treffnisse ausgeschlossen, die eine literarkritische Trennungslinie innerhalb eines Verses voraussetzten. Die in Schaubild B erfassten unbestrittenen Treffnisse von 2 oder mehr Merkmalen der Gruppe B im gleichen Vers machen deutlich, dass diese überwiegend einfach, mehrfach bis häufig mit anderen Merkmalen derselben Gruppe unmittelbar verknüpft sind. Auch hier spielt die über Seitenlinien und Umwege sich erstreckende Vernetzung der meisten erfassten Merkmale eine entscheidende Rolle. Auch in diesem Schaubild B gibt es keinen Hinweis auf unverbundene Gruppen solcher B-Merkmale, die in die Richtung verschiedener Urheber weisen könnten. Die Schlussfolgerung aus Schaubild A wird durch das Schaubild B bestätigt. Es ist mit einem einzigen Verfasser des Joh zu rechnen, der es sprachlich nachdrücklich geprägt hat.

6.2.5.2. Die eben genannte Schlussfolgerung wird durch die 12 Fälle von insgesamt 65 B-Merkmalen nicht in Frage gestellt, die keine unbestrittenen Verbindungslinien zu den in Schaubild B gut verbundenen und vernetzten B-Merkmalen aufweisen oder dort nur eine Randstellung einnehmen. Alle diese Fälle haben nämlich gute Verbindungslinien zu Merkmalen der Gruppe A. Ihre Vereinzelung als B-Merkmale wird also durch ihre Verbindung zu den wertvolleren A-Merkmalen und ihre Einbindung in das ganze Netz der A-Merkmale mehr als wettgemacht.

B 14. κραυγάζω kommt im Joh 6mal vor und ist unbestritten und unmittelbar 7mal mit Merkmalen der Gruppe A verbunden, so mit A 1 (2mal), 2, 4 (2mal), 7 und 21. Durch diese Verbindungslinien ist B 14 zugleich in das ganze weite Netz, das Schaubild A sichtbar macht, eingebunden.

B 26. εἰστήκει / εἰστήκεισαν findet sich 7mal im Joh und ist unbestritten und unmittelbar mit A 1, 10 und 21 verknüpft.

B 42. ὥρα ἦν ὡς + Ordinalzahl kommt nur 3mal im Joh vor und ist dennoch 5mal unbestritten und unmittelbar mit A-Merkmalen verbunden, so mit A 1, 7 (2mal), 10 und 21.

B 6 und 49 sind nur 1mal im gleichen Vers miteinander verbunden, sonst aber nicht in die B-Gruppe eingebunden. B 6 kommt im Joh 6mal vor, B 49 nur 3mal. B 6 ist aber je 1mal mit A 1, 3, 4, 7, 24 unmittelbar verbunden, B 49 je 1mal mit A 1 und 24.

B 11 und 45 (ὃν) ὑμεῖς λέγετε ὅτι sind 2mal unbestritten im je gleichen Vers miteinander verbunden, nicht aber mit der Masse der B-Merkmale vernetzt. Auch die Einbindung in die Merkmale der Gruppe A ist schwach, da nur B 11 1mal im gleichen Vers mit A 17 verbunden ist. Da die beiden Merkmale aber insgesamt nur in 5 Versen des Joh vorkommen, ist das nicht sehr auffällig. Zudem handelt es sich um ein reines Redemerkmal.

B 12, 59 und 53 sind nur 1mal miteinander verknüpft, nie aber in das grosse Netz der B-Merkmale eingebunden. Im Joh kommen sie nur 3-5mal vor. Sie weisen aber insgesamt 5 gute Verbindungslinien zu A-Merkmalen auf. B 12 ist 2mal mit A 1 und 1mal mit A 4 verbunden, B 53 und 59 je 1mal mit A 12.

B 50 und 60 treffen nur 1mal im gleichen Vers zusammen, nie aber unbestritten mit anderen B-Merkmalen. Mit den A-Merkmalen sind sie dagegen insgesamt 5mal verknüpft, so B 50 mit A 17 und 21, B 60 mit A 9, 17 und 20. Dies ist eine sehr gute Einbindung in die Gruppe A und das zusammenhängende Netz ihrer Merkmale.

6.2.5.3. Das Schaubild B zeigt noch, dass 13 von 65 Merkmalen nur je 1mal mit der Mehrzahl der unter sich gut verbundenen B-Merkmale zusammenhängen. Es sind dies B 5, 20, 25, 28, 34, 37, 41, 48, 51, 52, 55, 56, 57. Diese Merkmale kommen aber durchschnittlich nur wenige Male im Joh vor, die Mehrzahl nur 3-4mal. Ausserdem sind 9 dieser Merkmale 1-4mal mit A-Merkmalen verknüpft. Nur 4 Fälle weisen keine unbestrittene Verbindungslinie zu A-Merkmalen auf: B 5, 25, 37, 48. Dies ist nicht erstaunlich, da sie — abgesehen von B 5 — nur 3-4mal im Joh vorkommen.[6] B 5 tritt dort 6mal auf, zur Hälfte aber in direkter Rede. Mit der Verbindungslinie zu B 18 ist B 5 sehr gut mit der Masse der B-Merkmale vernetzt und durch die Linie zu B 57 2mal an die A-Gruppe angeschlossen (A 2, 7).

6.2.6. Ueberblick über die Verbindung der Stilmerkmale A zu den Stilmerkmalen B in gleichen Versen

6.2.6.1. Wir haben diese Verbindungslinien aufgrund unserer Verteilübersicht unter 6.1.2. ebenfalls zusammengestellt, auch hier nur in literarkritisch unbestrittenen Fällen. Ein Schaubild dieser Verbindungslinien war graphisch wegen ihrer

---

[6] B 37 liegt zwar 7mal vor, konzentriert sich dabei allerdings auf 3 Verse.

hohen Zahl nicht möglich. Doch soll das Ergebnis hier kurz erwähnt und wo nötig erläutert werden.

6.2.6.2. Von den 26 A-Merkmalen sind die Hälfte gut bis ausgezeichnet mit Merkmalen der Gruppe B in gleichen Versen verbunden. Sie weisen alle mindestens 4, meistens aber mehr als 4 unmittelbare Verbindungslinien zu B-Merkmalen auf. Es sind dies A 1, 2, 3, 4, 7, 11, 12, 14, 15, 17, 18, 21, 24. Unter ihnen verzeichnen die Merkmale A 1, 2, 4, 7 besonders viele solcher Verbindungslinien, was auch mit der grossen Häufigkeit ihres Vorkommens im Joh zusammenhängt. — Die andere Hälfte der A-Merkmale ist nicht oder nur 1-3mal in gleichen Versen mit B-Merkmalen unmittelbar verbunden.

6.2.6.3. 3 A-Merkmale weisen keine Verbindungslinien zu Merkmalen der Gruppe B auf. Sie sind aber gut bis sehr gut in die A-Gruppe eingebunden — vgl. Schaubild A — und werfen deswegen keine Fragen auf. Es sind dies:

A 6. Im Joh kommt es 11mal vor. Es ist unmittelbar je 1mal mit A 10, 13, 21 und 2mal mit A 1 verbunden.

A 22. Es kommt 15mal im Joh vor. Je 1mal ist es mit A 7, 13, 17, 2mal mit A 21 und 3mal mit A 1 und 25 unmittelbar verbunden.

A 25. Es ist 7mal im Joh zu verzeichnen. Je 1mal ist es mit A 1, 17, 21 und 3mal mit A 22 verbunden.

6.2.6.4. Die folgenden A-Merkmale weisen nur 1-3 Verbindungslinien zu B-Merkmalen auf:

A 13 ist 17 mal im Joh belegt. Es weist nur 1 unmittelbare Verbindung zu B 62 auf, ist aber im übrigen vorzüglich in die A-Merkmale eingebunden (vgl. Schaubild).

A 20 tritt 9mal im Joh auf. Es weist nur 1 unmittelbare Verbindungslinie zu B 60 auf und keine zu anderen A-Merkmalen. Aus diesem Grund wurde es schon unter 6.2.4.2. verhandelt.

A 23 findet sich 8mal im Joh. Es ist nur 1mal mit einem B-Merkmal verbunden (B 9). Es liegen aber noch 2 unmittelbare Verbindungslinien zu A 11 und 14 vor.

A 10 kommt im Joh 10mal vor. Es ist nur 1mal mit B 26 und 1mal mit B 42 verbunden. Diese sind ihrerseits mit keinem anderen B-Merkmal verknüpft. A 10 ist aber, wie Schaubild A zeigt, sehr gut in die Gruppe A eingebunden.

A 26 ist 8mal im Joh belegt. Mit einem B-Merkmal ist es nur 2mal verknüpft (B 1, 44), im übrigen aber nie mit einem anderen A-Merkmal (vgl. unter 6.2.4.2).

A 5 findet sich 7mal im Joh. Es ist 1mal mit B 1 und 2mal mit B 9 verknüpft und im übrigen gut in die A-Gruppe eingebunden.

A 8 kommt im Joh 6mal vor. Es ist 1mal mit B 32 und 2mal mit B 18 verknüpft. Daneben liegen 3 unmittelbare Verbindungslinien zu A 1, 11 und 15 vor.

A 9 findet sich im Joh 5mal. Je 1mal ist es mit B 9, 34 und 60 verbunden. Ausserdem sind 2 unmittelbare Verbindungslinien zu A 1 und 10 vorhanden.

A 16 kommt im Joh 15mal vor. Es ist je 1mal mit B 9, 17, 18 verknüpft; zudem liegen 3 Verbindungslinien zu A 1 vor.

A 19 ist im Joh 4mal belegt. Es ist je 1mal mit B 1, 28, 33 verbunden, im übrigen aber nie mit anderen A-Merkmalen (vgl. dazu 6.2.4.2).

6.2.6.5. Gesamthaft ergibt sich, dass die A-Merkmale zur Hälfte gut bis sehr gut unmittelbar mit B-Merkmalen verbunden sind. 10 weitere A-Merkmale sind mindestens 1-3fach mit B-Merkmalen verknüpft und so befriedigend bis gut mit ihnen zusammengebunden. Nur 3 A-Merkmale weisen keine unbestrittene Verbindung mit B-Merkmalen auf, sind aber gut in die A-Gruppe eingebunden. Dieser Befund bestätigt die unter 6.2.4.1., 6.2.4.5., 6.2.5.1. gezogene Folgerung: Alle Ergebnisse unserer bisherigen Untersuchung über die Verbindungen und die Vernetzung unserer Stilmerkmale sind am einfachsten unter Annahme eines einzigen die Sprache des Joh bestimmenden und prägenden Urhebers zu verstehen. Der Schluss auf diesen einzigen sprachlichen Gestalter und Verfasser unseres Ev. ist die wahrscheinlichste und naheliegendste aller möglichen Annahmen.

6.2.7. Zur Gegenkontrolle des Vernetzungsverfahrens

Wir haben bei den Ausführungen zum stilkritisch-statistischen Verfahren unter 2.4.2. auf das Mittel der Gegenkontrolle hingewiesen. Diese soll insbesondere absichern, dass wir keine sprachliche Eigentümlichkeit einer möglichen Schicht des Joh für den Verfasser der Schrift beanspruchen. Dies könnte z.B. dann eintreten, wenn der Endredaktor Vorgaben von Traditionssträngen oder Quellen sprachlich durchgehend überarbeitete, so dass seine eigenen sprachlichen Besonderheiten neben solche möglicher Quellen träten. Unser Verknüpfungsverfahren könnte derartige Vorgaben dann unsachgemäss dem Verfasser selbst zuschreiben.

Eine solche Gegenkontrolle ist anhand vorliegender Schichtenscheidungshypothesen vorzunehmen. Sollte es sich nämlich herausstellen, dass eines unserer A- oder B-Merkmale allein in einer dem Evangelisten vorgegebenen oder das Ev. sekundär überarbeitenden Schicht vorkommt, dann könnte es auch aus dieser Schicht und nicht vom Verfasser selbst stammen.

Wir haben diese Gegenkontrolle beispielhaft an den drei Modellen von Boismard/Lamouille, Becker und Fortna durchgeführt und besprechen sie sogleich in dieser Reihenfolge.

Boismard/Lamouille[7] unterscheiden die Schichten Dokument C, Jean II (A u. B), Jean III. Jean II ist für sie die bestimmende Gestalt des vierten Ev.; dabei setzen sie voraus, dass diese Person das Joh in zeitlichem Abstand zweimal umgeformt und erweitert hat (Jean II A u. B). Daneben ist das Dokument C eine Art

---

[7] Vgl. zum Folgenden Boismard/Lamouille, Joh.

Grundschrift, die Jean II aufgenommen hat. Jean III seinerseits hat zuletzt das Endprodukt von Jean II noch ergänzt und teils umgestellt.

Die Überprüfung aller A und B-Merkmale unserer Liste hat nun ergeben, dass keines nur im Dokument C oder allein in der Schicht Jean III vorkommt. Diese sind deshalb auch nicht als sprachlich sich deutlich abhebende Schichten zu bezeichnen. Umgekehrt weist nichts darauf hin, dass wir ein diese Schichten möglicherweise auszeichnendes Sprachmerkmal für den Verfasser beansprucht hätten. Dokument C und Jean III lassen sich also sprachlich aufgrund unserer Kriterien nicht ausweisen. Sie sind sprachlich gesehen keine eigenen Schichten des Joh, die man vom Evangelisten abheben kann. Damit bestätigt sich aufgrund unserer Sprachkriterien das negative Urteil, das wir schon aufgrund der Sprachkriterien von Boismard-Lamouille selbst über diese beiden hypothetischen Schichten fällen mussten: sie lassen sich sprachlich nicht aufweisen.[8]

Von unseren 26 A-Merkmalen finden sich nur vier allein in der Schicht Jean II (A u. B) von Boismard-Lamouille.[9] 22 unserer A-Merkmale überschreiten diese und greifen in die C und/oder Jean III-Schicht aus. Sie sind deutlich Sprachkennzeichen des Verfassers/Evangelisten, der das ganze Ev. sprachlich bestimmt hat.

Von unseren 65 B-Merkmalen finden sich 35 nur in der Schicht Jean II (A u. B) von Boismard-Lamouille.[10] Die verbleibenden 30 B-Merkmale finden sich darüber hinaus auch in der C und/oder Jean III-Schicht. Sie verdeutlichen, dass der Verfasser des vierten Ev. nicht auf eine hypothetische Jean II-Schicht zu begrenzen ist, sondern die ganze Schrift sprachlich mitbestimmt hat.

Becker[11] unterscheidet im Joh die folgenden vier Schichten: Semeiaquelle (SQ), Passionsbericht (PB), Evangelist (E) und die kirchliche Redaktion (KR).[12] Der Evangelist benutzt als Vorgaben die Semeiaquelle und den Passionsbericht, entfaltet darin und darüber hinaus seine eigene Aktivität. Seine Schrift wird von der kirchlichen Redaktion ergänzt.

Wenn wir das Modell und die Schichtenzuteilung von Becker an unseren Sprachmerkmalen der Gruppe A und B überprüfen, ergibt sich:

In der Semeiaquelle Beckers findet sich keines unserer 26 A-Merkmale allein. Von den 65 B-Merkmalen ist nur B 50 in SQ allein zu finden. Es steht an drei Stellen: 1,28; 3,23; 10,40. Da ἦν (...) Ἰωάννης (...) βαπτίζων aber allein auf die SQ Beckers beschränkt ist und da es überdies an zwei Stellen engstens mit A-Merkmalen sprachlich verbunden ist[13], spricht mehr dagegen, dass es ein Sprachkennzeichen dieser hypothetischen Quelle ist. Es verweist wahrscheinli-

---

[8] Vgl. dazu bei: Das stilkritisch-statistische Verfahren 2.6.3.

[9] Nur in Jean II finden sich A 11, 19, 20, 24.

[10] Nur in Jean II finden sich B 6, 10, 12, 19, 20, 24, 25, 27, 29-31, 33-36, 38, 39, 41-44, 47, 49, 51, 53-56, 58-61, 63-65.

[11] Vgl. zum Folgenden Becker, Joh.

[12] Daneben rechnet er noch mit weiterer Tradition und einzelnen Glossen, die wir hier aber nicht berücksichtigen müssen.

[13] Bei 3,23 mit A 21, bei 10,40 mit A 17.

cher auf die Hand des Evangelisten. Die Semeiaquelle Beckers lässt sich nach unseren sprachlichen Kriterien nicht ausweisen.

Keines unserer Sprachkennzeichen der Gruppe A und B findet sich im Passionsbericht Beckers allein. Diese hypothetische Schicht Beckers lässt sich also sprachlich nicht belegen. Gleichzeitig ergibt sich, dass wir kein Merkmal aus dieser angenommenen Schicht für das ganze Joh beansprucht haben.

In der kirchlichen Redaktionsschicht Beckers findet sich keines der 26 A-Sprachmerkmale allein. Von den 65-B-Merkmalen beschränkt sich nur B 36 auf diese Schicht. Für den positiven Aufweis einer Schicht durch sprachliche Indizien wäre freilich mehr als ein so magerer Hinweis nötig. Ausserdem ist χαρά mit πληροῦμαι (Passiv) an 3 von 4 Stellen engstens mit A 11 verbunden.[14] Die sprachliche Bildung B 36 verdankt sich also kaum einer nachträglichen kirchlichen Redaktion. Sie stammt eher aus dem Sprachschatz des Evangelisten. Damit bleibt auch die hypothetische Schicht der kirchlichen Redaktion, wie sie Becker vertritt, ohne eigentliche sprachliche Bestätigung.

Auf die Schicht des Evangelisten beschränken sich nach Becker 2 unserer A-Merkmale (A 19,24). Die restlichen 24 A-Merkmale greifen über diese hypothetische Schicht in das übrige Joh aus. Die Eingrenzung des Evangelisten auf die Schicht Beckers lässt sich also sprachlich nicht begründen; alles spricht vielmehr für einen viel weiteren und umfassenderen Anteil des Verfassers des vierten Ev.

Von unsern 65 B-Merkmalen finden sich nur 8 allein in der Evangelistenschicht Beckers.[15] Die überwältigende Mehrzahl der B-Merkmale lässt sich also nicht auf diese Schicht eingrenzen. Damit wird das Urteil aufgrund der A-Merkmale bestätigt. Der Evangelist ist nicht für eine abzuhebende Sprachschicht, sondern für die Sprachgestalt der ganzen Schrift verantwortlich.

Es bleibt noch die Überprüfung der Annahmen Fortnas. **Fortna**[16] geht davon aus, dass die joh. Redaktion als Grundschrift ein sog. Zeichen-Evangelium verwendet hat, in dem eine Semeiaquelle und ein Passionsbericht bereits miteinander verbunden waren. Allerdings wird sein hypothetisches "Signs-Gospel" von keinem Sprachmerkmal der Gruppe A und B positiv bestätigt. Nicht eines unserer Sprachkennzeichen beschränkt sich auf diese Grundschrift Fortnas.[17] Diese Bilanz ist sehr ernüchternd und spricht gegen Fortnas Annahmen. Sie lässt sich auch kaum damit widerlegen, dass eine Reihe von A- und viele B-Merkmale allein in der joh. Redaktionsschicht nach Fortna auftreten. Es sind dies 7 A-[18] und

---

[14] B 36 findet sich bei 3,29; 15,11; 16,24; 17,13; davon ist es 3,29; 15,11 und 17,13 mit A 11 eng verbunden.

[15] Es sind dies B 22, 38, 46, 47, 49, 51, 53, 61.

[16] Vgl. zum Folgenden Fortna, Gospel (1989).

[17] Fortna, Gospel (1989) 208-210 hat mit eigenen Mitteln versucht, das Zeichen-Evangelium positiv stilistisch auszuweisen und vom übrigen Joh abzuheben. Der Versuch ist nicht überzeugend, da die aufgewiesenen sprachlichen Besonderheiten meist zu wenig charakteristisch sind und zudem fast immer im restlichen Joh noch auftreten (wenn auch weniger häufig).

[18] Die folgenden A-Merkmale beschlagen Fortnas Redaktionsschicht: A 8, 11, 12, 15, 19, 23, 24.

40 B-Merkmale[19]. Es verbleiben eine grosse Mehrheit von 19 A-Merkmalen und eine beachtliche Zahl von 25 B-Merkmalen, die über die Schicht der joh. Redaktion Fortnas ausgreifen. Sie belegen, dass der Evangelist auch im von Fortna rekonstruierten Zeichen-Evangelium mitbeteiligt ist. Die auffallend grosse Zahl von fehlenden B-Merkmalen in dieser vermuteten Schicht zeigt wohl nur, dass Fortna relativ sprachbewusst viele joh. Bildungen erkannt und ausgeschieden hat.

Damit können wir unsere Gegenkontrolle abschliessen. Sie bestätigt, dass wir wohl keines unserer Sprachkennzeichen der Gruppe A und B unsachgemäss für das ganze Joh beansprucht haben. Auch B 36 und 50 wird man mit besseren Gründen dem Evangelisten als einer hypothetischen Schicht des Joh zuordnen. Alle übrigen Sprachkennzeichen liessen sich auf keine der Schichten eingrenzen, welche unsere drei bzw. vier Gewährsleute als literarische Vorgaben oder Überarbeitung des Joh ausmachten. Die Gegenkontrolle hat damit nicht unsere Annahmen widerlegt, wohl aber diejenigen dieser drei Schichtenscheidungshypothesen. Sie lassen sich mindestens sprachlich nicht belegen, der Verfasser des Joh hat auch diese vermuteten Schichten sprachlich mitgeprägt.

---

[19] Die folgenden B-Merkmale finden sich ganz in Fortnas Redaktionsschicht: B 3, 4, 6, 7, 10, 15, 16, 18-22, 24, 25, 30, 31, 33, 36-41, 43, 44, 46, 47, 49-55, 57, 60, 61, 63-65.

6.3. Zur Verteilung der Stilmerkmale über die verschiedenen Abschnitte des Joh

UEBERBLICK:

6.3.1. Vorbemerkung

Im Gegenüber zur Vernetzung unserer Stilmerkmale untereinander innerhalb des Joh, die durch ihre wiederholte Verwendung und ihre Mischung im gleichen Vers oder in verschiedenen Versen und Abschnitten ermöglicht wird, ist es stilstatistisch kaum unerheblich, auch auf ihre flächenhafte Verteilung über alle Abschnitte des Ev. zu achten, wenn möglich deren Ursachen zu ergründen und ihre Bedeutung abzuschätzen. Es empfiehlt sich auch, hier nicht wie beim Vernetzungsverfahren auf Trennungslinien verschiedener Schichtenscheider Rücksicht zu nehmen, sondern aus der ermittelten Dichte der Verteilung selbst allfällige Schlüsse auf die Verwendung von Überlieferungen und Quellen zu ziehen. Anderseits wird man unterschiedliche Verteilungsdichten unserer Merkmale in verschiedenen Abschnitten recht vorsichtig werten müssen, da nicht nur Themen und Stoffe, sondern auch der persönliche Gestaltungswille des oder der Verfasser eine zum vornherein festgelegte Einförmigkeit ausgeschlossen haben dürften.

6.3.2. Übersicht A

Einführung

6.3.2.1. Übersicht A über die Verteilung der Stilmerkmale und ihre Dichte in den verschiedenen Abschnitten des Joh teilt das Ev. zunächst in Texteinheiten auf, die sich von ihrer näheren Textumgebung abheben und mehr oder weniger in sich selbst ruhen. Das Ziel dieser Aufteilung war nicht, dem Aufbau des vierten Ev. in allen seinen Teilen und Verzweigungen und ihrer sinnvollen Ganzheit nachzuspüren. Es war lediglich unsere Absicht, solche Textabschnitte voneinander abzutrennen, die sich als eine gewisse Einheit verstehen liessen und Anlass zu einer dichteren oder weniger dichten Streuung unserer Merkmale geboten haben konnten. Wir wollten so keineswegs auf die strukturalen Tiefenschichten des Ev. zurückgreifen oder durch unsere Einteilung einer ausholenden Untersuchung der Zusammenhänge Grenzen setzen. Anderseits ist diese Einteilung nicht einfach willkürlich geschehen, sondern hat im Textganzen je einen begründeten Anhalt. Sie schuf die Möglichkeit, die flächenhafte Verteilung unserer Merkmale in ihrer Vielfalt und Buntheit sichtbar zu machen. Jede andere mögliche und begründete Einteilung hätte keinesfalls zu wesentlich anderen Ergebnissen geführt, als wir sie im Folgenden und in der späteren Auswertung vorlegen werden.

6.3.2.2. In einem ersten Entwurf zu Übersicht A wurde die Ausdehnung der angenommenen Texteinheiten nach der Anzahl Verse gemessen, die sie umfassen. Es zeigte sich aber, dass die Grösse der Verse recht unterschiedlich war und ihre Aufeinanderfolge keine Gewähr für einen Ausgleich der zu messenden Längeneinheiten bot. Deswegen wählten wir als Grundlage unseres Dichtevergleichs die Zeilen der griechischen NT-Ausgabe (N[26]). Unsere Übersicht gibt zunächst die Anzahl Merkmale unserer 3 Gruppen an, die im jeweiligen Textabschnitt vorkommen. Anschliessend wird die Verteilungsdichte der hier gefundenen Merkmale A und B je für sich allein, dann in der Zusammenlegung A + B und abschliessend die Dichte der Merkmale aus der Gruppe C ermittelt. Die gefundenen Zahlenwerte entsprechen dem Verhältnis zwischen der Anzahl Zeilen und der Anzahl Merkmale in den genannten Abschnitten. Diese Werte zeigen an, auf wie viele Zeilen und ihre Bruchteile es durchschnittlich je 1 Merkmal (A, B, A oder B, C) trifft. Geringere Zahlenwerte entsprechen demnach einer grösseren Verteilungsdichte, höhere Zahlenwerte einer geringeren Streuung unserer Merkmale.

6.3.2.3. ÜBERSICHT A
ÜBER DIE VERTEILUNG DER STILMERKMALE UND IHRE DICHTE IN
DEN VERSCHIEDENEN ABSCHNITTEN DES JOH

1,1-18 = 18 Verse = 28 Zeilen

| Merkmale A: | 3 | | | Merkmale B: | 12 | Merkmale C: 3 |

VERTEILUNGSDICHTE
Merkmale	A:	28:3	=	9,333
Merkmale	B:	28:12	=	2,333
	A + B:	28:15	=	1,867
Merkmale	C:	28:3	=	9,333

1,19-28 = 10 Verse = 18 Zeilen

| Merkmale A: | 2 | | | Merkmale B: | 4 | Merkmale C: 6 + (1) |

VERTEILUNGSDICHTE
Merkmale	A:	18:2	=	9
Merkmale	B:	18:4	=	4,5
	A + B:	18:6	=	3
Merkmale	C:	18:6	=	3

1,29-51 = 23 Verse = 50 Zeilen

| Merkmale A: | 19 | | | Merkmale B: | 4 | Merkmale C: 8 |

VERTEILUNGSDICHTE
Merkmale	A:	50:19	=	2,632
Merkmale	B:	50:4	=	12,5
	A + B:	50:23	=	2,174
Merkmale	C:	50:8	=	6,25

2,1-10 = 10 Verse = 18 Zeilen

| Merkmale A: | 3 + [1] | | | Merkmale B: | 1 | Merkmale C: 4 |

VERTEILUNGSDICHTE
Merkmale	A:	18:3	=	6
Merkmale	B:	18:1	=	18
	A + B:	18:4	=	4,5
Merkmale	C:	18:4	=	4,5

2,11 = 1 Vers = 2,5 Zeilen

| Merkmale A: | 0 | | | Merkmale B: | 0 | Merkmale C: 2 |

VERTEILUNGSDICHTE
| Merkmale | C: | 2,5:2 | = | 1,25 |

2,12 = 1 Vers = 2,5 Zeilen

Merkmale A: 0   Merkmale B: 0   Merkmale C: 2
VERTEILUNGSDICHTE
Merkmale   C: 2,5:2   =   1,25

2,13-22 = 10 Verse = 20 Zeilen

Merkmale A: 10   Merkmale B: 3   Merkmale C: 0
VERTEILUNGSDICHTE
Merkmale   A: 20:10   =   2
Merkmale   B: 20:3   =   6,667
      A + B: 20:13   =   1,538

2,23-25 = 3 Verse = 4,5 Zeilen

Merkmale A: 1   Merkmale B: 2   Merkmale C: 4
VERTEILUNGSDICHTE
Merkmale   A: 4,5:1   =   4,5
Merkmale   B: 4,5:2   =   2,25
      A + B: 4,5:3   =   1,5
Merkmale   C: 4,5:4   =   1,125

3,1-15 = 15 Verse = 33 Zeilen

Merkmale A: 11   Merkmale B: 7   Merkmale C: 15
VERTEILUNGSDICHTE
Merkmale   A: 33:11   =   3
Merkmale   B: 33:7   =   4,714
      A + B: 33:18   =   1,833
Merkmale   C: 33:15   =   2,2

3,16-21 = 6 Verse = 14 Zeilen

Merkmale A: 3   Merkmale B: 2   Merkmale C: 5
VERTEILUNGSDICHTE
Merkmale   A: 14:3   =   4,667
Merkmale   B: 14:2   =   7
      A + B: 14:5   =   2,8
Merkmale   C: 14:5   =   2,8

3,22-30 = 9 Verse = 17,5 Zeilen

Merkmale A: 6   Merkmale B: 6   Merkmale C: 3
VERTEILUNGSDICHTE
Merkmale   A: 17,5:6 =   2,917
Merkmale   B: 17,5:6 =   2,917
      A + B: 17,5:12 =   1,458
Merkmale   C: 17,5:3 =   5,833

3,31-36 = 6 Verse = 11 Zeilen

Merkmale A: 0   Merkmale B: 4   Merkmale C: 4
VERTEILUNGSDICHTE
Merkmale   B: 11:4   = 2,75
        A + B: 11:4   = 2,75
Merkmale   C: 11:4   = 2,75

4,1-3 = 3 Verse = 4,5 Zeilen

Merkmale A: 1   Merkmale B: 0   Merkmale C: 0
VERTEILUNGSDICHTE
Merkmale   A: 4,5:1   = 4,5
        A + B: 4,5:1   = 4,5

4,4-42 = 39 Verse = 75 Zeilen

Merkmale A: 29 +[1]   Merkmale B: 17   Merkmale C: 11
VERTEILUNGSDICHTE
Merkmale   A: 75:29   = 2,586
Merkmale   B: 75:17   = 4,412
        A + B: 75:46   = 1,63
Merkmale   C: 75:11   = 6,818

4,43-45 = 3 Verse = 6 Zeilen

Merkmale A: 1   Merkmale B: 1   Merkmale C: 1
VERTEILUNGSDICHTE
Merkmale   A: 6:1   = 6
Merkmale   B: 6:1   = 6
        A + B: 6:2   = 3
Merkmale   C: 6:1   = 6

4,46-54 = 9 Verse = 19,5 Zeilen

Merkmale A: 8   Merkmale B: 4   Merkmale C: 5
VERTEILUNGSDICHTE
Merkmale   A: 19,5:8   = 2,438
Merkmale   B: 19,5:4   = 4,875
        A + B: 19,5:12 = 1,625
Merkmale   C: 19,5:5   = 3,9

5,1-9 = 9 Verse = 15 Zeilen

Merkmale A: 6   Merkmale B: 0   Merkmale C: 3
VERTEILUNGSDICHTE
Merkmale   A: 15:6   = 2,5
        A + B: 15:6   = 2,5
Merkmale   C: 15:3   = 5

5,10-16 = 7 Verse = 12,5 Zeilen

Merkmale A: 4   Merkmale B: 2   Merkmale C: 3
VERTEILUNGSDICHTE
Merkmale   A: 12,5:4 = 3,125
Merkmale   B: 12,5:2 = 6,25
           A + B: 12,5:6 = 2,083
Merkmale   C: 12,5:3 = 4,167

5,17-30 = 14 Verse = 32 Zeilen

Merkmale A: 4   Merkmale B: 7   Merkmale C: 14
VERTEILUNGSDICHTE
Merkmale   A: 32:4   = 8
Merkmale   B: 32:7   = 4,571
           A + B: 32:11   = 2,91
Merkmale   C: 32:14   = 2,286

5,31-47 = 17 Verse = 30 Zeilen

Merkmale A: 2   Merkmale B: 18   Merkmale C: 7
VERTEILUNGSDICHTE
Merkmale   A: 30:2   = 15
Merkmale   B: 30:18   = 1,667
           A + B: 30:20   = 1,5
Merkmale   C: 30:7   = 4,286

6,1-15 = 15 Verse = 30 Zeilen

Merkmale A: 13   Merkmale B: 2   Merkmale C: 8
VERTEILUNGSDICHTE
Merkmale   A: 30:13   = 2,308
Merkmale   B: 30:2   = 15
           A + B: 30:15   = 2
Merkmale   C: 30:8   = 3,75

6,16-25 = 10 Verse = 21 Zeilen

Merkmale A: 5   Merkmale B: 3   Merkmale C: 7 + [1]
VERTEILUNGSDICHTE
Merkmale   A: 21:5   = 4,2
Merkmale   B: 21:3   = 7
           A + B: 21:8   = 2,625
Merkmale   C: 21:7   = 3

6,26-51b = 26 Verse = 51 Zeilen

Merkmale A: 22   Merkmale B: 6   Merkmale C: 20
VERTEILUNGSDICHTE
Merkmale   A: 51:22 = 2,318
Merkmale   B: 51:6   = 8,5
       A + B: 51:28 = 1,821
Merkmale   C: 51:20 = 2,55

6,51c-59 = 9 Verse = 17 Zeilen

Merkmale A: 4   Merkmale B: 4   Merkmale C: 9
VERTEILUNGSDICHTE
Merkmale   A: 17:4   = 4,25
Merkmale   B: 17:4   = 4,25
       A + B: 17:8   = 2,125
Merkmale   C: 17:9   = 1,889

6,60-71 = 12 Verse = 23 Zeilen

Merkmale A: 7 + (1)   Merkmale B: 6 + [1]   Merkmale C: 4
VERTEILUNGSDICHTE
Merkmale   A: 23:7   = 3,286
Merkmale   B: 23:6   = 3,833
       A + B: 23:13 = 1,769
Merkmale   C: 23:4   = 5,75

7,1-9 = 9 Verse = 16,5 Zeilen

Merkmale A: 7   Merkmale B: 8   Merkmale C: 6
VERTEILUNGSDICHTE
Merkmale   A: 16,5:7 = 2,357
Merkmale   B: 16,5:8 = 2,063
       A + B: 16,5:15 = 1,1
Merkmale   C: 16,5:6 = 2,75

7,10-52 = 43 Verse = 82 Zeilen

Merkmale A: 32   Merkmale B: 37   Merkmale C: 30
VERTEILUNGSDICHTE
Merkmale   A: 82:32 = 2,563
Merkmale   B: 82:37 = 2,216
       A + B: 82:69 = 1,188
Merkmale   C: 82:30 = 2,733

7,53-8,11 = 12 Verse = 21 Zeilen

| Merkmale A: | 0 | | Merkmale B: | 1 | Merkmale C: 1 |

VERTEILUNGSDICHTE

Merkmale	B:	21:1	=	21
	A + B:	21:1	=	21
Merkmale	C:	21:1	=	21

8,12-59 = 48 Verse = 99 Zeilen

| Merkmale A: | 36 + [2] | | Merkmale B: | 40 | Merkmale C: 37 |

VERTEILUNGSDICHTE

Merkmale	A:	99:36	=	2,75
Merkmale	B:	99:40	=	2,475
	A + B:	99:76	=	1,303
Merkmale	C:	99:37	=	2,676

9,1-41 = 41 Verse = 82 Zeilen

| Merkmale A: | 39 | | Merkmale B: | 22 | Merkmale C: 42 + (1) |

VERTEILUNGSDICHTE

Merkmale	A:	82:39	=	2,103
Merkmale	B:	82:22	=	3,727
	A + B:	82:61	=	1,344
Merkmale	C:	82:42	=	1,952

10,1-18 = 18 Verse = 37 Zeilen

| Merkmale A: | 4 | | Merkmale B: | 7 + (1bis) | Merkmale C: 4 |

VERTEILUNGSDICHTE

Merkmale	A:	37:4	=	9,25
Merkmale	B:	37:7	=	5,286
	A + B:	37:11	=	3,364
Merkmale	C:	37:4	=	9,25

10,19-39 = 21 Verse = 36,5 Zeilen

| Merkmale A: | 17 + [1] | | Merkmale B: | 12 | Merkmale C: 12 |

VERTEILUNGSDICHTE

Merkmale	A:	36,5:17	=	2,147
Merkmale	B:	36,5:12	=	3,042
	A + B:	36,5:29	=	1,259
Merkmale	C:	36,5:12	=	3,042

10,40-42 = 3 Verse = 5,5 Zeilen

Merkmale A: 1   Merkmale B: 2   Merkmale C: 4
VERTEILUNGSDICHTE
Merkmale   A: 5,5:1   =   5,5
Merkmale   B: 5,5:2   =   2,75
            A + B: 5,5:3   =   1,833
Merkmale   C: 5,5:4   =   1,375

11,1-44 = 44 Verse = 80 Zeilen

Merkmale A: 37 + (2)   Merkmale B: 11   Merkmale C: 23
VERTEILUNGSDICHTE
Merkmale   A: 80:37   =   2,162
Merkmale   B: 80:11   =   7,273
            A + B: 80:48   =   1,667
Merkmale   C: 80:23   =   3,478

11,45-54 = 10 Verse = 22,5 Zeilen

Merkmale A: 5 + (1)   Merkmale B: 6   Merkmale C: 4
VERTEILUNGSDICHTE
Merkmale   A: 22,5:5   =   4,5
Merkmale   B: 22,5:6   =   3,75
            A + B: 22,5:11 =   2,045
Merkmale   C: 22,5:4   =   5,625

11,55-57 = 3 Verse = 6,5 Zeilen

Merkmale A: 2   Merkmale B: 6   Merkmale C: 2
VERTEILUNGSDICHTE
Merkmale   A: 6,5:2   =   3,25
Merkmale   B: 6,5:6   =   1,083
            A + B: 6,5:8   =   0,813
Merkmale   C: 6,5:2   =   3,25

12,1-8 = 8 Verse = 16 Zeilen

Merkmale A: 5   Merkmale B: 0   Merkmale C: 2
VERTEILUNGSDICHTE
Merkmale   A: 16:5   =   3,2
            A + B: 16:5   =   3,2
Merkmale   C: 16:2   =   8

12,9-11 = 3 Verse = 5,5 Zeilen

Merkmale A: 2   Merkmale B: 1   Merkmale C: 1
VERTEILUNGSDICHTE
Merkmale   A: 5,5:2 =   2,75
Merkmale   B: 5,5:1 =   5,5
        A + B: 5,5:3 =   1,833
Merkmale   C: 5,5:1 =   5,5

12,12-15 = 4 Verse = 7 Zeilen

Merkmale A: 2   Merkmale B: 2   Merkmale C: 0
VERTEILUNGSDICHTE
Merkmale   A: 7:2   =   3,5
Merkmale   B: 7:2   =   3,5
        A + B: 7:4   =   1,75

12,16-19 = 4 Verse = 9 Zeilen

Merkmale A: 3   Merkmale B: 1   Merkmale C: 2
VERTEILUNGSDICHTE
Merkmale   A: 9:3   =   3
Merkmale   B: 9:1   =   9
        A + B: 9:4   =   2,25
Merkmale   C: 9:2   =   4,5

12,20-36 = 17 Verse = 36 Zeilen

Merkmale A: 13   Merkmale B: 12   Merkmale C: 13
VERTEILUNGSDICHTE
Merkmale   A: 36:13 =   2,77
Merkmale   B: 36:12 =   3
        A + B: 36:25 =   1,44
Merkmale   C: 36:13 =   2,77

12,37-43 = 7 Verse = 12,5 Zeilen

Merkmale A: 1   Merkmale B: 5   Merkmale C: 3
VERTEILUNGSDICHTE
Merkmale   A: 12,5:1 =   12,5
Merkmale   B: 12,5:5 =   2,5
        A + B: 12,5:6 =   2,083
Merkmale   C: 12,5:3 =   4,167

12,44-50 = 7 Verse = 13 Zeilen

Merkmale A: 4   Merkmale B: 4   Merkmale C: 8
VERTEILUNGSDICHTE
Merkmale   A: 13:4   =   3,25
Merkmale   B: 13:4   =   3,25
    A + B: 13:8   =   1,625
Merkmale   C: 13:8   =   1,625

13,1-30 = 30 Verse = 58,5 Zeilen

Merkmale A: 22 + [1] + (1)   Merkmale B: 23   Merkmale C: 19
VERTEILUNGSDICHTE
Merkmale   A: 58,5:22   =   2,66
Merkmale   B: 58,5:23   =   2,543
    A + B: 58,5:45   =   1,3
Merkmale   C: 58,5:19   =   3,079

13,31-38 = 8 Verse = 17 Zeilen

Merkmale A: 10   Merkmale B: 7   Merkmale C: 6
VERTEILUNGSDICHTE
Merkmale   A: 17:10   =   1,7
Merkmale   B: 17:7   =   2,429
    A + B: 17:17   =   1
Merkmale   C: 17:6   =   2,833

14,1-31 = 31 Verse = 63 Zeilen

Merkmale A: 13   Merkmale B: 20   Merkmale C: 27
VERTEILUNGSDICHTE
Merkmale   A: 63:13   =   4,846
Merkmale   B: 63:20   =   3,15
    A + B: 63:33   =   1,909
Merkmale   C: 63:27   =   2,333

15,1-27 = 27 Verse = 54 Zeilen

Merkmale A: 8   Merkmale B: 24   Merkmale C: 25
VERTEILUNGSDICHTE
Merkmale   A: 54:8   =   6,75
Merkmale   B: 54:24   =   2,25
    A + B: 54:32   =   1,688
Merkmale   C: 54:25   =   2,16

16,1-33 = 33 Verse = 66 Zeilen

Merkmale A: 7   Merkmale B: 37   Merkmale C: 27
VERTEILUNGSDICHTE
Merkmale   A: 66:7   =   9,429
Merkmale   B: 66:37   =   1,784
        A + B: 66:44   =   1,5
Merkmale   C: 66:27   =   2,444

17,1-26 = 26 Verse = 52 Zeilen

Merkmale A: 7   Merkmale B: 13   Merkmale C: 17
VERTEILUNGSDICHTE
Merkmale   A: 52:7   =   7,429
Merkmale   B: 52:13   =   4
        A + B: 52:20   =   2,6
Merkmale   C: 52:17   =   3,059

18,1-14 = 14 Verse = 29 Zeilen

Merkmale A: 21   Merkmale B: 7   Merkmale C: 2
VERTEILUNGSDICHTE
Merkmale   A: 29:21   =   1,381
Merkmale   B: 29:7   =   4,143
        A + B: 29:28   =   1,036
Merkmale   C: 29:2   =   14,5

18,15-18 = 4 Verse = 11 Zeilen

Merkmale A: 8   Merkmale B: 4   Merkmale C: 2
VERTEILUNGSDICHTE
Merkmale   A: 11:8   =   1,375
Merkmale   B: 11:4   =   2,75
        A + B: 11:12   =   0,917
Merkmale   C: 11:2   =   5,5

18,19-24 = 6 Verse = 12 Zeilen

Merkmale A: 7   Merkmale B: 2   Merkmale C: 3
VERTEILUNGSDICHTE
Merkmale   A: 12:7   =   1,714
Merkmale   B: 12:2   =   6
        A + B: 12:9   =   1,333
Merkmale   C: 12:3   =   4

18,25-27 = 3 Verse = 6 Zeilen

Merkmale A: 6   Merkmale B: 2   Merkmale C: 0
VERTEILUNGSDICHTE
Merkmale   A: 6:6   =   1
Merkmale   B: 6:2   =   3
       A + B: 6:8   =   0,75

18,28-40 = 13 Verse = 33 Zeilen

Merkmale A: 27   Merkmale B: 10   Merkmale C: 4
VERTEILUNGSDICHTE
Merkmale   A: 33:27 = 1,222
Merkmale   B: 33:10 = 3,3
       A + B: 33:37 = 0,892
Merkmale   C: 33:4   = 8,25

19,1-22 = 22 Verse = 50,5 Zeilen

Merkmale A: 27 + (1)   Merkmale B: 9   Merkmale C: 10
VERTEILUNGSDICHTE
Merkmale   A: 50,5:27 = 1,87
Merkmale   B: 50,5:9 = 5,611
       A + B: 50,5:36 = 1,403
Merkmale   C: 50,5:10 = 5,05

19,23-30 = 8 Verse = 21 Zeilen

Merkmale A: 8   Merkmale B: 2   Merkmale C: 3
VERTEILUNGSDICHTE
Merkmale   A: 21:8   = 2,625
Merkmale   B: 21:2   = 10,5
       A + B: 21:10 = 2,1
Merkmale   C: 21:3   = 7

19,31-42 = 12 Verse = 27,5 Zeilen

Merkmale A: 8   Merkmale B: 6   Merkmale C: 5
VERTEILUNGSDICHTE
Merkmale   A: 27,5:8 = 3,438
Merkmale   B: 27,5:6 = 4,583
       A + B: 27,5:14 = 1,964
Merkmale   C: 27,5:5 = 5,5

20,1-18 = 18 Verse = 38,5 Zeilen

Merkmale A: 15   Merkmale B: 9   Merkmale C: 13
VERTEILUNGSDICHTE
Merkmale   A: 38,5:15 = 2,567
Merkmale   B: 38,5:9 = 4,278
        A + B: 38,5:24 = 1,604
Merkmale   C: 38,5:13 = 2,962

20,19-29 = 11 Verse = 26 Zeilen

Merkmale A: 9   Merkmale B: 5   Merkmale C: 4
VERTEILUNGSDICHTE
Merkmale   A: 26:9   = 2,889
Merkmale   B: 26:5   = 5,2
        A + B: 26:14 = 1,857
Merkmale   C: 26:4   = 6,5

20,30-31 = 2 Verse = 5 Zeilen

Merkmale A: 1   Merkmale B: 0   Merkmale C: 3
VERTEILUNGSDICHTE
Merkmale   A: 5:1   = 5
        A + B: 5:1   = 5
Merkmale   C: 5:3   = 1,667

21,1-14 = 14 Verse = 33 Zeilen

Merkmale A: 21   Merkmale B: 5   Merkmale C: 8
VERTEILUNGSDICHTE
Merkmale   A: 33:21 = 1,571
Merkmale   B: 33:5   = 6,6
        A + B: 33:26 = 1,27
Merkmale   C: 33:8   = 4,125

21,15-23 = 9 Verse = 25 Zeilen

Merkmale A: 5 + (1) + [1]   Merkmale B: 3   Merkmale C: 2
VERTEILUNGSDICHTE
Merkmale   A: 25:5   = 5
Merkmale   B: 25:3   = 8,333
        A + B: 25:8   = 3,125
Merkmale   C: 25:2   = 12,5

21,24-25 = 2 Verse = 5 Zeilen

Merkmale A: 0   Merkmale B: 0   Merkmale C: 1
VERTEILUNGSDICHTE
Merkmale   C: 5:1   = 5

6.3.3. Übersicht B
KURZLISTE DER ANZAHL STILMERKMALE UND IHRER
VERTEILUNGSDICHTE IN DEN ABSCHNITTEN DES JOH

Abschnitte	Merkmale A		Merkmale B		A + B		Merkmale C	
	Zahl	Dichte	Zahl	Dichte	Zahl	Dichte	Zahl	Dichte
1,1-18	3	9,333	12	2,333	15	1,867	3	9,333
1,19-28	2	9	4	4,5	6	3	6	3
1,29-51	19	2,632	4	12,5	23	2,174	8	6,25
2,1-10	3	6	1	18	4	4,5	4	4,5
2,11	0		0		0		2	1,25
2,12	0		0		0		2	1,25
2,13-22	10	2	3	6,667	13	1,538	0	
2,23-25	1	4,5	2	2,25	3	1,5	4	1,125
3,1-15	11	3	7	4,714	18	1,833	15	2,2
3,16-21	3	4,667	2	7	5	2,8	5,	2,8
3,22-30	6,	2,917	6	2,917	12	1,458	3	5,833
3,31-36	0		4	2,75	4	2,75	4	2,75
4,1-3	1	4,5	0		1	4,5	0	
4,4-42	29	2,586	17	4,412	46	1,63	11	6,818
4,43-45	1	6	1	6	2	3	1	6
4,46-54	8	2,438	4	4,875	12	1,625	5	3,9
5,1-9	6	2,5	0		6	2,5	3	5
5,10-16	4	3,125	2	6,25	6	2,083	3	4,167
5,17-30	4	8	7	4,571	11	2,91	14	2,286
5,31-47	2	15	18	1,667	20	1,5	7	4,286
6,1-15	13	2,308	2	15	15	2	8	3,75
6,16-25	5	4,2	3	7	8	2,625	7	3
6,26-51b	22	2,318	6	8,5	28	1,821	20	2,55
6,51c-59	4	4,25	4	4,25	8	2,125	9	1,889
6,60-71	7	3,286	6	3,833	13	1,769	4	5,75

Abschnitte	Merkmale A		Merkmale B		A + B		Merkmale C	
	Zahl	Dichte	Zahl	Dichte	Zahl	Dichte	Zahl	Dichte
7,1-9	7	2,357	8	2,063	15	1,1	6	2,75
7,10-52	32	2,563	37	2,216	69	1,188	30	2,733
7,53-8,11	0		1	21	1	21	1	21
8,12-59	36	2,75	40	2,475	76	1,303	37	2,676
9,1-41	39	2,103	22	3,727	61	1,344	42	1,952
10,1-18	4	9,25	7	5,286	11	3,364	4	9,25
10,19-39	17	2,147	12	3,042	29	1,259	12	3,042
10,40-42	1	5,5	2	2,75	3	1,833	4	1,375
11,1-44	37	2,162	11	7,273	48	1,667	23	3,478
11,45-54	5	4,5	6	3,75	11	2,045	4	5,625
11,55-57	2	3,25	6	1,083	8	0,813	2	3,25
12,1-8	5	3,2	0		5	3,2	2	8
12,9-11	2	2,75	1	5,5	3	1,833	1	5,5
12,12-15	2	3,5	2	3,5	4	1,75	0	
12,16-19	3	3	1	9	4	2,25	2	4,5
12,20-36	13	2,77	12	3	25	1,44	13	2,77
12,37-43	1	12,5	5	2,5	6	2,083	3	4,167
12,44-50	4	3,25	4	3,25	8	1,625	8	1,625
13,1-30	22	2,66	23	2,543	45	1,3	19	3,079
13,31-38	10	1,7	7	2,429	17	1	6	2,833
14,1-31	13	4,846	20	3,15	33	1,909	27	2,333
15,1-27	8	6,75	24	2,25	32	1,688	25	2,16
16,1-33	7	9,429	37	1,784	44	1,5	27	2,444
17,1-26	7	7,429	13	4	20	2,6	17	3,059
18,1-14	21	1,381	7	4,143	28	1,036	2	14,5
18,15-18	8	1,375	4	2,75	12	0,917	2	5,5
18,19-24	7	1,714	2	6	9	1,333	3	4
18,25-27	6	1	2	3	8	0,75	0	
18,28-40	27	1,222	10	3,3	37	0,892	4	8,25
19,1-22	27	1,87	9	5,611	36	1,403	10	5,05

Abschnitte	Merkmale A		Merkmale B		A + B		Merkmale C	
	Zahl	Dichte	Zahl	Dichte	Zahl	Dichte	Zahl	Dichte
19,23-30	8	2,625	2	10,5	10	2,1	3	7
19,31-42	8	3,438	6	4,583	14	1,964	5	5,5
20,1-18	15	2,567	9	4,278	24	1,604	13	2,962
20,19-29	9	2,889	5	5,2	14	1,857	4	6,5
20,30-31	1	5	0		1	5	3	1,667
21,1-14	21	1,571	5	6,6	26	1,27	8	4,125
21,15-23	5	5	3	8,333	8	3,125	2	12,5
21,24-25	0		0		0		1	5

6.3.4. UEBERSICHT C
KURZLISTE DER ANZAHL MERKMALE (OHNE C) UND IHRER
VERTEILUNGSDICHTE IN AUSGEWÄHLTEN ABSCHNITTEN DES JOH

		Merkmale A		Merkmale B		A + B	
Nr.	Abschnitte	Zahl	Dichte	Zahl	Dichte	Zahl	Dichte
1	1,1-18	3	9,333	12	2,333	15	1,867
2	1,19-28	2	9	4	4,5	6	3
3	2,1-10	3	6	1	18	4	4,5
4	2,23-25	1	4,5	2	2,25	3	1,5
5	3,16-21	3	4,667	2	7	5	2,8
6	4,1-3	1	4,5	0		1	4,5
7	4,43-45	1	6	1	6	2	3
8	5,17-30	4	8	7	4,571	11	2,91
9	5,31-47	2	15	18	1,667	20	1,5
10	10,1-18	4	9,25	7	5,286	11	3,364
11	10,40-42	1	5,5	2	2,75	3	1,833
12	11,45-54	5	4,5	6	3,75	11	2,045
13	12,37-43	1	12,5	5	2,5	6	2,083
14	14,1-31	13	4,846	20	3,15	33	1,909
15	15,1-27	8	6,75	24	2,25	32	1,688
16	16,1-33	7	9,429	37	1,784	44	1,5
17	17,1-26	7	7,429	13	4	20	2,6
18	20,30-31	1	5	0		1	5
19	21,15-23	5	5	3	8,333	8	3,125

6.3.5. Erklärungen zu den Übersichten und deren Auswertung

6.3.5.1. Wenn wir die teilweise erheblichen Unterschiede der Verteilungsdichte unserer Merkmale in den 63 Abschnitten der Übersicht A richtig werten und erklären sollen, ist es nützlich, zunächst die Durchschnittswerte ihrer Streuung über das Ev. als Ganzes zu ermitteln. Rechnen wir die Zeilen, die wir für die genannten Abschnitte einzeln gezählt haben, zusammen, so ergibt sich für das ganze Ev. die Zahl von 1776 Zeilen. Wenn wir sie mit den Gesamtzahlen unserer Merkmale im Ev. vergleichen, zeigt sich folgendes Bild:

A-Merkmale	B-Merkmale	A + B	C-Merkmale
604	480	1084	521
1776 : 604	1776 : 480	1776 : 1084	1776 : 521
=	=	=	=
2,94	3,7	1,638	3,409

Auf je 2,94 Zeilen des Ev. trifft es durchschnittlich 1 A-Merkmal.
Auf je 3,7 Zeilen trifft es durchschnittlich 1 B-Merkmal.
Auf je 1,638 Zeilen trifft es durchschnittlich 1 A- oder B-Merkmal.
Auf je 3,409 Zeilen trifft es durchschnittlich 1 C-Merkmal.

Im folgenden werten wir zunächst vor allem die Verteilung der A- und B-Merkmale und die Dichte ihrer Zusammenlegung zu A + B, die wichtiger ist als die Dichte der verhältnismässig schwachen C-Merkmale.

6.3.5.2. In 5 Abschnitten unserer Übersicht A fehlt ein A-Merkmal ganz. Es handelt sich um die Texteinheiten
2,11; 2,12; 3,31-36; 7,53-8,11; 21,24-25.
Die ersten 2 dieser Einheiten umfassen nur je 1 Vers mit 2,5 Zeilen, die letzte Einheit hat 2 Verse mit insgesamt 5 Zeilen. Die Wahrscheinlichkeit, dass an diesen Stellen weder ein A- noch ein B-Merkmal vorkam, war jedenfalls gross.

6.3.5.3. Aehnlich gelagert sind auch die Abschnitte 4,1-3; 4,43-45; 20,20-31. Sie enthalten zwar je 1 A-Merkmal, aber kein B-Merkmal, 4,43-45 ausgenommen, wo sich 1 solches findet. Alle 3 Einheiten umfassen 2 oder 3 Verse und nur wenige Textzeilen. Auch hier war die Wahrscheinlichkeit, mehr Merkmale der Gruppen A und B verwenden zu können, gering, auch deswegen, weil die tatsächliche Verteilung der Merkmale nicht selten von der durchschnittlichen Streuung im einzelnen abweicht.

6.3.5.4.1. Übersicht C führt alle Abschnitte an, deren Streuungszahl für die Merkmale A den Wert 4,5 erreicht oder übersteigt und somit eine geringe Dichte anzeigt. Diese Übersicht enthält auch die entsprechendenZahlen und Dichtewerte für die Merkmale B und A + B. Alle Abschnitte sind numeriert.

6.3.5.4.2. Ausser den unter 6.3.5.2. und 6.3.5.3. angeführten Abschnitten des Joh finden wir in der Übersicht C unter den Nummern 4 und 11 nochmals 2 Texteinheiten (2,23-25; 10,40-42), die infolge ihres geringen Umfangs eine grössere Verteilungsdichte unserer Merkmale nicht ohne weiteres erwarten liessen; vgl. aber ihren Dichtewert für A + B.

6.3.5.4.3. Wir stellen dann fest, dass in Übersicht C in 9 Fällen (Nr. 1, 5, 8-10, 14-17), zu denen der unter 6.3.5.2. erwähnte Abschnitt 3,31-36 noch hinzukommt, die Texteinheiten durch ihren Gehalt an joh. Theologie und im Rahmen unserer Arbeit nicht verwertbarer Sprachlichkeit so aufgeladen sind, dass sie kaum noch Raum liessen für die Verwendung weiterer A-Merkmale; diese kennzeichnen nämlich vielfach erzählende Abschnitte oder Redestoffe, wo das Gespräch zwischen Jesus und seinen Hörern und Hörerinnen sehr lebhaft ist, wie etwa Joh 6,26-51b und 8,12-59.

6.3.5.4.4. Von den 19 in Übersicht C aufgeführten Abschnitten des Ev. verlangen noch folgende Nummern eine nähere Erklärung für die geringe Streuung ihrer Merkmale: 2, 3, 13. Dazu kommen noch die unter 6.3.5.2. erwähnten Texteinheiten 7,53-8,11; 21,24-25.

Nr 2 = Joh 1,19-28. Das Stück schliesst unmittelbar an den Johannesprolog an. Es nimmt das Thema der VV. 1,6-8 auf und entfaltet es erzählerisch im Rahmen einer Folge von Fragen und Antworten, die zunächst auffallend knapp gehalten sind. Die Sätze werden zudem meistens mit parataktischem καί aneinandergereiht. Diese sprachliche Gestaltung dürfte die Verwendung einer grösseren Zahl von Stilmerkmalen der Gruppen A und B verhindert haben. Dennoch ist der joh. Einschlag des Abschnitts nicht zu verkennen. Schon das Stichwort μαρτυρία der Einleitung, verbunden mit einem hinweisenden Fürwort, das — allerdings vergeblich — ein ἵνα oder ὅτι epexegeticum erwarten lässt, klingt joh. V. 20 erinnert dann mit seinem ὁμολογεῖν und ἀρνεῖσθαι an 1 Joh 2,23. Vor allem aber ist darauf hinzuweisen, dass der Dichtewert 4,5 für die Merkmale B in unserem Stück nicht auffallend geringer ist als deren Durchschnittsdichte 3,7 und dass auch der Dichtewert 3 für A + B nicht allzuweit vom Mittelwert 1,638 des Ev. entfernt ist. Ergänzend darf man hinzufügen, dass die Streuungsdichte 3 der C-Merkmale hier stärker ist als im Ev., wo den Mittelwert 3,409 erreicht.

Nr. 3 = Joh 2,1-10. Hier wird das Wunder auf der Hochzeit zu Kana erzählt. Die geringe Zahl der joh. Stilmerkmale gibt Anlass zur Vermutung, hier liege ein Quellenstück zugrunde. Man sollte allerdings auch die 4 Vorkommen an C-Merkmalen — Dichte 4,5 — gebührend zur Kenntnis nehmen. Joh. ist auch die Aufforderung Jesu, die Krüge zu füllen, und die anschliessende Erwähnung, dass die Diener das taten; vgl. 5,8f; 6,12f; 9,7; 21,6f.

Nr. 13 = Joh 12,37-43. Dass in diesem Stück nur 1 A-Merkmal vorkommt, macht den Eindruck des Zufälligen. Jedenfalls ist die Anzahl 5 der B-Merkmale für das eher kleine Stück recht gross, und ihre Dichte 2,5 ist stärker als der Mittelwert des Ev. 3,7. Die Streuung 2,083 für A + B liegt nahe beim Mittelwert 1,638. Auch C-Merkmale fehlen nicht. Ausserdem ist das Thema der δόξα Jesu (V. 41) und das Gegenüber der δόξα τῶν ἀνθρώπων zur δόξα τοῦ θεοῦ in V. 43 echt joh.; vgl. 5,41-44; 7,18; 8,50.54.

Joh 7,53-8,11 weist auch angesichts unserer reichen Auswahl an joh. Stilmerkmalen nur 1 B-Merkmal und 1 C-Merkmal auf. Das übersteigt alle Vergleichsmöglichkeiten mit anderen ungefähr gleichlangen Abschnitten des Ev., so dass die Folgerung, hier liege ein Text vor, der nie zum ursprünglichen Ev. gehörte, jeden vernünftigen Zweifel ausschliesst.

Joh 21,24-25. Stilstatistisch genügt das eine Merkmal der C-Liste nicht, um auch nur V. 24 der Hand des Evangelisten zuzuschreiben. Dennoch macht dieser Vers den Eindruck, von der gleichen Hand wie Kapitel 21 zu stammen. Er klingt durchaus joh., wie u.a. Joh 19,35; 5,32; 8,13f; 16,30; 3 Joh 12fin zeigen.— V. 25 knüpft an 20,30 an. Die hyperbolische Formulierung, mit der er das Ev. abschliesst, erinnert an ähnliche Abschlüsse im zeitgenössischen Schrifttum. Joh. ist auch κόσμος und χωρέω. Zu sprachlichen Analogien von 21,25 in Kap. 1-20 vgl. im übrigen de Solages, Jean 199. Dennoch ist der Eindruck, den manche Erklärer haben, V. 25 stamme nicht von der Hand des Evangelisten, verständlich.

6.3.5.5.1. Neben den 19 Abschnitten der Übersicht C, deren A-Merkmale den schwachen Dichtewert 4,5 erreichen oder überschreiten, gibt es auch 9 Texteinheiten, in denen die A-Merkmale den einschlägigen Mittelwert 2,94 des Ev. auffallend dadurch überbieten, dass sie alle zwischen 1 und 2 liegen. Es handelt sich um folgende Abschnitte und ihre Dichtewerte für A:

2,13-22	2	18,25-27	1
13,31-38	1,7	18,28-40	1,222
18,1-14	1,381	19,1-22	1,87
18,15-18	1,375	21,1-14	1,571
18,19-24	1,714		

*6.3.5.5.2.*Diesen aussergewöhnlichen Dichtewerten folgen aber die Werte für die A-Merkmale in weiteren 19 Abschnitten des Ev. immer noch in einem Abstand, der dadurch auffällt, dass er den Mittelwert des Ev. stärkemässig übertrifft, auch wenn die Wertezahlen in allen Fällen über der Marke 2 liegen. Wir zählen die Abschnitte und die fraglichen Dichtewerte wiederum auf:

1,29-51	2,623	9,1-41	2,103
3,22-30	2,917	10,19-39	2,147
4,4-42	2,586	11,1-44	2,162
4,46-54	2,438	12,9-11	2,75
5,1-9	2,5	12,20-36	2,77
6,1-15	2,308	13,1-30	2,66
6,26-51b	2,318	19,23-30	2,625
7,1-9	2,357	20,1-18	2,567
7,10-52	2,563	20,19-29	2,889
8,12-59	2,75		

6.3.5.5.3. Die erstaunliche Beständigkeit dieser Dichtewerte für die A-Merkmale in einer solchen Zahl von joh. Texteinheiten, wie wir sie unter 6.3.5.5.1./2. aufgelistet haben, Werte, die alle den einschlägigen Mittelwert 2,94 für das Ev. als Ganzes überbieten, verlangt eine angemessene Erklärung. Sozusagen alle diese Abschnitte sind Erzählungsstücke, die nur gelegentlich von Rede und Dialog unterbrochen werden. Eigentliche dialogische Redestücke als Grosseinheiten sind darunter nur 6,26-51b und 8,12-59, wozu auch noch 4,4-42 gerechnet werden mag. Diese Eigenart der erwähnten Abschnitte erklärt die auffallende Zahl von A-Merkmalen, die sie aufweisen, und ihre entsprechenden Dichtewerte. Vergessen wir aber nicht, dass diesen stark erzählerisch gestalteten Texteinheiten jene geschlossenen joh. Redestücke gegenüberstehen, die wir unter 6.3.5.4.3. genannt haben. Sie zeichnen sich durch schwache und sehr schwache Dichtewerte für die Gruppe der A-Merkmale aus und dürften — statistisch gesehen — am meisten verantwortlich sein für den verhältnismässig geringen durchschnittlichen Dichtewert der A-Merkmale im Ev. als Ganzem (2,94).

6.3.5.6.1. Wenden wir uns jetzt noch den gemeinsamen Dichtewerten für die zusammengelegten Merkmale A + B in allen unseren joh. Texteinheiten zu; vgl. Übersicht B. Wir gehen davon aus, dass ihr Mittelwert für das Ev. als Ganzes 1,638 ergab. Dieser Wert wird 4mal durch Bruchteile von 1 auffallend überboten, zusätzlich aber, wenn auch weniger deutlich, 21mal durch Dichtewerte zwischen 1 - 1,63. Da 1,638 ein Durchschnittswert ist, muss man auch die ebenfalls 21 Dichtewerte, die zwischen 1,639 und 2,5 liegen, noch als gute Werte gelten lassen. Von 63 Dichtewerten für A + B sind demnach 46 gut bis sehr gut, und auch der bleibende Rest zeigt nur ausnahmsweise auffallende Schwachstellen wie vor allem 7,53-8,11. So ist die Streuung der Merkmale A + B in unserem Ev. ein zuverlässiger Hinweis auf dessen literarische Einheit.

6.3.5.6.2. Die unter 6.3.5.5.1./2. aufgezählten Dichtewerte für die A-Merkmale, ebenso aber auch mehrere Dichtewerte für die zusammengelegten Merkmale A + B sind in den Kapiteln 13; 18; 19 ungewöhnlich hoch. Ihnen stehen auch unter 6.3.5.5.1./2. nicht aufgezählte Dichtewerte aus diesen Kapiteln wie auch aus Kapitel 20 und 21 nur wenig nach. Eine Ausnahme bilden nur 20,30-31; 21,15-23 und die anschliessenden Schlussverse des Ev. Insgesamt gesehen sind alle

Abschnitte, die man der joh. Leidensgeschichte zurechnen muss, so dicht mit joh. Stilmerkmalen übersät, dass eine gesicherte Schichtenscheidung in ihr oder ihre literarische Unterscheidung vom übrigen Ev. eher aussichtslos erscheint. Der Grund für diese ungewöhnliche Streuungsdichte unserer Merkmale in allen genannten Kapiteln dürfte einzig die Tatsache sein, dass ihr Anteil an Erzählung und Redestoff, der ausdehnungsmässig wenig joh. Theologie enthält, sehr hoch ist.

6.3.6. ZUR SEMEIAQUELLE UND ZUM PASSIONSBERICHT IM VIERTEN EV. NACH DEM JOHANNESKOMMENTAR VON JÜRGEN BECKER

6.3.6.1. Nach den vorausgegangenen Untersuchungen zur Verteilungsdichte der joh. Stilmerkmale in den verschiedenen Abschnitten unseres Ev. soll anhand der Aussonderungen einer Semeiaquelle (SQ) und eines ursprünglichen Passionsberichts (PB), wie sie Jürgen Becker in seinem Johanneskommentar vorgenommen hat, abschliessend die flächenhafte Verteilung unserer Stilmerkmale in diesen ausgehobenen Schichten mit ihrer Verteilung im jeweiligen literarischen Umfeld, in das sie hier eingelagert erscheinen, und mit ihrer Verteilungsdichte im ganzen Ev. verglichen werden.

Da beide Schichten von Becker vielfach aus einzelnen Versstücken zusammengestellt wurden, war es notwendig, in einem eigenen Feinverfahren die Anzahl längengleicher Vollzeilen a. des Ev., b. der beiden Quellschichten und c. ihres Umfeldes zu ermitteln. Diese Anzahl Vollzeilen unterscheidet sich für das Ev. leicht von der unter 6.3.5. verwendeten Zeilenzahl (1776).

6.3.6.2. Die Abschnitte des Ev., aus denen die SQ ausgehoben wurde (= SQ + Umfeld), sind folgende:

1,19-51	7,2-9
2,1-12	9,1-34
3,22-30	10,40-42
4,5-42	11,1-44
4,46-54	11,54
5,1-16	12,37-38
6,1-25	20,30-31

6.3.6.3. Die Abschnitte des Ev., aus denen der PB ausgehoben wurde (= PB + Umfeld), sind folgende:

11,47-12,15	18,1-40
(ohne 11,54)	19,1-42
13,1-30	20,1-29

6.3.6.4. Der Umfang (in Vollzeilen) der hier zur Sprache kommenden Textein-heiten ergibt folgende Zahlen:

Ev. als Ganzes	1786	Ev. als Ganzes	1786
SQ	267	PB	126,4
SQ + Umfeld	454	PB + Umfeld	364,8
Umfeld allein	187	Umfeld allein	238,4

6.3.6.5. Es folgt eine Übersicht über die Anzahl Merkmale im ganzen Ev. und in den fraglichen Schichten:

	A-Merkmale	B-Merkmale	A + B	C-Merkmale	A + B + C
Ev. als Ganzes	604	480	1084	521	1605
SQ	117	36	153	90	243
SQ + Umfeld	177	80	257	139	396
Umfeld allein	60	44	104	49	153
PB	54	34	88	20	108
PB + Umfeld	171	93	264	72	336
Umfeld allein	117	59	176	52	228

6.3.6.6.1. Die umstehende Übersicht gibt die Verteilungsdichte der Merkmale im ganzen Ev. und in den fraglichen Schichten an. Die Werte entsprechen dem Ver-hältnis zwischen der Anzahl Vollzeilen und der Gesamtzahl der Merkmale im ganzen Ev. oder in den fraglichen Schichten. Diese Werte zeigen an, auf wie viele Vollzeilen und (oder) ihre Bruchteile es durchschnittlich je 1 Merkmal (A, B, A oder B, C, A oder B oder C) trifft. Geringere Zahlenwerte entsprechen auch hier einer grösseren Verteilungsdichte, höhere Zahlenwerte einer geringeren Streuung unserer Merkmale.

6.3.6.6.2. VERTEILUNGSDICHTE DER MERKMALE IM GANZEN EV. UND IN DEN FRAGLICHEN SCHICHTEN:

TEXT-EINHEITEN	A-MERKMALE	B-MERKMALE	A + B	C-MERKMALE	A + B + C
Evangelium als Ganzes	1786 : 604 = 2,957 (3)	1786 : 480 = 3,72	1786 : 1084 = 1,648	1786 : 521 = 3,428	1786 : 1605 = 1,1 (1)
SQ	267 : 117 = 2,282	267 : 36 = 7,42	267 : 153 = 1,745	267 : 90 = 2,967 (3)	267 : 243 = 1,099 (1)
SQ + Umfeld	454 : 177 = 2,565	454 : 80 = 5,675	454 : 257 = 1,767	454 : 139 = 3,266	454 : 396 = 1,146 (1)
Umfeld allein	187:60 = 3,117 (3)	187:44 = 4,25	187:104 = 1,798	187:49 = 3,816 (4)	187:153 = 1,222 (1)
PB	126,4 : 54 = 2,341	126,4 : 34 = 3,718 (4)	126,4 : 88 = 1,436	126,4 : 20 = 6,32	126,4 : 108 = 1,17 (1)
PB + Umfeld	364,8 : 171 = 2,133 (2)	364,8 : 93 = 3,923 (4)	364,8 : 264 = 1,382	364,8 : 72 = 5,067 (5)	364,8 : 336 = 1,086 (1)
UMFELD ALLEIN	238,4 : 117 = 2,038 (2)	238,4 : 59 = 4,041 (4)	238,4 : 176 = 1,355	238,4 : 52 = 4,585	238,4 : 228 = 1,046 (1)

6.3.6.7. Auswertung der obigen Übersicht

6.3.6.7.1. Die Verteilungsdichte der A-Merkmale unterscheidet sich im Ev. als Ganzem und in den mit SQ verbundenen Schichten nicht auffallend. Immerhin ist sie in SQ selbst etwas etwas stärker als im eigenen Umfeld. Das dürfte damit zusammenhängen, dass SQ wesentlich Erzählung ist und die hier angetroffenen A-Merkmale überwiegend Erzählstoff prägen; im Umfeld von SQ spielt hingegen Redestoff mehrmals eine erhebliche Rolle wie etwa in 4,5-42 oder 9,1-34. Die B-Merkmale sind dann in SQ dünner gestreut als im übrigen Ev. und im Umfeld von SQ; das könnte aber Zufall sein. Im übrigen hat die Zusammenstellung der Merkmale A + B ein gewisses Eigengewicht, da beide Gruppen stilstatistisch wertvoller sind als die Gruppe der C-Merkmale. Deswegen darf man nicht übersehen, dass die Werte für die Verteilungsdichte der Gruppen A + B zusammengenommen im Ev. als Ganzem und in den mit SQ verbundenen Schichten nur unerheblich voneinander abweichen.

Aus diesen Beobachtungen ergibt sich, dass die Aussonderung der SQ aus ihrem literarischen Umfeld wie aus dem Gesamt des Ev. stilstatistisch nicht abgesichert werden kann. Im Gegenteil! Die Annahme drängt sich auf, dass SQ von der gleichen Hand stammt wie das ganze Ev. und das Umfeld von SQ. Auch die Vermutung, SQ habe einst ein eigenes Dasein gefristet, sei dann aber vom Evangelisten joh. überarbeitet worden, scheint angesichts der auffallend grossen Zahl unserer Merkmale in dieser Schicht eher abwegig, was auch durch die Ergebnisse unseres Vernetzungsverfahrens gestützt wird.

6.3.6.7.2. Während es im ganzen Ev. durchschnittlich auf rund 3 Vollzeilen 1 A-Merkmal trifft, ist die Streuungsdichte der Merkmale A in PB und vor allem in seinem Umfeld stärker. In diesem Umfeld trifft es schon auf 2 Vollzeilen annähernd je 1 A-Merkmal. Auch der Dichtewert für PB selbst liegt näher bei 2 als bei 3. Wiederum wird auch hier die erzählerische Prägung von PB und ebenso seinem Umfeld dafür verantwortlich gewesen sein.

Im Gegensatz zur Verteilungsdichte der A-Merkmale sind die B-Merkmale in PB kaum merklich dichter gestreut als im übrigen Ev. In seinem Umfeld ist ihre Dichte sogar ein wenig geringer als im ganzen Ev. A + B zusammengenommen sind in PB etwas dichter gestreut als im Mittel des Ev. Die C-Merkmale hingegen sind in PB wie auch in dessen Umfeld erheblich dünner gestreut als im Ev.

Aus diesen Beobachtungen ergibt sich auch für PB, dass seine Aussonderung aus dem Ev. und aus seinem literarischen Umfeld stilstatistisch nicht verantwortet werden kann. PB ist durch unsere A- wie auch B-Merkmale ebenso stark geprägt wie sein Umfeld und das Ev. als Ganzes. Im übrigen muss auch hier auf die Ergebnisse unseres Vernetzungsverfahrens verwiesen werden.

6.3.6.7.3. Abschliessend machen wir noch auf folgendes aufmerksam: Aus der letzten Kolonne der obigen Uebersicht (A + B + C) geht hervor, dass sozusagen jede Vollzeile des Ev. wie aller in unserem Zusammenhang erwähnten Schichten und Texteinheiten 1 unserer Stilmerkmale aufweist, sei es ein Merkmal A oder B oder C. Diese Tatsache ist kaum zufällig und darf darum mit Recht wenigstens als Hinweis auf die literarische Einheit des vierten Ev. verstanden werden.

7. RÜCKSCHAU UND ZUSAMMENFASSUNG DER ERGEBNISSE

7.1. zu 1.1.

Ein Überblick über die Forschungsgeschichte zum Joh in unserem Jahrhundert zeigt, dass die sogenannten Aporien des Ev., von denen die Forschung ihren Ausgang nahm, zwar viele verschiedene Lösungsversuche angeregt haben, dass aber keiner von ihnen eine breite Zustimmung fand und sich wirklich durchsetzen konnte. Der Stern überlieferungsgeschichtlicher und redaktionskritischer Entwürfe und von solchen geleiteter Kommentare zum vierten Ev. ist eher dem Sinken nahe. Das synchrone, ganzheitliche Verstehen des Joh, seines inneren Zusammenhangs und absichtsvollen Aufbaus, der auch seine Erzählungen zusammenhält und trägt, wächst zusehends. In dieser Forschungslage ist auch die in der vorliegenden Untersuchung neu aufgenommene Frage nach einer das ganze Ev. prägenden Sprache wieder sinnvoll geworden. Diese Frage haben wir mit grösserer Strenge als je zuvor und auf dem erheblich breiteren Hintergrund auch des zeitgenössischen hellenistischen Schrifttums untersucht.

7.2. zu 1.2.

Unsere Arbeit ist vergleichende Stilkritik am Joh. Sie erfasst die sprachlichen Eigentümlichkeiten des Ev. immer auch zahlenmässig und vergleicht sie in ihrer Häufigkeit mit anderen Schriften. Durch diese ihre Eigenart erweist sie sich als Stilkritik. Als solche diente sie unserer Absicht herauszufinden, ob im Joh eine von einem einzigen Verfasser geprägte Sprache vorliegt oder die Annahme verschiedener Texturheber des vorliegenden Ev. zutrifft.

7.3. zu 2.1.1.

Unser stilkritisch-statistisches Verfahren geht auf die 1939 erschienene Dissertation von Eduard Schweizer "Ego Eimi" und auf die 1951 gedruckte Dissertation "Die literarische Einheit des Johannesevangeliums" von Eugen Ruckstuhl zurück. Beide Forscher knüpfen an die Beobachtung an, dass sich im Joh eine Reihe von sprachlichen Erscheinungen finden, die im übrigen NT nicht oder im Vergleich zum Joh auffallend selten vorkommen. Derartige Erscheinungen führen zum Schluss, dass sie — einzeln genommen — wahrscheinlich auf einen einzigen Urheber verweisen. Da diese Eigentümlichkeiten sich aber ziemlich regelmässig über das ganze Ev. verteilen und keine davon nur einzelne Abschnitte oder einander zugeordnete Stücke kennzeichnen und somit sprachlich vom Ganzen abheben und aus ihm herauslösen, kann von einer literarischen Einheit der gesamten Schrift in ihrer Endgestalt gesprochen werden. Schweizer hat im Joh 33 solche Sprach- und Stilmerkmale ausfindig gemacht und sie in einem Verknüpfungsschema aufgezeichnet, das die Verbindung und Vernetzung dieser Merkmale untereinander sichtbar macht. Ihre eindeutige Verteilung über alle von den Literarkritikern Spitta, Wendt und Hirsch angenommenen Schichten des Joh widerlegt die Auffassung von dessen literarischer Uneinheitlichkeit. Ruckstuhl erweiterte in seiner Untersuchung die Sammlung der 33 von Schweizer erhobenen joh. Stileigentümlichkeiten zu einer Liste von 50 Merkmalen und wies anhand ihrer Verteilung über das ganze Ev. auch die Schichtenscheidungen von Bultmann zurück.

7.4. zu 2.1.2.

Die von Schweizer und Ruckstuhl vertretene Grundauffassung von der literarischen Einheit des Joh hat in der Folge bis zum Beginn der siebziger Jahre neue Versuche, das Joh literarkritisch auf verschiedene Schichten aufzuteilen, wirksam verhindert, auch wenn einzelne Forscher die Ergebnisse der Genannten schon bald in Frage stellten, indem sie eine über das NT hinausgehende Vergleichsgrundlage für ein Urteil über die Güte der joh. Stilmerkmale forderten und die Frage nach der Nachahmbarkeit des joh. Stils erhoben, die freilich schon Schweizer/Ruckstuhl deutlich selbst erhoben hatten.

7.5.1. zu 2.2.3.1.

In unserer weiteren Arbeit suchten wir nun zunächst nach zuverlässigen Kriterien zur Erstellung einer möglichst vollständigen Liste von gültigen Stilmerkmalen des Joh. Im Anschluss an die Forschungen von Hawkins und Schweizer schien es uns notwendig, ein mindestens 3maliges Auftreten einer sprachlichen Bildung zu verlangen, wenn sie in unsere Liste aufgenommen werden sollte. Dieses Mindestvorkommen dürfte statistisch gesehen und im Vergleich mit anderen Schriften sprachlich-stilistische Zufallsbildungen ausschalten.

7.5.2. zu 2.2.3.1./2.

Mit Hawkins und Dschulnigg forderten wir dann, dass ein Stilmerkmal im Joh erheblich häufiger auftritt als in den gattungsmässig verwandten Schriften des NT, nämlich in den 3 synopt. Evv. und in der Apg, weil sprachliche Möglichkeiten auch gattungsabhängig sein können. Ein von uns anerkanntes joh. Sprachmerkmal muss im Joh mindestens 2mal häufiger vorkommen als in diesen Schriften, und zwar einzeln genommen. Nur so kann ein Vergleich mit ihnen aussagekräftig sein. Wenn er gesamthaft durchgeführt würde, könnte das Fehlen eines solchen Merkmals in einer oder mehreren von ihnen den Vergleich mit seinem häufigeren Vorkommen auch nur in einer einzigen darunter verdunkeln und entwerten, da dieses nicht mehr wahrgenommen würde.

7.5.3. zu 2.2.3.1./2.

Für die gattungsmässig nicht vergleichbaren Schriften des NT verlangten wir, dass ein Stilmerkmal des Joh in keiner von ihnen ebenso dicht gestreut ist wie im Joh. Diese Dichte wurde am Verhältnis ihres Umfangs zum Umfang des Joh gemessen. Auch hier durfte den Häufigkeitswerten der Merkmale im Joh das Vorkommen in mehreren anderen ntl. Schriften oder im ganzen NT nicht als Gesamtzahl gegenübergestellt werden, wie das bei Schweizer/Ruckstuhl noch der Fall war. Von der eingangs dieses Absatzes formulierten Forderung nahmen wir übrigens die Johbr. aus, weil diese, wie wir in einer eigenen und eingehenden Überprüfung nachwiesen, jedenfalls dem gleichen Verfasser zuzuschreiben sind wie das Joh. Die Annahme, das Joh sei eine literarische Einheit, war allerdings im Verlauf unserer Untersuchung noch weiter zu erhärten.

7.5.4. zu 2.2.3.1./2.

Wir erweiterten dann die Vergleichsgrundlage unseres Verfahrens über das NT hinaus auf das zeitgenössische hellenistische Schrifttum hin. Auch hier waren zunächst gattungsmässig ähnliche Schriften zu vergleichen, aber auch andere Werke, soweit sie für einen solchen Vergleich brauchbar waren. Auch in diesem Schrifttum durfte keine sprachliche joh. Bildung irgendwo dichter gestreut sein als im Joh.

7.5.5. zu 2.2.1. und 2.3.1./2.

Da wir mit Hilfe unserer Stilmerkmale die literarische Einheitlichkeit des Joh nachzuweisen hofften, genügte uns das Auswahlkriterium ihrer rein statistisch-zahlenmässigen Überlegenheit über Parallelen im NT oder im hellenistischen Schrifttum nicht. Wir mussten von ihnen auch verlangen, dass sie zur Nachahmung mehr oder weniger untauglich waren und nicht dazu anregten oder herausforderten. Es war deswegen notwendig, dass wir zunächst alle wichtigen Sinnträger der joh. Theologie als mögliche Sprachmerkmale aus unserer Liste ausschlossen oder auch weniger eng mit ihr verknüpfte sprachliche Eigentümlichkeiten in unserer nach Güte und Gewicht absteigenden Einteilung statt in Gruppe A eher in Gruppe B oder gar C einstuften. Doch war das Verhältnis sprachlicher Bildungen zur joh. Theologie nicht der einzige Gesichtspunkt, unter dem wir Nachahmbarkeit als Möglichkeit wahrnahmen und uns allenfalls zum Ausschluss gewisser joh. Eigentümlichkeiten aus unserer Liste oder zu ihrer geringeren Einstufung entschieden. Wir waren im Gegenteil ganz allgemein darauf aus, sprachliche Bildungen, die unauffällig waren und kein inhaltliches Gewicht hatten, höher einzuschätzen und in unserer Liste dementsprechend früher einzuordnen als Bildungen, die einem bewussten Nachahmer joh. Sprache auffallen konnten. In diesem Zusammenhang war es auch wichtig, Stilmerkmale, zu denen sprachliche Tauschmöglichkeiten — sei es im Joh sei es im übrigen NT — vorlagen, anderen sprachlichen Bildungen vorzuziehen oder voranzustellen, deren Wahl sich in einer bestimmten Textverbindung dem Texturheber sozusagen aufdrängte. Ganz allgemein sollten joh. Merkmale einer stilistischen Vorliebe ihres Wählers und nicht einer sachlichen Notwendigkeit entsprechen.

7.6.1. zu 3.1.-3. und 3.4.1./2.

Wie erklärt sich die Tatsache, dass sprachliche Eigentümlichkeiten des Joh häufig nicht nur hier, sondern auch in 1-3 Joh vorkommen, in vielen Fällen sogar dichter gestreut als im Ev.? Kann man daraus schliessen, das Ev. und die Briefe seien von der gleichen Hand geschrieben? Um auf diese Frage zuverlässig zu antworten, stellten wir zunächst fest, dass angesichts der auffallenden sprachlichen wie gattungsgebundenen und inhaltlichen Gemeinsamkeiten zwischen den 2 kleinen Johbr. ein vernünftiger Zweifel an ihrer gleichen Verfasserschaft kaum statthaft ist. Es gibt aber auch keine zwingenden Gründe für die Annahme, sie stammten von einem anderen Verfasser als 1 Joh. Umstrittener ist die Frage, ob 1-3 Joh sich dem gleichen Verfasser wie das Ev. verdanken. Doch lassen sich wenigstens ihre inhaltlichen Unterschiede, wenn zwischen der Entstehung des Ev. und der Briefe ein längerer Zeitraum lag und man/frau auf ihre Gattungsunterschiede und die völlig anderen Voraussetzungen für ihre Abfassung achtet, ebensogut als Akzentverlagerungen statt als unvereinbare Gegensätze verstehen.

7.6.2. zu 3.4.3.

Dodd hat seinerzeit die sprachlichen Verschiedenheiten zwischen Joh und 1 Joh als ernsthaften Grund angesehen, die Annahme in Frage zu stellen, sie hätten den gleichen Verfasser. Unserer Überprüfung der zahlreichen von ihm angeführten Fälle hat aber ergeben, dass sein Urteil, wie verschiedene Forscher schon früher feststellten, hier kaum haltbar ist. Das Joh hat nämlich im Unterschied zu 1 Joh einen grossen Anteil an Erzählung, Dialogen und direkter Rede. Der Verfasser blickt auf die Geschichte Jesu zurück und schreibt aus der Sicht des Wirkens und der Verkündigung Jesu. Der 1 Joh aber ist eine Schrift, die Schwierigkeiten einer christlichen Gemeinde aufgreift, deren Dasein und Bestand durch eine innere Spaltung in Frage gestellt ist. Der Verfasser des Joh ist weitgehend durch ihm verfügbare Jesusüberlieferung gebunden, während der 1 Joh auf die Herausforderung dieser Gemeinde durch ihre Spaltung im Rückgriff auf ihre Glaubensüberlieferung antwortet. In diesem Zusammenhang können auch manche Eigentümlichkeiten der joh. Sprache ungebrochener zum Zug kommen als im Joh, so dass sie sich im 1 Joh häufiger finden als im Joh.

7.6.3. zu 3.4.4.

Dass unser Joh und alle 3 Johbr. von demselben Verfasser stammen, ist vom Standpunkt ihrer gemeinsamen Theologie wie ihrer gemeinsamen Sprache der gegenteiligen Annahme verschiedener Verfasser vorzuziehen. Die letztere kommt auch ohne die zusätzliche Annahme einer joh. Schule, aus der die verschiedenen joh. Schriften hervorgegangen wären, nicht aus. Diese Vermutung könnte zwar deren gemeinsamen Vorstellungshinergrund und die Gemeinsamkeit ihrer grundlegenden theologischen Aussagen verständlich machen. Sie ist aber ausserstande, die Gemeinsamkeiten ihrer Sprache und ihres Stils bis in kleinste Einzelheiten und Nebensächlichkeiten zu erklären. Eine solche durchgeformte Schulsprache gibt es unseres Wissens in der ganzen Antike nirgends.

7.7.1. zu 4.-6.1.2.

Nachdem wir aufgrund einer vorläufigen Liste der Sprachmerkmale des Joh diese durchgehend dem Vergleich mit den einzelnen Schriften des NT und ebenso mit einer erheblichen Zahl von Büchern und Bruchstücken aus dem Schrifttum von 32 zeitgenössischen hellenistischen Schriftstellern unterzogen hatten, war es uns möglich, eine endgültige Liste der joh. Stilkennzeichen zu erarbeiten, deren Stellen im Joh und in den verglichenen Schriften anzugeben, diese Merkmale näher zu umschreiben, ihre Eigenart herauszustellen und sie nach Güte und Gewicht in 3 Gruppen (A, B, C) anzuordnen. Unsere Aufgabe war es dann, alle gesammelten und im erwähnten Vergleich und Verfahren als tauglich ausgewiesenen Merkmale entsprechend ihrem Vorkommen im Joh nach Kapiteln und Versen geordnet aufzuzählen und ihre Zugehörigkeit zur jeweiligen Gruppe anzuzeigen. Diese Verteilübersicht deckt auf, an welchen Stellen des Joh verschiedene Merkmale unserer Liste aufeinandertreffen, vermerkt aber ausserdem alle Treffnisse, die von Becker, Boismard/Lamouille und Fortna der gleichen oder verschiedenen literarischen Schichten zugewiesen werden. Das ist der Ausgangspunkt für den Vorgang der Verknüpfung und Vernetzung unserer Merkmale; denn nur Merkmale aus der gleichen angenommenen Schicht wurden in diesem Verfahren von uns miteinander verbunden und damit auch vernetzt.

7.7.2. zu 6.2.1.-3.

Diese Verbindung und Vernetzung wurde von uns in je einem Schaubild zuerst für die Merkmale der Gruppe A, dann auch für die Merkmale der Gruppe B zeichnerisch sichtbar gemacht. Jedes Schaubild zeigt nicht nur auf, wie die verschiedenen Merkmale sich einmal in diesem Vers oder zusätzlich nochmals oder mehrmals in je anderen Versen unmittelbar treffen, sondern auch, wie die verschiedenen unmittelbaren Verbindungen sich mit je anderen Merkmalen nach verschiedenen Richtungen fortpflanzen und so in ein weites Netz von unmittelbaren Verbindungen und zahlreichen Seitenlinien münden.

7.7.3. zu 6.2.2. und 6.2.4.

Der Wirkung von Schaubild A kann man sich nicht entziehen. Obschon alle Treffnisse von Merkmalen hier fehlen, die eine literarkritische Trennungslinie innerhalb eines Verses voraussetzen, ist die weitaus überwiegende Mehrzahl aller Merkmale A mehrfach bis häufig unmittelbar mit anderen Merkmalen A verbunden und darüber hinaus mit allen Merkmalen der Gruppe vernetzt, die an jene in irgendeiner Weise angeschlossen sind. Dieses Netz lässt keine Möglichkeit offen, Gruppen von Merkmalen A zu entdecken, die einseitig unter sich, aber in keiner Weise mit anderen Merkmalen A verbunden sind. Das Schaubild nötigt deswegen dazu, auf einen einzigen Verfasser des Ev. zu schliessen, der das ganze Werk mit seiner sprachlichen Eigenart geprägt hat. Dieser Schluss wird durch die hervorragende Güte der Merkmale A verstärkt. Die 3 Merkmale A 19, 20 und 26, die im Schaubild A nicht auftreten, sind dagegen ihrerseits mit B-Merkmalen und über diese wieder mit A-Merkmalen verbunden und vernetzt.

7.7.4. zu 6.2.3. und 6.2.5.

Auch das Schaubild B gibt keinen Hinweis auf unabhängige Gruppen von B-Merkmalen, die auf verschiedene Urheber des Joh schliessen lassen würden. Auch die in diesem Bild erfassten Merkmale sind einfach, mehrfach bis häufig mit anderen Merkmalen der gleichen Gruppe unmittelbar verbunden und meistens über Seitenlinien auch miteinander vernetzt. So wird die Schlussfolgerung aus Schaubild A durch Schaubild B bestätigt. Zwar weisen von 65 B-Merkmalen 12 keine unbestrittenen Verbindungslinien zu den in Schaubild B gut verbundenen und vernetzten Merkmalen auf oder nehmen dort nur eine Randstellung ein. Aber alle von ihnen haben dafür gute Verbindungslinien zu Merkmalen der Gruppe A und sind so in das ganze Netz der A-Merkmale eingebunden.

7.7.5. zu 6.2.6.

Zu einem eigenen Abschnitt haben wir die Verbindung der Stilmerkmale A zu den Stilmerkmalen B, die teilweise schon zuvor zur Sprache gekommen waren, in ihrer ganzen Breite zusammengestellt. Ein Schaubild dazu war unmöglich, da die Fülle der Verbindungen sich kaum mehr zeichnerisch darstellen liess. Gesamthaft ergab sich, dass die A-Merkmale zur Hälfte gut bis sehr gut unmittelbar mit B-Merkmalen verbunden sind. 10 weitere A-Merkmale sind mindestens 1-3fach mit B-Merkmalen verknüpft und so befriedigend bis gut mit ihnen zusammengebunden. Nur 3 A-Merkmale weisen keine unbestrittene Verbindung mit B-Merkmalen auf, sind aber dafür gut in die A-Gruppe eingebunden. Dieser Befund bestätigt die zuvor schon gezogene Folgerung: Alle Ergebnisse unserer bisherigen Untersuchung über die Verbindungen und die Vernetzung der joh. Sprachmerkmale aus den Gruppen A und B weisen auf einen einzigen die Sprache des vierten Ev. gestaltenden und prägenden Verfasser hin. Der Schluss auf diesen einzigen Urheber und Gestalter unseres Ev. und seiner Sprache ist die wahrscheinlichste und naheliegendste aller möglichen Annahmen.

7.8.1. zu 2.4.2. und 6.2.7.

Wir haben bei den Ausführungen zum stilkritisch-statistischen Verfahren auf die Möglichkeit einer Gegenprobe oder Gegenkontrolle hingewiesen. Eine solche haben wir anschliessend an die bildlich dargestellte Verbindung und Vernetzung der joh. Stilmerkmale aus den Gruppen A und B anhand heute vorliegender literarkritischer Modelle zum Joh vorgenommen, nämlich der Schichtenscheidungen von Boismard/Lamouille, Becker und Fortna.

7.8.2. zu 6.2.7. (Boismard/Lamouille); vgl. 2.6.

Eine genaue Überprüfung der von Boismard/Lamouille 4 angenommenen Schichten des Joh zeigt, dass keines unserer A- oder B-Merkmale ausschliesslich in dem von ihnen festgehaltenen Grunddokument C oder allein in der Endfassung Jean III vorkommt. Deren Ausscheidung aus dem Joh als eigene Schichten ist sprachlich nicht gerechtfertigt. 22 unserer A-Merkmale (von 26) und 30 B-Merkmale (von 65) finden sich entweder in allen 4 oder wenigstens in 3 der Schichten der genannten Forscher. Das zeigt, dass der von ihnen angenommene Evangelist (Jean II-A und B) sprachlich das ganze Joh mitbestimmt hat.

7.8.3. zu 6.2.7. (Becker); vgl. 6.3.6.

In der Semeiaquelle (SQ) Beckers findet sich keines unserer A-Merkmale ausschliesslich; immer greifen diese auch auf andere Schichten über. Von den 65 B-Merkmalen aber kommt nur B 50 allein in seiner SQ vor. B 50 ist aber an 2 Stellen von insgesamt 3 eng mit A-Merkmalen verbunden. Das verweist deutlich auf die Hand des Evangelisten Beckers. Keines unserer Merkmale aus den Gruppen A und B ist dann ausschliesslich im Passionsbericht (PB) Beckers angesiedelt. Alle A- und B-Merkmale, die hier vorkommen, sind schichtensprengend. Dieser PB ist somit sprachlich nicht ausweisbar. Auch in der Schicht des kirchlichen Redaktors Beckers findet sich nur B 36 nicht schichtübergreifend. An 3 von 4 Stellen im Joh ist es überdies engstens mit A 11 verbunden. B 36 stammt demnach eher aus dem Sprachschatz des Evangelisten. Die kirchliche Redaktion, die sich Becker ausgedacht hat, ist also sprachlich auch nicht ausgewiesen. Ebensowenig ist die Schicht seines Evangelisten sprachlich-stilistisch zu rechtfertigen.

Von 26 A-Merkmalen finden sich nur 2 ausschliesslich hier und von 65 B-Merkmalen nur 8. Dieses Ergebnis ist dürftig.

7.8.4. zu 6.2.7. (Fortna)

Im sogenannten Zeichen-Evangelium Fortnas, in dem eine SQ und ein PB schon miteinander verbunden waren, ehe es nach Fortna Teil des Joh wurde, kommt keines unserer Merkmale aus den Gruppen A und B ausschliesslich vor. Nur seine Redaktionsschicht weist 7 A- und 40 B-Merkmale auf, die nicht schichtübergreifend sind. Die 19 A-Merkmale und 25 B-Merkmale aber, die über diese Schicht hinaus auf das Zeichen-Evangelium ausgreifen, verraten doch deutlich genug, dass der Redaktor Fortnas einen massgebenden Einfluss auch auf dieses ausübte. Die auffallend grosse Zahl von B-Merkmalen, die Fortna aus dem Zeichen-Evangelium für den Redaktor ausgeschieden hat, zeigt wohl nur, dass er sie als joh. Bildungen erkannte und deswegen klugerweise nicht dem Zeichen-Evangelium aufbürden wollte.

7.9.1. zu 6.3.1.

Im Gegenüber zur Verbindung und Vernetzung unserer Stilmerkmale innerhalb des Joh war es für uns stilstatistisch wichtig, auch ihre flächenhafte Verteilung über alle Abschnitte des Ev. ins Auge zu fassen, wenn möglich deren Ursachen zu erforschen und ihre Bedeutung zu veranschlagen. Es empfahl sich auch, hier nicht wie beim Vernetzungsverfahren den literarkritischen Aufteilungen heutiger Quellenscheider Rechnung zu tragen, sondern aus der ermittelten Verteilungsdichte unserer Merkmale selbst allfällige Schlüsse auf die Verwendung von Überlieferungen und Quellen zu ziehen.

7.9.2. zu 6.3.2.1./2.

Ohne einer Strukturuntersuchung des Joh vorgreifen zu wollen, teilten wir zunächst das ganze Ev. in Texteinheiten auf, die sich dazu anboten, die flächenhafte Verteilung unserer Merkmale in ihrer Vielfalt und Buntheit deutlich sichtbar zu machen. Als Grundlage unseres Dichtevergleichs wählten wir die Zeilen der ntl. Textausgabe N[26]. Übersicht A gibt die Anzahl Merkmale unserer 3 Gruppen an, die im jeweiligen Textabschnitt vorkommen. Anschliessend wird die Verteilungsdichte der hier gefundenen Merkmale A und B je für sich allein, dann in der Zusammenlegung A + B und zuletzt die Dichte der Merkmale C ermittelt. Diese Werte zeigen an, auf wie viele Zeilen und ihre Bruchteile es durchschnittlich je 1 Merkmal (A, B, A oder B, C) trifft. — Zu Übersicht A stellten wir eine Kurzliste B zusammen, die einen raschen Überblick über alle Angaben der Übersicht A ermöglicht. Übersicht C schafft eine erste Brücke zur Auswertung dieser Übersichten.

7.9.3.1. zu 6.3.5.1.

Zur Erklärung und Auswertung der erwähnten Übersichten ermittelten wir die Durchschnittswerte der Verteilungsdichte unserer Merkmale für das ganze Joh. Als Grundlage diente uns die Anzahl Zeilen des Ev. Danach trifft es:

auf je 2,94 Zeilen des Ev. durchschnittlich 1 A-Merkmal,
auf je 3,7 Zeilen durchschnittlich 1 B-Merkmal,
auf je 1,638 Zeilen durchschnittlich 1 A- oder B-Merkmal,
auf je 3,409 Zeilen durchschnittlich 1 C-Merkmal.

7.9.3.2. zu 6.3.5.2./3.

Mehrere Texteinheiten des Joh enthalten deswegen keine oder fast keine unserer Merkmale, weil sie nur wenige Zeilen umfassen.

7.9.3.3. zu 6.3.5.4.3.

In 9 Fällen der Übersicht C (Nr. 1, 5, 8-10, 14-17) und in 3,31-36 zeichnen sich die Texteinheiten durch ihren Gehalt an joh. Theologie und eine entsprechende sprachliche Gestaltung die dem Anspruch unserer Kriterien nicht genügte, in so hohem Mass aus, dass sie kaum Gelegenheit boten für die Verwendung einer grösseren Anzahl von A-Merkmalen; diese finden sich nämlich häufig in erzählenden Abschnitten oder Redestoffen, wo das Gespräch zwischen Jesus und seinen Hörerinnen und Hörern lebhaft hin- und hergeht (vgl. Joh 6,26-51b; 8,12-59).

7.9.3.4. zu 6.3.5.4.4.

Die parataktische Gestaltung des Abschnitts **Joh 1,19-28** verhinderte die Verwendung der Merkmale A 2, 3, (7), 21. Das inhaltlich gewichtige ἐρωτάω und das joh. klingende ὁμολογέω und ἀρνέομαι standen der Verwendung von A 2 und 7 auch ihrerseits entgegen. Demgegenüber ist aber die Streuungsdichte 3 der C-Merkmale in diesem Abschnitt stärker als im Durchschnitt des Ev. (3,409).

Die geringe Anzahl der joh. Stilmerkmale lässt in **Joh 2,1-10** ein Quellenstück vermuten. Auch hier kommen aber 4 C-Merkmale vor, und joh. ist auch die Aufforderung Jesu, die Krüge zu füllen, mit der anschliessenden Ausführung des Auftrags.

Dass in **Joh 12,37-43** nur 1 A-Merkmal vorkommt, ist eher zufällig. Die Anzahl 5 der B-Merkmale ist für das kleine Stück dagegen recht gross, und ihre Dichte ist stärker als der Mittelwert des Ev. (3,7). Die Streuung 2,083 für A + B ist vom Mittelwert 1,638 nicht weit entfernt. Auch C-Merkmale fehlen nicht.

Joh 7,53-8,11 weist auch angesichts unserer reichen Auswahl an joh. Stilmerkmalen nur 1 B-Merkmal und 1 C-Merkmal auf. Die allgemeine Annahme, dieser Abschnitt sei textkritisch eindeutig unjoh., wird dadurch stilstatistisch erneut untermauert.

7.9.3.5. zu 6.3.5.5.1.-3.

9 Texteinheiten unserer Übersicht A (siehe B) überbieten mit ihrem Dichtewert für die A-Merkmale den Mittelwert des Ev. (2,94) auffallend dadurch, dass sie alle zwischen 1 und 2 liegen. Diesen aussergewöhnlichen Dichtewerten folgen aber die Wertezahlen für die A-Merkmale in weiteren 19 Abschnitten des Ev. immer noch in einem Abstand, der dadurch heraussticht, dass er den Durchschnitt des Ev. stärkemässig übertrifft, auch wenn die Zahlen über der Marke 2 liegen. Das verlangt eine angemessene Erklärung. Sozusagen alle diese Abschnitte sind Erzählungsstücke, die nur gelegentlich von Rede und Dialog unterbrochen werden. Nur 6,26-51b und 8,12-59, allenfalls auch 4,4-42 sind hier als dialogische Grosseinheiten zu rechnen. Diese Eigenart der genannten Abschnitte erklärt die auffallende Dichte ihrer A-Merkmale. Diesen stark erzählerisch gestalteten Texteinheiten stehen im Ev. jene geschlossenen 9 Redestücke mit ihren schwachen und sehr schwachen Dichtewerten für die A-Merkmale gegenüber, die hier unter 7.9.3.3. erwähnt wurden. Sie sind jedenfalls am meisten verantwortlich für den verhältnismässig geringen mittleren Dichtewert der A-Merkmale im Ev. als Ganzem (2,94).

7.9.3.6. zu 6.3.5.6.1.

Wir wenden uns noch den Dichtewerten für die zusammengelegten Merkmale A + B in allen unseren joh. Texteinheiten zu. Ihr Durchschnittswert für das Ev. als Ganzes ergab 1,638. Dieser Wert wird 4mal durch Bruchteile von 1 auffallend überboten, zusätzlich aber auch 21mal durch Dichtewerte zwischen 1-1,63. Als gute Werte dürfen aber auch die weiteren 21 Dichtewerte zwischen 1,639 und 2,5 gelten. Von 63 Dichtewerten für A + B sind also 46 gut bis sehr gut, und auch der bleibende Rest (17) zeigt nur ausnahmsweise auffallende Schwachstellen wie vor allem 7,53-8,11. So ist die Streuung der Merkmale A + B in unserem Ev. ein zuverlässiger Hinweis auf dessen literarische Einheit und Einheitlichkeit.

7.9.3.7. zu 6.3.5.6.2.

Wie unsere Übersichten A und B zeigen, sind alle Dichtewerte für die Merkmale A und A + B aus den Kapiteln 13, 18, 19 ungewöhnlich hoch. Ihnen stehen hier auch die Dichtewerte für die Merkmale B und die Dichtewerte für die Kapitel 20 und 21 nur wenig nach. Eine Ausnahme bilden nur 20,30-31; 21,15-23 und die anschliessenden beiden Schlussverse des Ev. Insgesamt sind alle Abschnitte, die man/frau der joh. Leidensgeschichte zurechnen muss, so dicht mit joh. Stilmerkmalen übersät, dass eine gesicherte Schichtenscheidung in ihr oder ihre literarische Unterscheidung vom übrigen Ev. eher aussichtslos erscheint. Der Grund für diese erstaunliche Streuungsdichte unserer Merkmale in den genannten Kapiteln: ihr grosser Anteil an Erzählung und Redestoff mit wenig joh. Hochtheologie.

7.10.1. zu 6.3.6.1.-3.

Anschliessend an die Untersuchungen zur Streuung unserer Merkmale in den verschiedenen Texteinheiten des Joh prüften wir nun anhand der Schichtenscheidungen, die Becker in seinem Kommentar zum Joh vorgenommen hatte, die flächenhafte Verteilung unserer Stilkennzeichen nicht nur in der von ihm angenommenen Semeiaquelle (SQ) und seinem Passionsbericht (PB), sondern auch im literarischen Umfeld, aus dem sie von Becker herausgebrochen worden waren, indem wir die Streuungszahlen der Merkmale zugleich mit ihrer Verteilungsdichte im ganzen Ev. verglichen. Durch die Abgrenzungen der von Becker verwendeten Textausschnitte und Versstücke waren wir gezwungen, die sich ergebenden Vollzeilen im einzelnen und im ganzen Ev. neu zu ermitteln. In diesem Zusammenhang rechnen wir unter 7.10. die Zeilenzahl des Ev. jetzt mit 1786 statt wie mit 1776 unter 6.3.5.1. Zur Nachprüfung unseres Verfahrens verweisen wir unsere Leserinnen und Leser auf die unter 6.3.6.4./5. und 6.3.6.6.2. gegebenen Übersichten.

7.10.2. zu 6.3.6.7.1.

Die Streuung der A-Merkmale unterscheidet sich im Ev. als Ganzem und in SQ nicht auffallend. Sie ist aber in SQ selbst etwas stärker als im eigenen Umfeld. Für diesen Unterschied ist jedenfalls der Umstand verantwortlich, dass SQ wesentlich Erzählung ist und die hier gefundenen A-Merkmale überwiegend Erzählstoff prägen. Im Umfeld von SQ spielt hingegen Redestoff mehrmals eine erhebliche Rolle. Eher Zufall dürfte es sein, dass die B-Merkmale in SQ weniger dicht gestreut sind als in ihrem Umfeld und im ganzen Ev. Man sollte aber darauf achten, dass die Werte für die Verteilungsdichte der Gruppen A + B zusammengenommen im Ev. als Ganzem und in den mit SQ verbundenen Schichten nur unerheblich voneinander abweichen. Diese Beobachtungen zeigen, dass die Aussonderung der SQ aus ihrem literarischen Umfeld wie aus dem Gesamt des Ev. stilstatistisch nicht abgesichert werden kann. Auch die Vermutung, SQ sei vom Evangelisten nur joh. überarbeitet worden, lässt sich angesichts der auffallend grossen Zahl unserer Merkmale in dieser Schicht kaum halten.

7.10.3. zu 6.3.6.7.2. und 7.9.3.7.

Während es im ganzen Ev. auf rund 3 Vollzeilen durchschnittlich 1 A-Merkmal trifft, ist die Streuung der Merkmale A in PB und vor allem in seinem Umfeld erheblich stärker. Wiederum wird auch hier die erzählerische Prägung von PB und seines Umfelds dafür verantwortlich gewesen sein. In diesem Zusammenhang sei an die Tatsache erinnert, dass geschlossene Rede mit hohem theologischem Gehalt (ohne Dialog) in den Kapiteln der Leidensgeschichte nur ausnahmsweise anzutreffen ist. Im Gegensatz zur Verteilungsdichte der A-Merkmale sind die B-Merkmale in PB kaum merklich dichter gestreut als im übrigen Ev. In seinem Umfeld ist ihre Dichte sogar ein wenig geringer als im ganzen Ev. A + B zusammengenommen sind in PB etwas häufiger anzutreffen als im Mittel des Ev. Aus diesen Beobachtungen ergibt sich auch für PB, dass seine Aussonderung aus dem Ev. und aus seinem literarischen Umfeld stilstatistisch nicht verantwortet werden kann.

7.10.4. zu 6.3.6.6.2. und 6.3.6.7.3.

Aus der letzten Kolonne der Übersicht 6.3.6.6.2. geht hervor, dass sozusagen jede Vollzeile des Ev. wie aller in unserem Zusammenhang erwähnten Schichten und Texteinheiten 1 unserer Stilmerkmale aufweist, sei es ein Merkmal A oder B oder C. Diese Tatsache ist kaum zufällig und darf mit Recht wenigstens als Hinweis auf die literarische Einheitlichkeit des Joh gewertet werden.

ABKÜRZUNGEN

Literaturangaben

Literaturangaben werden in Text und Anmerkungen abgekürzt wiedergegeben: Geschlechtsname des(r) Autors (-in/en), erstes Hauptwort des Titels (bei Kommentaren die Abkürzung der entsprechenden Schrift, bei Wörterbüchern Wb.), Seitenzahl. Beginnen zwei Titel desselben Autors mit dem gleichen Hauptwort, wird zur Unterscheidung die Jahreszahl in Klammern beigefügt. Der volle Titel findet sich im Literaturverzeichnis.

Abkürzungen

Die allgemeinen Abkürzungen, die Abkürzungen ausserkanonischer Schriften, die Abkürzungen der Zeitschriften, Serien, Lexika und Quellenwerke richten sich nach dem Abkürzungsverzeichnis der Theologischen Realenzyklopädie (hg.v. G. Krause u. G. Müller), zusammengestellt von S. Schwertner, Berlin 1976 (vgl. ebenso S. Schwertner, Internationales Abkürzungsverzeichnis für Theologie und Grenzgebiete, Berlin 1974).

Dazu kommen folgende Abkürzungen von Reihen u.a.:

N^{26}	Nestle E./Aland K. (Hg.), Novum Testamentum Graece, Stuttgart ^{26}1979
NEB	Die Neue Echter Bibel
NTOA	Novum Testamentum et Orbis Antiquus
OeTK	Oekumenischer Taschenbuchkommentar zum Neuen Testament
SBAB	Stuttgarter Biblische Aufsatzbände
SNTU	Studien zum Neuen Testament und seiner Umwelt

Ausserdem sind folgende Abkürzungen von Autoren und Schriften zu vermerken:

Arr	Flavius Arrianus, Anabasis Alexandri
CorpHerm	Corpus Hermeticum

Diod	Diodor von Sizilien
DionChr	Dion Chrysostomus
DionHal	Dionysius von Halikarnass, Die Geschichte Roms
Epikt	Epiktet, Diatriben

Hier		Hierokles
	El	Ethische Elementarlehre
	Exz	Ethische Exzerpte

Iust	Justin, Dialog mit dem Juden Tryphon

Lukian		Lukian von Samosata
	Peregr	Das Lebensende des Peregrinus
	Philops	Der Lügenfreund oder der Ungläubige
	somn.	Der Traum oder Lukians Lebensgang
	ver.hist.	Wahre Geschichten

MusR	Musonius Rufus
Nikol	Nikolaus von Damaskus
Oen	Oenomaus von Gadara, Fragmente aus "Entlarvung der Schwindler"

Philod		Philodemus von Gadara
	Fr	Ueber Frömmigkeit
	Tod	Ueber den Tod

Plut		Plutarch, Parallelbiographien
	Sol/Popl	Solon und Poplicola
	Thes/Rom	Theseus und Romulus

Polem	Polemon von Laodizea
Sus/Dan/Bel	Susanna/Daniel/Bel und der Drache
VitAis	Leben Aesops (Rezension G)

Die Abkürzungen biblischer Bücher und die Schreibweise biblischer Eigennamen folgen den Loccumer Richtlinien (Oekumenisches Verzeichnis der biblischen Eigennamen nach den Loccumer Richtlinien, neu bearbeitet v. J. Lange, Stuttgart ²1981).

Weitere Abkürzungen

bzw.	beziehungsweise
Ev.	Evangelium
Evv.	Evangelien
joh.	johanneisch
ausserjoh.	ausserjohanneisch
nichtjoh.	nichtjohanneisch
vorjoh.	vorjohanneisch
Johbr.	Johannesbriefe
M	Merkmal
Rz	Relativzahl (auf die Länge des Joh umgerechnete Zahl der Vorkommen eines Stilmerkmals in einer hellenistischen Schrift)

BIBLIOGRAPHIE

TEXTAUSGABEN

ALAND K. (Hg.), Synopsis quattuor Evangeliorum, Stuttgart [13]1984.
ALAND K./BLACK M./MARTINI C.M./METZGER B.M./WIKGREN A. (Hg.), The Greek New Testament, United Bible Societies [3]1975.

BECKER J. (Hg.), Die Testamente der zwölf Patriarchen (JSHRZ III.1), Gütersloh 1974.
BLACK M. (Hg.), Apocalypsis Henochi Graece; DENIS A.-M. (Hg.), Fragmenta Pseudepigraphorum quae supersunt Graece (PVTG 3), Leiden 1970.
BURCHARD C. (Hg.), Ein vorläufiger griechischer Text von Joseph und Aseneth, in: DBAT 14 (1979) 2-53; vgl. dazu C. Burchard, Verbesserungen zum vorläufigen Text von Joseph und Aseneth, in: DBAT 16 (1982) 37-39.
—   (Hg.), Joseph und Aseneth (JSHRZ II.4), Gütersloh 1983.

CARY E. (Hg.), The Roman Antiquities of Dionysios of Halicarnassus (LCL), London/Cambridge/Massachusetts 1937.
COHN L. u.a. (Hg.), Philo von Alexandria. Die Werke in deutscher Übersetzung (Bd. 7), Berlin 1964
COHN L./REITER S. (Hg.), Philonis Alexandrini opera quae supersunt. Bd. 6, Berlin 1915 (Nachdr. 1962).

DE BUDE G. (Hg.), Dionis Chrysostomi Orationes. 2 Bde. (BSGRT), Leipzig 1916/1919.

DE JONGE M. (Hg.), Testamenta XII Patriarcharum (PVTG 1), Leiden [2]1970.
DIBELIUS M., Die Apostolischen Väter (HNT. ErgBd.4), Der Hirt des Hermas, Tübingen 1923.

ELLIGER K./RUDOLPH W. (Hg.), Biblia Hebraica Stuttgartensia, Stuttgart 1967-1977.
ELLIGER W. (Hg.), Dion Chrysostomos. Sämtliche Reden (BAW), Zürich 1967.

FISCHER J.A. (Hg.), Schriften des Urchristentums. 1. Teil: Die Apostolischen Väter, Darmstadt [7]1976.

GOMPERZ T. (Hg.), Philodem. Ueber Frömmigkeit (Herkulanische Studien 2), Leipzig 1866.

GOODSPEED E.J. (Hg.), Die ältesten Apologeten. Texte mit kurzen Einleitungen, Göttingen 1914.

HAEUSER P., Des heiligen Philosophen und Martyrers Justinus Dialog mit dem Juden Tryphon (BKV), Kempten/München 1917.

HANHART R. (Hg.), Maccabaeorum liber III (LXX Gott IX.3), Göttingen 1960.

HINCK H. (Hg.), Polemonis declamationes quae extant duae, Leipzig 1873.

JACOBY F. (Hg.), Die Fragmente der griechischen Historiker. 2. Teil: Zeitgeschichte. A: Universalgeschichte und Hellenika, Leiden 1961 (Nachdr.).

JAMES M.R. (Hg.), The Testament of Abraham (TaS 2.2), Cambridge 1892.

JANSSEN E. (Hg.), Testament Abrahams, in: JSHRZ III.2 (1975) 193-256.

KAUTZSCH E. (Hg.), Die Apokryphen und Pseudepigraphen des Alten Testaments. 2 Bde., Darmstadt [2]1962 (Nachdr.).

KUIPER T. (Hg.), Philodemus. Over den dood, Paris/Amsterdam 1925.

LINDSKOG C./ZIEGLER K. (Hg.), Plutarchus. Vitae Parallelae. Bd. I/1 (BSGRT), Leipzig [4]1969.

LUTZ E.C. (Hg.), Musonius Rufus "The Roman Socrates" (YCS 10), New Haven 1947.

MICHEL O./BAUERNFEIND O. (Hg.), Flavius Josephus, De bello judaico. Der jüdische Krieg (Bd.1), Darmstadt [3]1977.

MRAS K. (Hg.), Die Hauptwerke des Lukian. Griechisch und deutsch, München 1954.

MÜCKE R. (Hg.), Epiktet. Was von ihm erhalten ist nach den Aufzeichnungen Arrians, Heidelberg o.J. (1924).

MULLACHIUS II F.G.A. (Hg.), Fragmenta Philosophorum Graecorum, Paris 1867.

NESTLE E./ALAND K. (Hg.), Novum Testamentum Graece, Stuttgart [26]1979.

NOCK A.D./FESTUGIERE A.-J. (Hg.), Corpus Hermeticum. 2 Bde., Paris 1945.

OLDFATHER C.H. (Hg.), Diodorus of Sicily. Bd. 1 (LCL), Cambridge/ London 1933 (Nachdr. 1946).

PERRY B.E. (Hg.), Aesopica, A Series of Texts Relating to Aesop or Ascribed to Him or closely Connected with the Literary Tradition that Bears His Name (Bd.1), Urbana 1952.

RAHLFS A. (Hg.), Septuaginta. 2 Bde., Stuttgart 1935 ([9]1971).

RIESSLER P. (Hg.), Altjüdisches Schrifttum ausserhalb der Bibel, Freiburg/ Heidelberg [4]1979.

ROOS A.G. (Hg.), Flavii Arriani Anabasis Alexandri (BSGRT), Lipsiae 1926 (editio minor).

SCHENKL. H. (Hg.), Epictetus. Dissertationes ab Arriano digestae (BSGRT), Stuttgart 1965.

SCHNEEMELCHER W. (Hg.), Neutestamentliche Apokryphen in deutscher Übersetzung. Bd.1: Evangelien, Tübingen [5]1987.

TISCHENDORF K. (Hg.), Apocalypses apocryphae, Hildesheim 1966 (Nachdr. Leipzig 1866).

UHLIG S. (Hg.), Das äthiopische Henochbuch (JSHRZ V. 6), Gütersloh 1984.

VAGANAY L., L'évangile de Pierre (EtB), Paris [2]1930.

VON ARNIM H. (Hg.), Hierokles. Ethische Elementarlehre, nebst den bei Stobäus erhaltenen ethischen Exzerpten aus Hierokles (Berliner Klassikertexte 4), Berlin 1906.

WENGST K. (Hg.), Schriften des Urchristentums. 2. Teil: Didache (Apostellehre), Barnabasbrief, Zweiter Klemensbrief, Schrift an Diognet, Darmstadt 1984.

WHITTAKER M. (Hg.), Die Apostolischen Väter I: Der Hirt des Hermas (GCS 48), Berlin 1956.

ZIEGLER K. (Hg.), Plutarch. Grosse Griechen und Römer I (BAW), Zürich/ Stuttgart 1954.

HILFSMITTEL

ABBOTT E.A., Johannine Vocabulary, London 1905.
— Johannine Grammar, London 1906.

ALAND K. (Hg.), Vollständige Konkordanz zum griechischen Neuen Testament. 2 Bde., Berlin 1978/1983.

ANDRESEN C. u.a. (Hg.), Lexikon der Alten Welt, Zürich 1965.

BALZ H./SCHNEIDER G. (Hg.), Exegetisches Wörterbuch zum Neuen Testament. 3 Bde., Stuttgart 1980-1983.

BAUER W., Griechisch-deutsches Wörterbuch zu den Schriften des Neuen Testaments und der frühchristlichen Literatur, hg. v. K.u.B. Aland, Berlin [6]1988.

BERKOWITZ L./SQUITIER K.A. (Hg.), Thesaurus Linguae Graecae. Canon of Greek Authors and Works, New York/Oxford [2]1986.

BLASS F./DEBRUNNER A./REHKOPF F., Grammatik des neutestamentlichen Griechisch, Göttingen [14]1976.

BUSSMANN H., Lexikon der Sprachwissenschaft (KTA 452), Stuttgart 1983.

HOFFMANN E.G./VON SIEBENTHAL H., Griechische Grammatik zum Neuen Testament, Riehen 1985.

KITTEL G./FRIEDRICH G. (Hg.), Theologisches Wörterbuch zum Neuen Testament. 10 Bde., Stuttgart 1933-1979.

KRAUSE G./MÜLLER G. (Hg.), Theologische Realenzyklopädie. Abkürzungsverzeichnis, zusammengestellt v. S. Schwertner, Berlin 1976.

KRAUSE G./MÜLLER G. (Hg.), Theologische Realenzyklopädie, Berlin 1977ff.

LANGE J. (Hg.), Oekumenisches Verzeichnis der biblischen Eigennamen nach den Loccumer Richtlinien, Stuttgart [2]1981.

LIDDELL H.G./SCOTT R./JONES H.S., A Greek-English Lexicon, Oxford [9]1940 (Nachdr. 1977).

LIWERSKI R., Stil, in: Handlexikon der Literaturwissenschaft, hg.v. D. Krywalski, München 1974, 452-461.

MALATESTA E., St. John's Gospel 1920-1965. A Cumulative and Classified Bibliography of Books and Periodical Literature on The Fourth Gospel (AnBib 32), Rom 1967.

MAYSER E., Grammatik der griechischen Papyri aus der Ptolemäerzeit. 2 Bde., Berlin 1970 (Nachdr.).

METZGER B.M., A Textual Commentary on the Greek New Testament, United Bible Societies 1971.

MORGENTHALER R., Statistik des neutestamentlichen Wortschatzes, Zürich [2]1973.

MOULTON W.F./GEDEN A.S., A Concordance to the Greek Testament, Edinburgh [4]1963 (Nachdr. 1974).

RADERMACHER L., Neutestamentliche Grammatik. Das Griechisch des Neuen Testaments im Zusammenhang mit der Volkssprache (HNT 1), Tübingen [2]1925.

RENGSTORF K.H. (Hg.), A Complete Concordance to Flavius Josephus. 4 Bde. + Suppl., Leiden 1968-1983.

SCHWERTNER S., Internationales Abkürzungsverzeichnis für Theologie und Grenzgebiete, Berlin 1974.

TODOROV T./DUCROT O., Enzyklopädisches Wörterbuch der Sprachwissenschaften, Frankfurt 1975.

TRÄGER C. (Hg.), Wörterbuch der Literaturwissenschaft, Leipzig 1986.

TURNER N., Style: A Grammar of New Testament Greek. Bd. 4, hg.v. J.H. Moulton, Edinburgh 1976.

WAGNER G., An Exegetical Bibliography on the Gospel of John and the Epistles of John (Bibliographical Aids II/5), Rüschlikon-Zürich 1983.

ZERWICK M., Graecitas Biblica (SPIB 92), Rom [4]1960.
ZIEGLER K./SONTHEIMER W. (Hg.), Der Kleine Pauly. Lexikon der Antike (5 Bde.), Stuttgart/München 1964-1975.

ÜBRIGE LITERATUR

BACON B.W., The Fourth Gospel in Research and Debate, London/Leipzig 1910.
BAILEY J.A., The Traditions Common to the Gospels of Luke and John (NT.S 7), Leiden 1963.
BALZ H., Die Johannesbriefe, in: H. Balz/W. Schrage, Die "Katholischen" Briefe (NTD 10), Göttingen [11]1973, 150-216.
BARRETT C.K., The Gospel According to St John, London 1955.
BAUER W., Das Johannesevangelium (HNT 6), Tübingen [3]1933.
BECKER H., Die Reden des Johannesevangeliums und der Stil der gnostischen Offenbarungsrede, hg. v. R. Bultmann (FRLANT 68), Göttingen 1956.
BECKER J., Aufbau, Schichtung und theologiegeschichtliche Stellung des Gebetes in Johannes 17, in: ZNW 60 (1969) 56-83.
—   Das Evangelium nach Johannes. 2 Bde. (OeTK 4), Gütersloh/Würzburg [2]1985/[2]1984.
BERGMEIER R., Zum Verfasserproblem des II. und III. Johannesbriefes, in: ZNW 57 (1966) 93-100.
BEUTLER J., Literarische Gattungen im Johannesevangelium. Ein Forschungsbericht 1919-1980, in: ANRW II 25.3 (1985) 2506-2568.
—   Die Johannesbriefe in der neuesten Literatur (1978-1985), in: ANRW II 25.5 (1988) 3773-3790.
BLINZLER J., Johannes und die Synoptiker. Ein Forschungsbericht (SBS 5), Stuttgart 1965.
BOISMARD M.-E./LAMOUILLE A., L'évangile de Jean (Synopse des quatre évangiles 3), Paris 1977.
BROOKE A.E., A Critical and Exegetical Commentary on the Johannine Epistles (ICC 39), Edinburgh 1912.
BROWN R.E., The Gospel According to John. 2 Bde. (AncB 29/29A), Garden City 1966/1970.
—   The Epistles of John (AncB 30), Garden City 1982.
BROX N., Die Pastoralbriefe (RNT 7.2), Regensburg [4]1969.
BULTMANN R., Das Evangelium des Johannes (KEK), Göttingen [18]1964 (ErgH. 1957).
—   Die drei Johannesbriefe (KEK 14), Göttingen [7]1967.

COLWELL E.C., The Greek of the Fourth Gospel. A Study of its Aramaisms in the Light of Hellenistic Greek, Chicago 1931.

CULLMANN O., Der johanneische Kreis. Sein Platz im Spätjudentum, in der Jüngerschaft Jesu und im Urchristentum. Zum Ursprung des Johannesevangeliums, Tübingen 1975.

CULPEPPER R.A., The Johannine School: An Evaluation of the Johannine-School Hypothesis Based on an Investigation of the Nature of Ancient Schools (SBLDS 26), Missoula 1975.

—   Anatomy of the fourth Gospel. A Study in Literary Design (Foundations and Facets: NT), Philadelphia 1983.

DAUER A., Die Passionsgeschichte im Johannesevangelium. Eine traditionsgeschichtliche und theologische Untersuchung zu Joh 18,1-19,30 (StANT 30), München 1972.

DE JONGE M., Jesus: Stranger from Heaven and Son of God. Jesus Christ and the Christians in Johannine Perspective (SBL Sources for Biblical Study 11), hg. v. J.E. Steely, Missoula 1977.

—   Signs and Works in the Fourth Gospel, in: ders., Jesus: Stranger from Heaven and Son of God (SBL Sources for Biblical Study 11), Missoula 1977, 117-140.

—   Variety and Development in Johannine Christology, in: ders., Jesus: Stranger from Heaven and Son of God (SBL Sources for Biblical Study 11), Missoula 1977, 193-222.

DENKER J., Die theologiegeschichtliche Stellung des Petrusevangeliums. Ein Beitrag zur Frühgeschichte des Doketismus (EHS.T 36), Bern 1975.

DE SOLAGES B., Jean et les synoptiques, Leiden 1979.

DIBELIUS M., Die Formgeschichte des Evangeliums, mit einem Nachtrag von G. Iber, Hg.v.G. Bornkamm, Tübingen [5]1966.

—   Geschichte der urchristlichen Literatur (TB 58), hg.v.F. Hahn, München 1975.

DODD C.H., The first Epistle of John and the Fourth Gospel, in: BJRL 21 (1937) 129-156.

—   The Interpretation of the Fourth Gospel, Cambridge 1953 (Nachdr. 1955).

—   Historical Tradition in the Fourth Gospel, Cambridge 1963 (Nachdr. 1979).

DORMEYER D., Die Passion Jesu als Verhaltensmodell. Literarische und theologische Analyse der Traditions- und Redaktionsgeschichte der Markuspassion (NTA.NS 11), Münster 1974.

DSCHULNIGG P., Sprache, Redaktion und Intention des Markus-Evangeliums. Eigentümlichkeiten der Sprache des Markus-Evangeliums und ihre Bedeutung für die Redaktionskritik (SBB 11), Stuttgart [2]1986.

—   Rabbinische Gleichnisse und das Neue Testament. Die Gleichnisse der PesK im Vergleich mit den Gleichnissen Jesu und dem Neuen Testament (Judaica et Christiana 12), Bern 1988.

— Die Berufung der Jünger Joh 1,35-51 im Rahmen des vierten Evangeliums, in: FZPhTh 36 (1989) 427-447.

— Der Hirt und die Schafe (Joh 10,1-18), in: SNTU 14 (1989) 5-23.

DURAND A., Evangile selon Saint Jean (VSal 4), Paris [28]1938.

FAURE A., Die alttestamentlichen Zitate im 4. Evangelium und die Quellenscheidungshypothese, in: ZNW 21 (1922) 99-121.

FORTNA R.T., The Gospel of Signs. A Reconstruction of the Narrative Source Underlying the Fourth Gospel (MSSNTS 11), Cambridge 1970.

— The Fourth Gospel and its Predecessor. From Narrative Source to Present Gospel (Studies of the New Testament and its World), Edinburgh 1989.

GARDNER-SMITH P., Saint John and the Synoptic Gospels, Cambridge 1938.

GNILKA J., Johannesevangelium (NEB.NT 4), Würzburg [2]1985.

HAENCHEN E., Aus der Literatur zum Johannesevangelium 1929-1956, in: ThR.NS 23 (1955) 295-335.

— Neuere Literatur zu den Johannesbriefen, in: ders., Die Bibel und wir. Gesammelte Aufsätze. Bd. 2, Tübingen 1968, 235-311.

— Das Johannesevangelium. Ein Kommentar, hg.v. U. Busse, Tübingen 1980.

HAHN F., Der Prozess Jesu nach dem Johannesevangelium. Eine redaktionsgeschichtliche Untersuchung, in: EKK Vorarbeiten 2, Zürich/Neukirchen 1970, 23-96.

HARTKE W., Vier urchristliche Parteien und ihre Vereinigung zur apostolischen Kirche. 2 Bde. (Deutsche Akademie der Wissenschaften zu Berlin, Schriften der Sektion für Altertumswissenschaft 24), Berlin 1961.

HAWKINS J.C., Horae Synopticae. Contributions to the Study of the Synoptic Problem, Michigan [2]1968.

HEEKERENS H.-P., Die Zeichen-Quelle der johanneischen Redaktion. Ein Beitrag zur Entstehungsgeschichte des vierten Evangeliums (SBS 113), Stuttgart 1984.

HEISE J., Bleiben. Menein in den Johanneischen Schriften (HUTh 8), Tübingen 1967.

HIRSCH E., Das vierte Evangelium in seiner ursprünglichen Gestalt verdeutscht und erklärt, Tübingen 1936.

— Studien zum vierten Evangelium (BHTh 11), Tübingen 1936.

— Stilkritik und Literaranalyse im vierten Evangelium, in: ZNW 43 (1950/51) 128-143.

HOSKYNS E.C., The Fourth Gospel. 2 Bde., hg.v. F.N.Davey, London [2]1942.

HOWARD W.F., The Common Authorship of the Johannine Gospel and Epistles, in: JThS 48 (1947) 12-25.

HOWARD W.F./BARRETT C.K., The Fourth Gospel in Recent Criticism and Interpretation, London [4]1955.

JEREMIAS J., Johanneische Literarkritik, in: ThBl 20 (1941) 33-46.

KLEIN H., Die lukanisch-johanneische Passionstradition, in: ZNW 67 (1976) 155-186.

KÖSTER H., Einführung in das Neue Testament im Rahmen der Religionsgeschichte und Kulturgeschichte der hellenistischen und römischen Zeit, Berlin 1980.

—   Überlieferung und Geschichte der frühchristlichen Evangelienliteratur, in: ANRW II 25.2 (1984) 1463-1542.

KÜMMEL W.G., Einleitung in das Neue Testament, Heidelberg [18]1976.

KYSAR R., The Fourth Evangelist and His Gospel. An Examination of Contemporary Scholarship. Minneapolis 1975.

—   The Fourth Gospel. A Report on Recent Research, in: ANRW II 25.3 (1985) 2389-2480.

LAGRANGE M.-J., Evangile selon Saint Jean (EtB), Paris [5]1936.

LANGBRANDTNER W., Weltferner Gott oder Gott der Liebe. Der Ketzerstreit in der johanneischen Kirche (Beiträge zur biblischen Exegese und Theologie 6), Frankfurt 1977.

LIGHTFOOT R.H., St. John's Gospel. A Commentary, hg.v. C.F. Evans, Oxford 1956 (Nachdr. 1960).

LINDARS B., Behind the Fourth Gospel (SCC 3), London 1971.

—   The Gospel of John (NCeB), Grand Rapids, London 1972 (Nachdr. 1982).

LINNEMANN E., Studien zur Passionsgeschichte (FRLANT 102), Göttingen 1970.

LOHSE E., Die Entstehung des Neuen Testaments (ThW 4), Stuttgart [4]1983.

LONA H.E., Abraham in Johannes 8. Ein Beitrag zur Methodenfrage (EHS.T 65), Bern/Frankfurt 1976.

MACGREGOR G.H.C./MORTON A.Q., The Structure of the Fourth Gospel, Edinburgh 1961.

MENOUD P.-H., L'évangile de Jean d'après les recherches récentes (CThAP 3), Neuchâtel/Paris [2]1947.

MOLLAT D., L'évangile selon saint Jean, in D. Mollat/F.-M. Braun, L'évangile et les épîtres de saint Jean (SB[J]), Paris [2]1960, 7-193.

MORRIS L., The Gospel According to John (NIC), Grand Rapids 1971 ([5]1979).

MUSSNER F., Der Galaterbrief (HThK 9), Freiburg 1974.

NEIRYNCK F., John and the Synoptics, in: L'Evangile de Jean, hg. v. M. de Jonge (BEThL 44), Leuven 1977, 73-106.

—   Jean et les Synoptiques. Examen critique de l'exégèse de M.-E. Boismard (BEThL 49), Leuven 1979.

—   John and the Synoptics: the Empty Tomb Stories, in: NTS 30 (1984) 161-187.

NICHOLSON G.C., Death as Departure. The Johannine Descent-Ascent Schema (SBLDS 63), Chico 1983.

NICOL W., The Semeia in the Fourth Gospel. Tradition and Redaction (NT.S 32), Leiden 1972.

NOACK B., Zur johanneischen Tradition. Beiträge zur Kritik an der literarkritischen Analyse des vierten Evangeliums (Publications de la Société des Sciences et des Lettres d'Aarhus, Série de Théologie 3), Kopenhagen 1954.

NORDEN E., Agnostos Theos. Untersuchungen zur Formgeschichte religiöser Rede, Stuttgart 1956.

OKURE T., The Johannine Approach to Mission. A Contextual Study of John 4:1-42 (WUNT II 31), Tübingen 1988.

OLSSON B., Structure and Meaning in the Fourth Gospel. A Text-Linguistic Analysis of John 2:1-11 and 4:1-42 (CB.NT 6), Lund 1974.

PARKER P., Two Editions of John, in: JBL 75 (1956) 303-314.

— Luke and the Fourth Evangelist, in: NTS 9 (1962/63) 317-336.

PRYKE E.J., Redactional Style in the Marcan Gospel. A Study of Syntax and Vocabulary as Guides to Redaction in Mark (MSSNTS 33), Cambridge 1978.

REIM G., Studien zum alttestamentlichen Hintergrund des Johannesevangeliums (MSSNTS 22), Cambridge 1974.

RICHTER G., Die Fusswaschung im Johannesevangelium. Geschichte ihrer Deutung (BU 1), Regensburg 1967.

— Studien zum Johannesevangelium, hg. v. J. Hainz (BU 13), Regensburg 1977.

RITT H., Das Gebet zum Vater. Zur Interpretation von Joh 17 (FzB 36), Würzburg 1979.

ROBINSON J.M., Die johanneische Entwicklungslinie, in: H. Köster/J.M.Robinson, Entwicklungslinien durch die Welt des frühen Christentums, Tübingen 1971, 216-250.

RUCKSTUHL E., Die johanneische Menschensohnforschung 1957-1969, in: ThBer 1 (1972) 171-284.

— 1.-3. Johannesbrief, in: ders., Jakobusbrief/1.-3. Johannesbrief (NEB.NT 17/19), Würzburg 1985, 33-76.

— Die literarische Einheit des Johannesevangelium. Der gegenwärtige Stand der einschlägigen Forschungen (NTOA 5), Fribourg/Göttingen ²1987.

— Sprache und Stil im johanneischen Schrifttum. Die Frage ihrer Einheit und Einheitlichkeit, in: ders., Die literarische Einheit des Johannesevangeliums (NTOA 5), Fribourg/Göttingen ²1987, 304-331.

— Zur Antithese Idiolekt −Soziolekt im johanneischen Schrifttum, in: SNTU 12 (1987) 141-181.

— Jesus als Gottessohn im Spiegel des markinischen Taufberichts, in: ders., Jesus im Horizont der Evangelien (SBAB 3), Stuttgart 1988, 9-44.

— Kritische Arbeit am Johannesprolog, in: ders., Jesus im Horizont der Evangelien (SBAB 3), Stuttgart 1988, 265-276.

— Zur Aussage und Botschaft von Johannes 21, in: ders., Jesus im Horizont der Evangelien (SBAB 3), Stuttgart 1988, 327-353.

— Der Jünger, den Jesus liebte, in: ders., Jesus im Horizont der Evangelien (SBAB 3), Stuttgart 1988, 355-395.

SABBE M., The Arrest of Jesus in Jn 18,1-11 and its Relation to the Synoptic Gospels. A critical Evaluation of A. Dauer's Hypothesis, in: L'Evangile de Jean, hg. v. M. de Jonge (BEThL 44), Leuven 1977, 203-234.

SALOM A.P., Some Aspects of theGrammatical Style of I John, in: JBL 74 (1955) 96-102.

SCHENKE H.-M./FISCHER K.M., Einleitung in die Schriften des Neuen Testaments, 2 Bde., Gütersloh 1978/1979.

SCHLATTER A., Der Evangelist Johannes. Wie er spricht, denkt und glaubt. Ein Kommentar zum vierten Evangelium, Stuttgart ³1960.

SCHNACKENBURG R., Die Johannesbriefe (HThK 13.3), Freiburg ³1965.

— Das Johannesevangelium. 4 Bde. (HThK 4), Freiburg 1965/1971/1975/1984.

— Zum Begriff der "Wahrheit" in den beiden kleinen Johannesbriefen, in: BZ.NS 11 (1967) 253-258.

— Zur johanneischen Forschung, in: BZ.NS 18 (1974) 272-287.

— Entwicklung und Stand der johanneischen Forschung seit 1955, in: ders., Das Johannesevangelium. IV. Teil (HThK 4.4), Freiburg 1984, 9-32.

— Zur Redaktionsgeschichte des Johannesevangeliums, in: ders., Das Johannesevangelium. IV. Teil (HThK 4.4), Freiburg 1984, 90-102.

SCHNEIDER J., Das Evangelium nach Johannes (ThHK Sonderbd.), hg. v.E. Fascher, Berlin 1976.

SCHREIBER J., Der Kreuzigungsbericht des Markusevangeliums: Mk 15,20b-41. Eine traditionsgeschichtliche und methodenkritische Untersuchung nach William Wrede (1859-1906) (BZNW 48), Berlin 1986.

SCHULZ S., Untersuchungen zur Menschensohn-Christologie im Johannesevangelium. Zugleich ein Beitrag zur Methodengeschichte der Auslegung des 4. Evangeliums, Göttingen 1957.

SCHUNACK G., Die Briefe des Johannes (ZBK.NT 17), Zürich 1982.

SCHWARTZ E., Aporien im vierten Evangelium, in: NGWG.PH 1907: 342-372; 1908: 115-148.149-188.497-560.

SCHWEIZER E., Ego Eimi. Die religionsgeschichtliche Herkunft und theologische Bedeutung der johanneischen Bildreden, zugleich ein Beitrag zur Quellenfrage des vierten Evangeliums (FRLANT 56), Göttingen ²1965.

SMITH D.M., The Sources of the Gospel of John: An Assessment of the Present State of the Problem, in: NTS 10 (1963/64) 336-351.
— The Setting and Shape of a Johannine Narrative Source, in: JBL 95 (1976) 231-241.
— John and the Synoptics, in: Bib. 63 (1982) 102-113.
SPITTA F., Das Johannes-Evangelium als Quelle der Geschichte Jesu, Göttingen 1910.
STRACHAN R.H., The fourth Gospel. Its Significance and Environment, London 1941 (³1946).
STRECKER G., Die Johannesbriefe (KEK 14), Göttingen 1989.

TEEPLE H.M., Methodology in Source Analysis of the Fourth Gospel, in: JBL 81 (1962) 279-286.
— The Literary Origin of the Gospel of John, Evanston 1974.
TEMPLE S., A Key to the Composition of the Fourth Gospel, in: JBL 80 (1961) 220-232.
— The Two Signs in the Fourth Gospel, in: JBL 81 (1962) 169-174.
THYEN H., Aus der Literatur zum Johannesevangelium, in: ThR.NS 39 (1975) 1-69.222-252.289-330.
— Aus der Literatur zum Johannesevangelium (3. Fortsetzung), in: ThR.NS 42 (1977) 211-270.
— Johannesbriefe, in: TRE 17 (1988) 186-200.
— Johannesevangelium, in: TRE 17 (1988) 200-225.
TILLMANN F., Das Johannesevangelium (HSNT 2), Bonn ³1922.

VAN BELLE G., Les parenthèses dans l'évangile de Jean. Aperçu historique et classification, texte grec de Jean (Studiorum Novi Testamenti Auxilia 11), Leuven 1985.
VIELHAUER P., Geschichte der urchristlichen Literatur. Einleitung in das Neue Testament, die Apokryphen und die Apostolischen Väter, Berlin 1975.

WEAD D.W., The Literary Devices in John's Gospel (ThDiss 4), Basel 1970.
WELLHAUSEN J., Erweiterungen und Änderungen im vierten Evangelium, Berlin 1907.
— Das Evangelium Johannis, Berlin 1908.
WENDT H.H., Die Schichten im vierten Evangelium, Göttinen 1911.
WENGST K., Der erste, zweite und dritte Brief des Johannes (OeTK 16), Gütersloh/Würzburg 1978.
— Probleme der Johannesbriefe, in: ANRW II 25.5 (1988) 3753-3772.
WIKENHAUSER A./SCHMID J., Einleitung in das Neue Testament, Freiburg ⁶1973.
WILKENS W., Die Entstehungsgeschichte des vierten Evangeliums, Zollikon 1958.

WILSON W.G., An Examination of the Linguistic Evidence Adduced Against the Unity of Authorship of the First Epistle of John and the Fourth Gospel, in: JThS 49 (1948) 147-156.

WINDISCH H., Der Johanneische Erzählungsstil, in: EYXAPIΣTHPION. 2 Teile (FS H. Gunkel) (FRLANT 36), hg.v. H. Schmidt, Göttingen 1923, II 174-213.

DIE JOH. STILMERKMALE IN
ALPHABETISCHER REIHENFOLGE

a. griechisch

274

b. deutsch/lateinisch

SACHREGISTER IN AUSWAHL

In diesem Verzeichnis wird die eingehende Beschreibung und Darstellung der Stilmerkmale des Joh (63-162) nicht näher ausgewertet, da dies niemand zusätzlich von Nutzen sein dürfte. Auch die Rückschau und Zusammenfassung der Ergebnisse unserer Abeit (242-253) wurde hier ausgeklammert.

Zum vorliegenden Buch

Diese Untersuchung erhebt die stilkritischen Besonderheiten des vierten Evangeliums im Vergleich mit den anderen Schriften des Neuen Testaments und *32 Zeugnissen hellenistischer Literatur* aus dem Zeitraum von 100 v. bis 150 n. Chr. Nach einer Einleitung, welche die vorliegende Arbeit in den Rahmen der Forschungsgeschichte stellt, werden das stilkritisch-statistische Verfahren und die leitenden Kriterien erarbeitet. Danach werden die Verfasserschaft von Johannesevangelium und Johannesbriefen geklärt und die sprachlichen Eigentümlichkeiten des vierten Evangeliums erhoben. Es ergeben sich 26 Stilmerkmale der Gruppe A, 65 der Gruppe B und 62 der Gruppe C, welche in absteigender Bedeutung die Schrift charakterisieren. Eine Verteilübersicht aller Stilmerkmale ermöglicht die Überprüfung ihrer Vernetzung untereinander sowie ihrer Verteilung über das ganze Evangelium und möglicher Schichten dieser Schrift sowie die Berechnung ihrer Verteilungsdichte über die einzelnen Abschnitte. Diese und andere Schritte ergeben, dass das Johannesevangelium von *einem* Verfasser durchgängig geprägt ist und sich Stufen des Werdens dieser Schrift mit verschiedenen Urhebern oder die Verarbeitung schriftlicher Quellen (z.B. Semeiaquelle, Passionsbericht) *nicht* nachweisen lassen.

ISBN 3-7278-0740-7 (Universitätsverlag)
ISBN 3-525-53918-5 (Vandenhoeck & Ruprecht)

Bd. 1   MAX KÜCHLER, *Schweigen, Schmuck und Schleier.* Drei neutestamentliche
         Vorschriften zur Verdrängung der Frauen auf dem Hintergrund einer frauen-
         feindlichen Exegese des Alten Testaments im antiken Judentum.
         XXII + 542 Seiten. 1986.

Bd. 2   MOSHE WEINFELD, *The Organizational Pattern and the Penal Code of the
         Qumran Sect.* A Comparison with Guilds and Religious Associations of the
         Hellenistic-Roman Period.
         104 Seiten. 1986.

Bd. 3   ROBERT WENNING, *Die Nabatäer – Denkmäler und Geschichte.* Eine Be-
         standesaufnahme des archäologischen Befundes.
         360 Seiten, 50 Abb., 19 Karten. 1986.

Bd. 4   RITA EGGER, *Josephus Flavius und die Samaritaner.* Eine terminologische
         Untersuchung zur Identitätsklärung der Samaritaner.
         4 + 416 Seiten. 1986.

Bd. 5   EUGEN RUCKSTUHL, *Die literarische Einheit des Johannesevangeliums.* Der
         gegenwärtige Stand der einschlägigen Forschungen. Mit einem Vorwort von
         Martin Hengel.
         XXX + 334 Seiten. 1987.

Bd. 6   MAX KÜCHLER/CHRISTOPH UEHLINGER (Hrsg.), *Jerusalem. Texte – Bilder –
         Steine.*
         240 Seiten, zahlr. Abb.,1 Falttafel, 1987.

Bd. 7   DIETER ZELLER (Hrsg.), *Menschwerdung Gottes – Vergöttlichung von Men-
         schen.*
         8 + 228 Seiten, 9 Abb., 1988.

Bd. 8   GERD THEISSEN, *Lokalkolorit und Zeitgeschichte in den Evangelien.* Ein
         Beitrag zur Geschichte der synoptischen Tradition.
         10 + 338 Seiten. 1989.

Bd. 9   TAKASHI ONUKI, *Gnosis und Stoa.* Eine Untersuchung zum Apokryphon des
         Johannes.
         X + 198 Seiten. 1989.

Bd. 10   DAVID TROBISCH, *Die Entstehung der Paulusbriefsammlung.* Studien zu den
         Anfängen christlicher Publizistik.
         10 + 166 Seiten. 1989.

Bd. 11   HELMUT SCHWIER, *Tempel und Tempelzerstörung.* Untersuchungen zu den
         theologischen und ideologischen Faktoren im ersten jüdisch-römischen Krieg
         (66–74 n. Chr.).
         XII + 432 Seiten. 1989.

Bd. 12   DANIEL KOSCH, *Die eschatologische Tora des Menschensohnes.* Untersu-
         chungen zur Rezeption der Stellung Jesu zur Tora in Q.
         514 Seiten. 1989.

Bd. 13   JEROME MURPHY-O'CONNOR, O.P., *The École Biblique and the New Testa-
         ment: A Century of Scholarship (1890-1990).* With a Contribution by Justin
         Taylor, S.M.
         VIII + 210 Seiten. 1990.

Bd. 14   PIETER W. VAN DER HORST, *Essays on the Jewish World of Early Christia-
         nity.*
         260 Seiten. 1990.

DATE DUE
